RICHERI HISTORIARUM

LIBRI QUATUOR

TOMUS PRIMUS

HISTOIRE DE RICHER

EN QUATRE LIVRES

TOME PREMIER

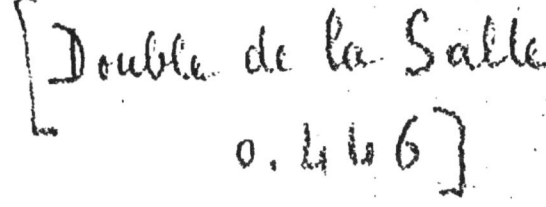

A PARIS

DE L'IMPRIMERIE DE CRAPELET

RUE DE VAUGIRARD, 9

M. DCCC. XLV

RICHER
HISTOIRE DE SON TEMPS

TEXTE REPRODUIT

D'APRÈS L'ÉDITION ORIGINALE DONNÉE PAR G.-H. PERTZ

AVEC

TRADUCTION FRANÇAISE, NOTICE ET COMMENTAIRE

PAR J. GUADET

TOME PREMIER

A PARIS

CHEZ JULES RENOUARD ET Cie

LIBRAIRES DE LA SOCIÉTÉ DE L'HISTOIRE DE FRANCE

RUE DE TOURNON, N° 6

M. DCCC. XLV

EXTRAIT DU RÈGLEMENT.

Art. 14. Le Conseil désigne les ouvrages à publier, et choisit les personnes les plus capables d'en préparer et d'en suivre la publication.

Il nomme, pour chaque ouvrage à publier, un Commissaire responsable, chargé d'en surveiller l'exécution.

Le nom de l'Éditeur sera placé à la tête de chaque volume.

Aucun volume ne pourra paraître sous le nom de la Société sans l'autorisation du Conseil, et s'il n'est accompagné d'une déclaration du Commissaire responsable, portant que le travail lui a paru mériter d'être publié.

Le Commissaire responsable soussigné déclare que le travail de M. GUADET *sur* L'HISTOIRE DE RICHER, *tome* 1er, *lui a paru digne d'être publié par la* SOCIÉTÉ DE L'HISTOIRE DE FRANCE.

Fait à Paris, le 1er *mars* 1845.

Signé BERGER DE XIVREY.

Certifié

Le Secrétaire de la Société de l'Histoire de France,

J. DESNOYERS.

AVANT-PROPOS.

M. Georges-Henri Pertz, savant éditeur des *Monumenta Germaniæ historica*, visitant, en 1833, la bibliothèque publique de Bamberg en Franconie, trouva un manuscrit ancien sur lequel on avait écrit au xvi° siècle : *Historia Richeri*[1] *monachi.* A la tête de ce manuscrit on lisait aussi, mais d'une écriture récente : *Richerii Monachi Senensis ord. S. Benedicti libri IV. Historiæ (Achery Spicil. T. II. III. non convenit).*

Aux premières lignes, M. Pertz reconnut avec joie qu'il avait sous les yeux non la chronique déjà publiée[2] de Richer, moine de Senonnes, auteur du xiii° siècle, mais l'œuvre de Richer, historien inédit du x°, dont on ne connaissait que le nom donné par le moine Trithème[3].

---

[1] M. Pertz a écrit, sans doute par erreur, *Richsri.*
[2] Voir d'Achery, t. II, p. 603, édit. in-fol.
[3] Trithème naquit en 1462, au bourg de Tritenheim, sur la Moselle, près de Trèves. Il fut moine en 1482, ensuite abbé, en

AVANT-PROPOS.

En remontant de proche en proche, M. Pertz a trouvé que le manuscrit de Richer avait été déposé, au xi° siècle, dans la bibliothèque du monastère de Saint-Michel de Babenberg [1] (aujourd'hui Bamberg), où il fut copié entre les années 1098 et 1101, par Eckard d'Urangen [2]; c'est là aussi que Trithème en prit connaissance près de

1483, du monastère de Spanheim au diocèse de Mayence, puis enfin abbé de Saint-Jacques de Wurtzbourg, où il mourut en 1516. Ce fut un des hommes les plus savants de son siècle. Voici ce qu'il dit de notre auteur dans son *Chronicon Hirsaugiense:* « Clarait hoc tempore in Gallia Richerus, monachus Rhemensis, ordinis nostri, homo studiosus, et tam in divinis scripturis quam in secularibus litteris egregie doctus, ingenio promptus, et clarus eloquio: qui scripsit ad Gerbertum, Rhemorum archiepiscopum, pulchrum et compendiosum opus de Gestis Gallorum, quod in duos libros divisit et sic incipit: Orbis itaque plaga, quæ mortalibus sese commodam præbet. » — Trithème se trompait seulement sur le nombre des livres.

[1] Il figure dans le catalogue dressé par Roger entre les années 1112 et 1123. P.

[2] Eckard, Ekkard ou Eckehard, abbé d'Urangen ou d'Urach au diocèse de Wurtzbourg, en Franconie, au xii° siècle. M. Pertz a fait remarquer que, contre son habitude, Eckard emploie le texte de Richer, sans s'astreindre à une reproduction littérale. Et non-seulement, dit-il, il s'écarte de son modèle dans l'expression et dans les phrases; mais deux fois, dans l'histoire d'Haganon et dans celle de Gislebert, il fait un récit tout à fait différent de celui de Richer, toutefois dans un esprit et en des termes que Richer n'aurait pas désavoués. On pourrait donc conjecturer, continue M. Pertz, que Eckard se serait servi d'un autre manuscrit que celui de Bamberg, mais il n'existe aucun vestige d'autre manuscrit. Pertz, *Richeri Vita*, p. xvi, n.

AVANT-PROPOS. vij

quatre cents ans plus tard¹. Il passa de la bibliothèque du monastère dans celle du chapitre de la même ville au xvii⁰ siècle, et enfin, au xix⁰, il fut porté dans sa bibliothèque publique, où le trouva le savant éditeur.

Ce manuscrit de Richer est, selon M. Pertz², de la fin du x⁰ siècle, des années 996-998; il est écrit sur parchemin, et en grande partie palimpseste; les cahiers sont de différentes formes, mais en général in-4⁰ allongé; il y a six cahiers : le premier se compose des feuillets 1-8; il y a une feuille intercalée sur laquelle on lit : *Ant. Philonium ad catarrum*. Le second cahier comprend les feuillets 9, 12-16; 10 et 11 sont intercalés; le troisième, les feuillets 17-22; le quatrième, les feuillets 23-28, 30, 32, avec intercalation de 29 et 31; le cinquième se compose des feuillets 33, 38-44; 34-37 intercalés; le sixième, des feuillets 45, 46, 48, 52, 54-57 avec intercalation de 47, 49-51 et 53. L'écriture est en gros caractères dans la

---

¹ Trithème eut sous les yeux le manuscrit de Richer et le livre d'Eckard lorsqu'il écrivit son *Chronicon Hirsaugiense* et son livre *de Origine Francorum*. De même, Hugues de Flavigny emprunta pour sa *Chronique* (*ap. Labbeum*, I, 157), ou de notre auteur, ou de quelqu'un qui l'avait copié, la capture de Charles et la dispute de Gerbert et d'Otric; mais, pour le reste, Hugues ne fit aucun usage de Richer, et ses *Gesta pontificum Remensium* présentent tout autrement que Richer l'histoire d'Arnoul et de Gerbert. Pertz, *Richeri Vita*, p. xvi, ii.

² *Richeri Vita*, p. xvii, xviii.

première partie de l'ouvrage; elle devient plus fine à partir du neuvième feuillet; dans quelques pages, notamment dans celles qui portent les numéros 49 et 50, elle est excessivement menue; quelques autres sont tellement effacées qu'il est difficile de les lire.

C'est là évidemment (la seule inspection de l'ouvrage le montre) un autographe de Richer, non-seulement écrit en entier, mais aussi corrigé de sa main; car des mots et des phrases biffés sont remplacés par d'autres mots et d'autres phrases, tracés de la même écriture et avec la même encre que les premiers. L'auteur, lorsqu'il retoucha son ouvrage, fit plusieurs changements importants; il effaça des mots, des phrases, et même des pages entières, pour leur en substituer d'autres. Cela eut lieu surtout dans le premier cahier, fol. 2, 5, 6, 7, 8, où la première encre décolorée diffère beaucoup de l'encre noire employée par l'auteur lors de sa révision. Dans le second cahier, fol. 9 et 10, il fit de grands changements; les feuillets 10 et 11, qu'il y inséra et qui portent plusieurs corrections, sont écrits aussi d'une encre plus noire. Au quatrième cahier, feuillet 33, il effaça le commencement de la seconde page, inséra les feuillets 34-37, et changea quelques petites choses au feuillet 38; enfin il ajouta au sixième cahier, feuillet 49, 50, et page 51 intercalés, le récit de son voyage de Reims à Chartres, et l'histoire du synode tenu dans le monastère de Saint-Basle ; de même, page 53 intercalée, il ajouta six lignes au récit du combat entre Conan et Foulques. Il est donc certain, si jamais il le fut pour un ouvrage, conclut M. Pertz, que nous possédons l'autographe de Richer.

« Il me reste, dit M. Pertz en terminant sa
« notice, à dire quelques mots sur l'édition que je
« publie. J'ai établi le texte tel qu'en dernier lieu
« l'auteur a voulu qu'il fût, y ajoutant, quand cela
« paraissait utile et autant que le permettait l'écri-
« ture effacée, la première leçon qui peut souvent
« servir à rectifier les faits. J'ai établi la distinction
« des chapitres faite par l'auteur lui-même ou
« quelquefois aussi omise par lui : j'ai éclairci
« par conjectures les passages obscurs ; j'ai sup-
« pléé de même à l'absence d'une ou de plusieurs
« lettres effacées ; je n'ai touché à la ponctuation
« que rarement, et lorsque la suite des phrases le
« voulait évidemment. »

Nous avons parlé jusqu'ici d'après M. Pertz. Quelques mots maintenant sur notre travail, et d'abord sur le texte latin.

Nous avons mis un soin religieux à reproduire fidèlement le texte établi par le savant éditeur allemand; nous avons compris qu'il y aurait eu inconvenance à porter une main téméraire sur l'œuvre d'autrui, lorsque cette œuvre est due à un homme dont toute l'Europe reconnaît le mérite et le profond savoir. Ce sera donc encore l'édition due à M. Pertz que recevront les membres de la Société de l'Histoire de France; c'est la meilleure garantie que nous puissions leur donner.

Toutefois la typographie a ses lois, ses usages dans les différents pays; ce qui plaît au delà du Rhin pourrait déplaire de ce côté-ci du fleuve, et réciproquement; nous avons cru devoir respecter ces lois, ces usages. Ainsi les Allemands n'ont qu'une lettre pour l'*i* et le *j*. Ils écrivent *eius, eicit,* nous écrivons *ejus, ejicit;* ils n'ont pas l'habitude de réunir la voyelle *e* aux voyelles *a* et *o :* ils écrivent *praesul, coenobium,* nous procédons autrement. Nous avons cru devoir aussi modifier un peu la ponctuation dans quelques endroits où elle est en opposition évidente avec un sens non douteux. Mais, nous le répétons, à ces légères différences près, notre édition est une copie fidèle de l'édition allemande. Nous avons reproduit avec la même fidélité les notes de M. Pertz, relatives au texte; elles figurent au bas de nos pages latines sous la forme même que leur a donnée le premier éditeur[1]. Quant aux notes historiques, malheureusement trop rares dans l'édition de M. Pertz, nous les avons employées utilement pour éclairer notre traduction. Voilà pour le texte.

Ce qui nous appartient en propre consiste: 1° dans une Notice critique sur Richer et sur son ouvrage; 2° dans une traduction; 3° dans des Notes et Dissertations historiques; 4° dans des tables chronologiques et alphabétiques.

I. La longue étude que nous avons faite de Richer nous donnait peut-être le droit de dire quelque chose sur son compte, même après les hommes habiles qui nous ont précédés dans cette voie. Nous ne prétendons rivaliser avec personne; mais enfin l'intimité donne lieu souvent à des observations qui échappent à un commerce passager. Et d'ailleurs, il nous a semblé que le traducteur de Richer, ne fît-il que recueillir et placer à la tête de son livre tout ce qu'ont dit de

---

[1] Nous avons cru aussi devoir corriger quelques fautes évidentes de typographie; ainsi, t. I, p. 124, nous avons écrit *devecti sunt*, et non pas *devexi sunt*; p. 174, *præciosissimum* et non pas *præocissimum*, etc.

Enfin, nous avons souvent substitué aux chiffres arabes 20, 30, etc., employés par M. Pertz dans le texte, les mots *viginti*, *triginta*, etc.; mais quelquefois aussi nous avons conservé ces chiffres par respect pour le texte du savant éditeur. Par la même raison, nous avons gardé, dans le titre du chap. LXIV du liv. I, le nom de *Robert* au lieu de celui de *Raoul*.

l'auteur et de l'ouvrage des hommes éminents en histoire, il aurait déjà fait une chose utile et convenable à la fois.

II. En fait de traduction, on devrait, à toute rigueur : « représenter les choses, les pensées, les « expressions, les tours, les tons d'un ouvrage; « les choses telles qu'elles sont, sans rien ajouter « ni retrancher, ni déplacer; les pensées dans « leurs couleurs, leurs degrés, leurs nuances; les « tours qui donnent le feu, l'esprit, la vie au dis-« cours; les expressions naturelles, figurées, fortes, « riches, gracieuses, délicates, etc.[1] » C'est un maître en cette matière qui le dit.

Mais d'autres auteurs, dont l'opinion a du poids aussi, sont moins exigeants, et traduire n'est autre chose, selon eux, que revêtir un discours écrit en langue étrangère des tours propres au génie de la langue dans laquelle on s'exprime. Le traducteur a fait assez, disent-ils, lorsqu'il a rendu la pensée de l'auteur comme on la rendrait dans le second idiome, si on l'avait conçue sans la puiser dans une langue étrangère; si d'ailleurs il n'en a rien retranché, s'il n'y a rien ajouté, rien changé[2]. Cicéron lui-même n'exige rien de plus : « Il n'est point nécessaire, dit-il, d'exprimer un

---

[1] Batteux, *Cours de Belles-Lettres*, IIIe partie, 4e section.
[2] *Encyclopédie*, au mot *Traduction*.

mot par un mot, comme font d'ordinaire les traducteurs sans talent¹. »

En présence de semblables autorités, nous n'oserions trancher la question d'une manière absolue; mais nous établirons une distinction que la raison et le goût nous paraissent non-seulement justifier, mais commander : nous dirons qu'avec des auteurs tels que Salluste, Tite-Live, Tacite, on ne saurait jamais se montrer traducteur trop scrupuleux, parce qu'ils sont des modèles, et que dans les modèles tout doit être imité; qu'il faut, en effet, représenter leurs pensées, leurs tours, leurs expressions, parce que tout cela forme leur caractère, leur physionomie, et que ce caractère, cette physionomie, veulent être reproduits. Mais nous ne craindrons pas de dire aussi que des règles un peu moins strictes conviennent peut-être mieux avec un auteur latin du moyen âge : conservez toutes ses pensées, n'en retranchez rien, n'y ajoutez rien, n'y changez rien; car ce sont ses pensées que nous voulons surtout connaître ; mais ne vous attachez pas à conserver les tours, les expressions, ce serait faire passer dans la version la barbarie de l'original.

Nous savons bien que les siècles de barbarie

---

¹ *Nec tamen exprimi verbum e verbo necesse erit, ut interpretes indiserti solent.*

ont leur type, et que tout ce qui est type demande à être respecté ; mais cette règle doit avoir ses bornes et ses exceptions, autrement toute traduction d'un auteur du moyen âge deviendrait impossible.

Qu'on nous permette quelques mots encore sur notre traduction. Quand on a affaire à un historien du moyen âge, il est souvent difficile de bien saisir le sens qu'il a voulu donner à ses phrases, à ses expressions. Les phrases sont souvent chez lui très-obscures, et il en est auxquelles on trouve difficilement une signification raisonnable. Certaines expressions sont quelquefois presque inintelligibles, soit à cause de leur élasticité, soit parce qu'elles sont détournées de leur sens connu, ou bien encore parce que, étrangères à la langue avant l'auteur, elle en ont été exclues après lui, et n'y ont laissé d'autres traces que celles qu'on rencontre dans son ouvrage. Tout cela crée de grandes difficultés. Ajoutons, en ce qui nous concerne particulièrement, que nous avions à traduire un auteur neuf encore, si l'on peut parler ainsi, que par conséquent nous ne pouvions nous aider d'aucune traduction antérieure, et que la difficulté existait dès lors tout entière.

III. Des Notes et des Dissertations historiques nous ont paru nécessaires. M. Pertz publiant un

AVANT-PROPOS.

livre latin destiné à des érudits a pu se dispenser de l'accompagner de notes et d'éclaircissements. Nous sommes dans un cas différent; nous ne nous adressons pas uniquement à des savants, et de plus, interprétant le texte, nous avons souvent besoin de justifier cette interprétation. Nous avons donc ajouté à notre traduction : 1° des notes critiques ou explicatives, que nous avons placées au bas des pages françaises; 2° de petites dissertations que nous avons rejetées à la fin du livre. Ces dissertations portent sur quelques points généraux qui reviennent fréquemment dans l'ouvrage; ce sont : un exposé de la géographie de la Gaule au xe siècle; un tableau généalogique des principales familles dont Richer nomme quelques membres; une dissertation sur les titres hiérarchiques et honorifiques au xe siècle, etc.

IV. Enfin nous avons cru devoir, à l'exemple des bénédictins auxquels nous devons la grande collection des Historiens de France, dresser une table chronologique des faits rapportés dans le texte : une table semblable est surtout utile dans un livre qui ne peut avoir de table raisonnée des matières, puisque les livres et une partie des chapitres qui les composent manquent de titres. La table chronologique remplacera cette table des matières.

Enfin l'ouvrage est terminé par une table alphabétique, offrant sous chaque mot l'analyse de ce qui dans l'ouvrage peut être rattaché à ce mot. Je dis *chaque mot*, parce que, indépendamment des noms d'hommes et de lieux, notre table comprend aussi tous les mots sous lesquels peuvent se classer les faits historiques, les institutions, les mœurs, enfin les données quelconques fournies par l'ouvrage.

Tel est en somme notre travail; puisse-t-il être jugé avec indulgence.

NOTICE CRITIQUE

SUR

RICHER ET SUR SON HISTOIRE.

A peine M. Pertz avait-il mis au jour l'Histoire du moine Richer, à peine quelques exemplaires de ce livre étaient-ils parvenus en France, que déjà tous ceux qui chez nous prennent intérêt à la science historique s'empressaient d'étudier et de commenter ce nouveau et précieux document d'un âge qui nous en a transmis si peu : le littérateur, l'érudit, dans leur cabinet ou du haut de leur chaire, assignaient son rang parmi nos écrits originaux ou lui demandaient des aperçus nouveaux sur les événements qu'il contient ; des membres de l'Institut de France [1] entretenaient leurs collègues réunis des richesses historiques qu'il renferme; enfin, la Société de l'Histoire de France s'empressait de décider que l'ouvrage de Richer serait traduit et publié sous ses auspices.

Il faut le reconnaître, il n'est donné qu'à un livre de première importance de commander ainsi l'attention

---

[1] MM. Guérard, Lenormant et Mignet.

générale; et un tel empressement, soit de la part d'individus isolés, soit de la part de corps savants, pour un écrit composé au fond d'un cloître et par un moine obscur, il y a plus de huit siècles, est un indice peu équivoque de l'importance de cet écrit.

Cette importance est réelle, en effet, car le livre de Richer nous retrace l'histoire entière du xe siècle [1], c'est-à-dire du siècle qu'on s'accorde à regarder comme l'époque la plus obscure de notre histoire nationale; ceux d'entre les contemporains, en effet, qui jusqu'ici nous ont parlé de cette époque, ou bien ont passé à travers les événements avec une extrême rapidité, semblant craindre de les envisager en face et de transmettre à la postérité les misères dont ils étaient témoins, ou bien les ont décrits au hasard, sans détails et sans suite, tels qu'ils les recueillaient au jour le jour, au fond de leurs monastères. C'est surtout sur la seconde moitié du xe siècle, c'est-à-dire sur l'une des phases les plus intéressantes de nos annales, sur celle qui vit se préparer et s'accomplir la grande révolution qui changea la face sociale du pays et fit passer la couronne des descendants de Charlemagne aux Capétiens, que les documents originaux étaient le plus rares et le plus défectueux, qu'il y avait dans nos chroniques originales le plus de pénurie et de confusion. L'historien moderne qui voulait décrire ces temps malheureux était donc réduit à garder une triste réserve ou à se livrer aux plus téméraires

---

[1] Voir plus bas page xxvii et suiv.

hypothèses, c'est-à-dire à se taire ou à risquer d'augmenter encore la confusion des faits.

Richer venait porter la lumière sur tout ce xe siècle; la découverte de son livre devait donc constituer un événement historique, et l'accueil qu'il a reçu n'a rien qui doive nous surprendre. A quel point Richer et son livre justifient-ils cet accueil : voilà ce que nous allons examiner.

§ 1.

De la personne de Richer.

Le père de Richer, nommé Raoul [1], était un homme de conseil et d'action. Il avait une éloquence remarquable et une rare intrépidité. Raoul resta toujours attaché à la cause des descendants de Charlemagne, dans leur bonne comme dans leur mauvaise fortune. Il se montra le constant adversaire de leurs compétiteurs, même dans leurs plus grands succès. Il fut l'un des hommes d'armes que le roi Louis IV ou d'Outremer aimait à consulter, auquel il aimait à confier les entreprises militaires qui demandaient de la tête et du cœur : ainsi, l'an 949, Raoul conçut un plan propre à faire tomber Laon entre les mains du roi; il fit agréer ce plan au prince, qui le chargea de le mettre à exécution, ce qu'il fit en effet [2]; l'an 956, au temps du roi Lothaire, Raoul prépare, dirige et exécute avec succès

---

[1] Richer, *Hist.*, II, 88
[2] *Ibid.* II, 87-91.

une autre entreprise délicate et hardie à la fois [1] : il ne s'agissait de rien moins que d'enlever, moitié par ruse, moitié par force, la femme et les fils de Rainier, comte de Hainaut, renfermés dans la place de Mons.

A l'école de Raoul, Richer puisa pour le sang carlovingien des sentiments d'amour et de respect que le temps ni les événements ne purent altérer. Il puisa sans doute aussi aux récits de Raoul la connaissance des principaux événements de ces temps-là et de certaines particularités qui, sans notre auteur, seraient restées éternellement ignorées; et ce fut là pour lui un précieux avantage. Peut-être enfin Richer trouva-t-il dans ses entretiens avec Raoul l'habitude de prendre intérêt aux faits historiques, et la résolution de transmettre ceux de son temps à la postérité; car, on le sait, les impressions de l'enfance dominent toute une vie et déterminent souvent la vocation de l'âge mur [2].

Dans les dernières années de l'épiscopat d'Odalric, ou plutôt, comme le conjecture M. Pertz, au temps de l'archevêque Adalbéron, c'est-à-dire vers l'an 969, Richer entra dans le monastère de Saint-Remi de Reims [3].

La ville de Reims avait alors une grande importance; elle se trouvait mêlée, de près ou de loin, à tout ce qui

---

[1] Richer, *Hist.*, III, 6-10.
[2] Voir les premières lignes du Prologue de Richer.
[3] Voir le Prologue de Richer, et son *Hist.* IV, 50. Voir aussi la Notice de M. Pertz. M. Pertz fait remarquer que Richer n'entra certainement pas dans le monastère de Reims avant l'an 966, car il ne paraît pas avoir connu Flodoard.

se faisait; elle était le point autour duquel la plupart des événements prenaient naissance, se développaient ou venaient se dénouer [1], et ses évêques avaient presque toujours une part active à la direction des affaires publiques [2]. D'un autre côté, le monastère de Saint-Remi et son école brillaient, à cette époque, d'un éclat dont rien en Gaule ne pouvait approcher : ce monastère et cette école, déjà illustrés par le nom de Flodoard, se recommandaient par le nom bien autrement fameux de Gerbert, le flambeau du siècle [3]. Richer se trouva donc placé au milieu des circonstances les plus propres à féconder les heureux germes que recélaient sa tête et son cœur.

Richer étudia sous Gerbert, et, sans aucun doute, lorsque dans son Histoire il énumère avec complaisance les diverses sciences dont se composait l'enseignement de son maître, lorsqu'il nomme les auteurs que Gerbert expliquait à ses élèves, Richer ne fait autre chose

---

[1] Il est à chaque instant question, dans Richer, de la ville de Reims, et l'on sait qu'en effet elle fut à peu près le point central autour duquel s'agitèrent les principaux événements du xe siècle.

[2] L'archevêque Hincmar tient une grande place dans l'histoire du ixe siècle. Foulques, qui lui succéda en 882, contribua puissamment à placer et à maintenir Charles le Simple sur le trône ; l'archevêque Hervé, qui vint ensuite, prêta aussi de grands secours au même roi ; Seulfe, Artaud, furent mêlés à toutes les guerres contemporaines ; Odalric marqua peu, mais Adalbéron, son successeur, eut la plus grande influence sur les affaires de son temps, et en particulier sur la révolution qui plaça sur le trône le chef de la troisième dynastie.

[3] Voir ce que dit Richer, III, 43-65, de Gerbert, son maître, et des vastes connaissances qu'il possédait.

que nous donner la mesure de ses propres études et l'ensemble des connaissances auxquelles il s'appliqua. La lecture de son livre nous ferait donc supposer qu'il cultiva toutes les sciences alors connues : arithmétique, géographie, astronomie; qu'il étudia toutes les parties de la philosophie scolastique dans Aristote, Cicéron, Porphyre, etc.; qu'il se nourrit des poëtes et des historiens de Rome sinon de la Grèce, Virgile, Térence, Juvénal, Horace, Lucain, Salluste [1], etc. Enfin, son ouvrage nous donne le droit de penser qu'il médita les écrits des Pères et les canons des conciles [2].

Cependant, ce ne fut pas assez pour Richer des leçons de Gerbert et du commerce des écrivains de l'antiquité; il paraît avoir étudié toute sa vie. « Je « m'occupais souvent, dit-il, et avec ardeur des études « libérales [3]. » La médecine semble surtout avoir eu pour lui les plus grands attraits. Nous voyons dans son livre [4] tout ce qu'il était capable d'entreprendre pour augmenter à cet égard le cercle de ses connaissances. Un clerc de ses amis, nommé Héribrand, l'invite à venir de Reims à Chartres pour lire les Aphorismes d'Hippocrate; il part aussitôt, entreprise téméraire pour un moine de ce temps-là, et n'est arrêté ni par les obstacles, ni par les dangers qu'il aura à surmonter dans le voyage. Le grand nombre de termes

---

[1] Il a imité Salluste, par exemple, liv. III, ch. 97.
[2] Il parle de saint Jérôme et de saint Sulpice, I, 3.
[3] IV, 50.
[4] *Ibid.*

techniques répandus dans l'ouvrage de Richer, et les nombreuses descriptions de maladies qu'on y trouve [1], prouvent assez, du reste, que notre auteur profita de la lecture des livres de médecine et du commerce d'Héribrand, cet ami d'une science profonde, habile dans son art, et qui n'ignorait rien en pharmaceutique, en botanique et en chirurgie [2].

Enfin, le soin apporté par Richer dans les récits de bataille [3] et dans les descriptions de siéges et de machines [4], sur lesquels il s'étend avec complaisance, prouve aussi qu'il n'était pas étranger à ce que nous appellerions aujourd'hui *stratégie* et *mécanique*.

A coup sûr, les connaissances acquises par Richer devaient constituer dans ces temps-là une très-vaste érudition, et celui qui les possédait ne pouvait manquer de passer parmi ses contemporains pour un homme du premier mérite. Cela explique assez pourquoi Gerbert, devenu archevêque de Reims, l'an 992, fit choix de Richer, son ancien élève, et lui demanda d'écrire l'histoire de son temps [5].

Selon M. Pertz, Richer employa trois ans à son ouvrage. Il écrivit, dans les années 995 et 996, le livre Ier et les soixante-dix-huit premiers chapitres du livre II,

---

[1] Par exemple, I, 11, 13, 18, 49, 56, 65; II, 37, 46, 59, 99, 103; III, 14, 96, 109; IV, 5, 24, 50, 94.

[2] IV, 50, *in fine*.

[3] I, 8 et suiv. 30, 45; II, 35.

[4] II, 10, 44; III, 103-107; IV, 17-19, 21, 22.

[5] Voir le Prologue de Richer.

qui conduisent le lecteur jusqu'à l'an 948. De 996 à
998, il écrivit la fin du second livre et les livres III et IV,
qui comprennent l'histoire des années 948-995. Dans
le même temps, selon toute apparence, il retoucha son
ouvrage et y mit la dernière main [1].

On ne sait rien de plus de Richer, dit M. Pertz, si ce
n'est que, suivant une vieille inscription [2], c'est par ses
soins que fut apporté dans la bibliothèque de Saint-
Remi de Reims le manuscrit de la loi Salique, conservé
aujourd'hui dans la Bibliothèque royale de Paris sous
le n° 4789.

Mais un savant français est arrivé, par d'ingénieuses

---

[1] Pertz, *Richeri Vita*, p. ix. — M. Guérard a montré que Richer
n'avait pu commencer à écrire son Histoire qu'entre les années 992 et
995. « On doit tenir à peu près pour certain, dit-il, que Richer composa
son ouvrage dans l'abbaye de Saint-Remi, et l'on pourrait supposer qu'il
l'acheva en 995. D'abord il n'a pu l'achever plus tôt, puisque.... il comprend dans son récit les actes du concile de Mouzon, qui se tint le 2 juin
de cette année. — Ensuite, il semblerait qu'il n'a pas dû l'achever plus
tard, attendu que dans sa dédicace il donne à Gerbert, à qui elle est
adressée, le titre d'archevêque de Reims, et que Gerbert perdit ce titre le
1er juillet de la même année. Ce serait donc entre le 2 juin et le 1er juillet
995 qu'il aurait fini d'écrire. — Mais cette conclusion suppose que la dédicace n'a été composée qu'après l'ouvrage, tandis qu'au contraire on doit
présumer que c'est par elle que l'auteur l'aura commencé. En effet, le recto
du 1er feuillet est rempli par elle, et sur le verso du même feuillet sont écrits
sans lacune les premiers chapitres du premier livre. Or, de ce que la pré-
face n'a pas été rédigée la dernière, on ne peut conclure, du temps de sa
rédaction, l'époque à laquelle fut terminé tout l'ouvrage ; mais de ce
qu'elle a été rédigée la première et pendant que Gerbert était archevêque,
on peut conclure que Richer n'a pas commencé son travail avant l'année
992, ni après l'année 995, qui sont les dates, l'une de la nomination de
Gerbert à son archevêché, l'autre de sa déposition. » — *Journal des savants*,
août 1840, p. 478-479.

[2] Voici cette inscription : *Liber sancti Remigii studio.... n...., ris richer....*

inductions, tirées, soit de l'état du manuscrit de Richer et de sa découverte en Germanie, soit de quelques phrases écrites par notre auteur, soit enfin de certaines circonstances de la vie de Gerbert, à porter sinon la lumière du moins un demi-jour sur les dernières années de Richer. M. Lenormant (et M. Guérard, sans se ranger positivement à son opinion, a cru cependant devoir la présenter avec faveur dans sa notice sur Richer), M. Lenormant a conjecturé que Richer avait été interrompu dans son travail par le départ de son archevêque, dépossédé du siége de Reims en 995, qu'il suivit Gerbert à Ravennes, quand celui-ci en obtint le siége épiscopal, en 998, et qu'il vécut à la cour de son ancien maître lorsque, sous le nom de Sylvestre II, Gerbert fut monté sur la chaire de Saint-Pierre; mais, nous le répétons, ce ne sont là que des conjectures.

Ainsi, à nous en tenir aux faits positifs, nous connaissons l'origine de Richer, nous savons quelles furent ses études, en quel lieu il passa sa vie, en quel temps il écrivit son Histoire; voilà beaucoup plus de données qu'on n'en a généralement sur les historiens du moyen âge. La lecture de son ouvrage nous en fournit une autre, et celle-ci se rapporte à son caractère, sur lequel elle appelle notre estime; le père de Richer avait vécu auprès des derniers Carlovingiens, lui-même peut-être les avait connus et en avait reçu des bienfaits; après leur chute, il leur conserva son attachement, et bien qu'écrivant sous la dynastie nouvelle, c'est toujours pour la famille déchue qu'il réserve ses respects et son amour; sentiment noble et bien rare sans doute dans ces temps-là. Toutefois, la révolution consommée, Richer l'accepta franchement; et le titre de tyran, qu'il avait donné jusque-là aux adversaires des Carlovingiens, il le transporta, après le couronnement de Hugues Capet, à son compétiteur Charles de Lorraine [1], dernier représentant de la race royale, mais sans cacher toutefois la justice de sa cause. Il n'y avait qu'une âme élevée qui fût capable de comprendre ainsi les choses et d'exprimer si nettement sa pensée. Cependant, comme en tout le mal est à côté du bien, peut-être aurons-nous bientôt à reprocher à l'historien quelque exagération dans les sentiments mêmes dont nous faisons ici à l'homme un juste mérite.

§ II.
Des sources auxquelles puisa Richer.

Richer nous expose lui-même le but qu'il s'est proposé en écrivant son Histoire : il a voulu raconter les guerres des Gaulois, les troubles qui les accompagnèrent et les causes diverses des événements au temps des rois Charles le Simple et Louis d'Outremer [2]. Il a pris les choses au point où Hincmar les a laissées, à l'élection du roi Eudes, l'an 888, et les a conduites jusqu'à l'an 995, c'est-à-dire jusqu'à la fin de Hugues Capet.

---

[1] Rich., *Hist.*, IV, 37.
[2] Prologue. Cela prouve qu'il avait eu d'abord l'intention de s'arrêter à la fin de son second livre.

Les événements qui remplissent cet intervalle ont été puisés en partie dans les ouvrages de Flodoard, Richer nous le dit lui-même [1]; mais Flodoard ne fait pas remonter sa Chronique jusqu'à l'an 888 et ne la conduit pas jusqu'en 995; nous pourrons donc distinguer dans l'ouvrage de Richer: 1° la partie relative aux temps antérieurs à celui où commence la Chronique de Flodoard; 2° la partie pour ainsi dire empruntée à Flodoard; 3° la partie qui traite des temps postérieurs au point où s'arrête Flodoard.

I. La première des trois parties de l'Histoire de Richer retrace les événements arrivés depuis l'an 888 jusqu'à l'an 919, c'est-à-dire qu'elle comprend tout le règne du roi Eudes et celui de Charles le Simple presque entier; elle occupe les dix-neuf premiers chapitres du livre Ier.

Il se trouve dans ces dix-neuf chapitres un assez grand nombre de faits qu'on ne rencontre point ailleurs, et des faits très-détaillés, très-précis, tels entre autres que la campagne de l'an 892, contre les Normands, et tous les événements épisodiques qui s'y rattachent [2]. Ces Normands répandus en Aquitaine, cette bataille que leur livre près de Clermont le roi Eudes, toutes les circonstances de cette guerre sanglante,

---

[1] Prologue.
[2] I, 7-11.

cette enseigne royale confiée aux mains d'un simple palefrenier, cette capture de Catillus, chef des Barbares, son baptême, le meurtre qui le suivit, le discours justificatif du meurtrier, rien de tout cela ne se trouve ailleurs que dans Richer, et rien de tout cela ne peut être de son invention.

Richer pouvait-il tenir tous ces faits, tous ces détails de témoins oculaires? les avait-il appris par quelque tradition vivante encore parmi ses contemporains? Mais il parle d'événements accomplis depuis plus d'un siècle; et dans les temps fertiles en révolutions, le souvenir des hommes ne reste pas si longtemps attaché aux faits historiques, et surtout aux faits de détails, semblables à ceux que notre auteur a consignés dans ses récits. L'ensemble et les détails de la campagne d'Auvergne contre les Normands étaient donc conservés dans quelque écrit dont Richer eut connaissance et que le temps nous a ravi.

Mais Richer paraît n'avoir puisé, pour *les temps passés*, qu'à une seule source, du moins n'en indique-t-il qu'une seule comme lui ayant fourni des matériaux pour son Histoire, l'ouvrage de Flodoard. Faudrait-il donc conclure de là que la lacune qui se trouve au commencement de la Chronique de Flodoard, entre les années 877 et 919, lacune où viendraient naturellement se placer les faits dont nous parlons, n'exista pas pour Richer, et que c'est de la partie de cette Chronique aujourd'hui perdue qu'il tira les événements qu'il raconte dans les premiers chapitres de son livre? Ce n'est ici de notre part qu'une simple conjecture, et le lecteur ne lui donnera que le degré d'importance qu'elle lui paraîtra mériter [1].

Au surplus, et à quelque source qu'ait puisé Richer, cette première partie de son ouvrage, la moins étendue et la moins importante des trois sans contredit, ne laisse pas cependant d'offrir le plus vif intérêt, car elle reproduit et conserve des faits à jamais perdus pour l'histoire si l'auteur ne les eût recueillis et exposés dans son livre.

[1] Plusieurs savants, on le sait, ont prétendu que primitivement la Chronique de Flodoard commençant à l'an 877, continuait sans interruption jusqu'en 966, et que toute la narration de l'an 877 à l'an 919, qui manque aujourd'hui, fut perdue plus tard. Leur opinion a été reproduite par les auteurs de l'*Histoire littéraire de la France*, que M. Guizot a suivis dans sa *Notice sur Flodoard*. D'un autre côté, M. Pertz (*Monum. germ.*, t. V) soutient que l'ouvrage de Flodoard, tel que nous le possédons, est complet et qu'il n'a jamais commencé qu'à l'an 919; il s'en est convaincu, dit-il, d'abord par le résultat des recherches directes qu'il a faites, ensuite par la comparaison de l'historien Richer qui ne se sert du texte de Flodoard qu'à partir de l'année 919, et qui n'aurait pas manqué de le mettre plus tôt à profit si Flodoard avait écrit l'histoire des années antérieures.

Les recherches directes auxquelles s'est livré M. Pertz doivent être sans contredit d'un grand poids dans la question, mais il n'en est peut-être pas de même de l'argument tiré de ce que Richer ne se sert du texte de Flodoard qu'à partir de 919. Eh qui dit à M. Pertz que Richer ne se sert pas avant 919 d'un texte de Flodoard aujourd'hui perdu? Pour l'affirmer il faudrait avoir les deux textes et les comparer ensemble; or, c'est ce que n'a pu faire M. Pertz. La question attend donc encore une solution, et voilà pourquoi nous n'avons pas craint d'attirer l'attention du lecteur sur cette question et de lui présenter une hypothèse dont nous lui laissons le soin de fixer la valeur.

II. La partie de l'Histoire de Richer qui correspond à la Chronique de Flodoard telle que nous la possédons, forme à elle seule la moitié de l'ouvrage; elle prend au chapitre xx du livre Ier, et s'étend jusqu'au chapitre xxi du livre III; elle rapporte les événements accomplis entre les années 919 et 966, c'est-à-dire qu'elle raconte les derniers temps de Charles le Simple le règne de Raoul, celui de Louis d'Outremer et le tiers environ de celui de Lothaire.

Dans toute cette partie, Flodoard est le guide ordinaire de Richer. Richer lui emprunte la plupart des faits qu'il raconte; quelques-uns de ces faits cependant sont puisés à d'autres sources; d'autres fois aussi Richer passe sous silence des choses rapportées par le chroniqueur.

1° Richer, tout en nous disant dans son Prologue qu'il a puisé quelquefois dans le livre de Flodoard, veut bien qu'on remarque cependant que, loin de copier les paroles de la Chronique, il a usé de formes de discours toutes nouvelles. En comparant les deux ouvrages, on reconnait en effet que les emprunts faits à Flodoard par notre auteur prennent souvent chez lui une forme, et, si nous pouvons parler ainsi, une physionomie particulière; que si parfois il copie à peu près littéralement, ou se contente d'introduire dans le texte qu'il a sous les yeux quelque différence de rédaction, le plus souvent il amplifie, il développe son modèle; qu'il s'écarte même, soit involontairement, soit à dessein, de la Chronique de Flodoard.

Les reproductions fidèles sont bien certainement un double emploi dont la science historique ne peut retirer aucun fruit; cependant elles ne sont pas inutiles à la marche de l'ouvrage, car elles servent à lier entre elles les différentes parties du récit et à nous en faciliter l'intelligence. Du reste, ces passages reproduits textuellement sont très-peu nombreux.

Quant aux endroits développés ou commentés par Richer, il les revêt bien quelquefois d'un caractère plus emphatique que judicieux; il y déploie bien le luxe d'une imagination quelque peu aventureuse; on y sent bien que l'auteur n'a d'autre préoccupation que de dire d'une autre manière ce qui a déjà été dit, de broder sur un fond d'emprunt, de composer en un mot une amplification; mais souvent aussi Richer enrichit ses emprunts de détails tout à fait curieux. Ainsi, que Flodoard nous dise en quelques lignes comment Louis d'Outremer fut appelé en Gaule par les seigneurs français et mis par eux sur le trône, Richer nous fera assister à la délibération des seigneurs, au départ des ambassadeurs, envoyés par eux au roi des Anglais, Adelstan, oncle de Louis, à la réception de ces ambassadeurs par le roi; il nous rapportera les discours tenus de part et d'autre; il exposera toutes les circonstances du départ, du voyage et de l'arrivée de Louis, de sa réception par les seigneurs réunis sur le bord de la mer et de l'escorte qu'ils lui font jusqu'à Laon, où il reçoit la couronne royale; et dans tout cela se trouveront des détails vraiment neufs sur les mœurs et les usages du temps. Il faut dire la même chose de la prise et de la reprise de Montreuil, en 939 : quelques lignes de Flodoard donnent lieu à Richer de raconter, avec des circonstances curieuses, par quelle ruse le comte de Flandre, Arnoul, s'empare de la place, comment Erluin, dépossédé, fait entrer le duc Guillaume de Normandie dans ses intérêts, et reprend Montreuil, comment les troupes d'Erluin et celles d'Arnoul en viennent aux mains et se disputent la victoire avec acharnement [1]. De même, le récit de la mort de Gislebert, duc de Lorraine, englouti avec son cheval dans les eaux du Rhin, bien qu'emprunté à Flodoard, est cependant accompagné, dans Richer, de circonstances neuves [2]. Il faudrait en dire autant d'un grand nombre d'autres passages qu'il serait trop long de mentionner ici.

Quelquefois, enfin, Richer dénature Flodoard, soit involontairement, et alors il faut l'excuser, soit de dessein prémédité, pour satisfaire une coupable partialité, et alors il mérite un blâme sévère. Ainsi, que Richer, par une fausse interprétation de Flodoard, ait confondu la troupe de Normands qui, l'an 925, envahit la Bourgogne avec une garnison envoyée de Rouen

[1] II, 11-15.
[2] II, 19.

au château d'Eu ¹ ; qu'il ait confondu les deux synodes de
de Saint-Vincent de Laon et de Trèves ² ; qu'il ait confondu Hugues, duc de France, avec Hugues, archevêque de Reims ³, il n'y a là matière à aucun blâme;
mais que dans un récit de bataille, évidemment emprunté à Flodoard, il enfle les chiffres des combattants
et des morts ⁴ ; que par exemple il fasse dire à Flodoard que dans la bataille donnée en 923, entre Charles
et Robert, il périt onze mille hommes du côté de celui-
ci et sept mille cent dix-huit du côté de Charles, quand
on ne lit rien de semblable dans le chroniqueur ⁵ ;
qu'il ait surtout, lorsqu'il mit la dernière main à son
ouvrage, dénaturé le passage relatif aux démêlés du
roi Charles avec Robert, jusqu'à écrire *Germanie* au
lieu de *Belgique*, et *Henri* pour *Gislebert*, cela pour
faire entendre qu'alors la Germanie était soumise à
Charles, ce sont des infidélités sans excuses, et que
le savant éditeur de Richer a eu raison de relever avec
sévérité ⁶.

---

¹ I, 50.

² II, 82.

³ III, 15.

⁴ I, 11, Richer avait d'abord écrit 5 000, puis il écrivit 6 000, puis enfin 10 000 ; I, 51, il dit 8 000 quand Flodoard dit 1 100 ; II, 85, le nombre des morts est porté à 560, quand Flodoard dit dans son *Histoire de Reims* 400, et 40 dans sa *Chronique*; I, 19, la victoire remportée sur les Normands, leur camp brûlé, 3 000 hommes tués, tout cela est en con-tradiction avec Flodoard.

⁵ Tous les manuscrits, tous les imprimés de Flodoard, ne disent que ces mots : *Multis ex utraque parte cadentibus*.

⁶ *Richeri Vita*, p. xii. Voir aussi I, 22 et suiv.

2° Venons aux faits qui appartiennent en propre à notre auteur. Parmi ces faits, il faut citer plusieurs circonstances relatives aux affaires de Belgique au temps de Charles et de Raoul [1], sauf l'infidélité signalée plus haut ; ce que dit notre auteur d'Haganon, des démêlés dont il devint la cause entre le roi Charles et le duc Robert et de la capture de Charles [2] ; plusieurs circonstances de l'histoire des Normands [3] ; plusieurs traits de l'histoire de Louis IV ou d'Outremer [4] ; les deux épisodes de la prise de Laon et de Mons, dont les détails furent sans doute fournis à Richer par son père, comme nous l'avons déjà dit [5] ; enfin une foule de récits détachés remarquables par des détails de caractère, de mœurs ou d'usages, comme la lutte scientifique de l'évêque Dérold et d'un médecin de l'école de Salerne [6], etc., etc.

3° Quant aux omissions, il faut le dire, pour rendre hommage au bon esprit de Richer, elles portent en général sur des circonstances peu importantes, bien que quelques-unes cependant aient été dictées à notre auteur, plus peut-être par un sentiment de partialité que par la rectitude de son jugement ou la pureté de son goût.

[1] I, 20-21, 35-41.
[2] I, 21, 22 et suiv.
[3] I, 28-33.
[4] II, passim.
[5] II, 87-91 ; III, 6-10.
[6] II, 59.

Au total, cette partie même de l'Histoire de Richer, empruntée à Flodoard, peut passer, jusqu'à un certain point, pour un ouvrage original ; et nous ne balançons pas à dire, avec le premier éditeur, que tout en puisant dans le chroniqueur, Richer a présenté les faits dans un meilleur ordre que son modèle, qu'il a ajouté du sien et disposé le tout de manière à former une narration entièrement nouvelle, et qu'il mérite des félicitations pour avoir développé, grâce à ses connaissances étendues et variées, des choses auxquelles Flodoard n'avait souvent consacré qu'un mot [1].

III. Enfin, la troisième partie de l'Histoire de Richer, celle qui s'étend depuis le xx⁰ chapitre du livre III jusqu'à la fin de l'ouvrage, embrassant les années de 969 à 995, et comprenant la fin du règne de Lothaire, le règne de Louis V et celui de Hugues Capet, fut écrite, comme l'a fait remarquer M. Pertz [2], sur quelques chartes des archives de Saint-Remi de Reims et sur l'Histoire du concile de Reims et du synode de Mouzon, par Gerbert.

Les archives de Saint-Remi fournirent à Richer de précieux documents, des documents d'une parfaite authenticité ; Richer, de son côté, sut avec habileté mettre en œuvre ces documents et en tirer tous les faits qu'ils pouvaient contenir. On en trouve surtout la

---

[1] *Richeri Vita*, p. xi.
[2] *Ibidem*, p. xvi.

preuve dans les chapitres xxix et xxx du III⁰ livre de son Histoire.

Quant à la seconde source, M. Pertz a remarqué que Richer est généralement d'accord avec Gerbert, tout en l'abrégeant, comme le demandait le plan de son livre; que les faits racontés par les deux auteurs le sont presque toujours dans les mêmes termes; qu'enfin, s'il existe quelque différence, elle est de très-peu d'importance; que Richer cependant rapporte quelquefois des circonstances omises par son maître [1].

Les archives de Reims et les écrits de Gerbert furent certainement d'un grand secours à Richer; mais gardons-nous de croire cependant que ces deux sources aient pu lui fournir toutes les richesses historiques rassemblées dans la dernière partie de son ouvrage. Richer y ajouta ce qu'il avait vu par lui-même, et ce qu'il avait appris des contemporains; il y consigna, on n'en peut douter, les confidences intimes de Gerbert, à la sollicitation duquel il écrivait, de Gerbert, mêlé si activement aux événements de son temps; et voilà surtout ce qui donne un si grand prix à cette partie de l'ouvrage. Où Richer aurait-il pris, en effet, ailleurs que dans ses propres souvenirs tout ce qu'il dit de l'enseignement de Gerbert, de ses procédés, des objets qui faisaient la matière de ses cours [2]? où aurait-il pris ailleurs que dans ses rapports avec les con-

---

[1] Par exemple, IV, 63, le discours de l'évêque Gui.
[2] III, 46 et suiv.

temporains cette foule de détails curieux que nous trouvons réunis ici, cette foule d'anecdotes que nul autre auteur ne nous avait transmises, telles, par exemple, que le déguisement auquel dut avoir recours Hugues le Grand, pour échapper aux piéges du roi Lothaire et de la reine Emma [1]? Où aurait-il pris ailleurs que dans les confidences de Gerbert plusieurs des choses qu'il rapporte sur l'éducation et les voyages de ce savant [2], sur ses discussions à Ravenne avec le grammairien Otric [3]?

Il faut dire encore, à l'avantage de cette troisième partie, que l'historien y développe son sujet plus largement qu'il ne l'avait fait jusqu'ici, qu'il s'y montre plus maître de sa matière, plus à l'aise pour la distribuer selon la convenance. Le lecteur remarquera aussi que l'emphase et l'exagération que nous avons reprochées à notre auteur ont, sinon disparu entièrement, du moins considérablement diminué.

§ 3.

Appréciation de l'Histoire de Richer.

Tout ouvrage historique peut être considéré sous trois aspects différents : on peut y chercher le récit des événements, la peinture des mœurs, la composition littéraire. Quel est, sous ce triple point de vue, le mérite du livre de Richer?

[1] III, 86-83.
[2] III, 43 et suiv.
[3] III, 57 et suiv.

I. *Récit des événements.* — Les événements rapportés par Richer et la manière dont il les présente viennent-ils changer pour nous l'histoire du xe siècle? Voilà la première question à examiner.

Il y a en histoire des faits principaux et des faits secondaires, des faits qui constituent le fond des choses et des faits concourant seulement à l'ensemble, mais n'ayant par eux-mêmes qu'une importance relative. On trouve dans Richer un fait capital et une foule de faits accessoires.

Le fait capital exposé par Richer, c'est la longue lutte qui précipita du trône la famille de Charlemagne et y fit monter celle des Capets, révolution qui, à la prendre depuis son origine jusqu'à sa complète consommation, remplit à peu près tout l'ouvrage.

On peut dire, sans la moindre hésitation, que nulle part ailleurs cette révolution n'est présentée avec autant d'ensemble et de détails, avec autant de méthode et de clarté que dans l'ouvrage de Richer; que nulle part les deux familles et tout ce qui se groupe autour d'elles ne sont aussi bien mises en saillie, aussi bien dessinées, si je puis parler ainsi : dans Richer on a le tableau tout entier, partout ailleurs il ne s'offre que par fragments incomplets et détachés. Voilà l'idée générale que laisse dans l'esprit la lecture du livre que nous examinons.

Mais ce fait capital a-t-il dans notre historien toute la gravité que depuis quelque temps on a voulu lui donner? Trouve-t-on dans Richer quelque chose qui ressemble à une lutte établie entre deux races d'hommes, la race germaine ou étrangère et la race française ou nationale, représentées, l'une par la famille de Charlemagne, l'autre par celle d'où sortit la troisième dynastie des rois de France?

On a prétendu il y a quelques années, que, « sous la conduite de Charles Martel, une bande de Franks d'entre Rhin et Meuse, qui maniaient l'épée et vivaient à cheval, descendit du nord-est vers l'occident et vers le sud, et traita les Franks dégénérés de la Gaule comme ceux-ci avaient autrefois traité les Gaulois. Les rois carlovingiens appartenaient à cette bande germaine. » — Lors de la dissolution de l'empire de Charlemagne, la Gaule, a-t-on dit aussi, vit avec un œil de haine tout ce qui dans son sein appartenait à la Germanie et par-dessus tout les descendants de ces chefs d'armée teutons qui l'avaient asservie; de là ces efforts de la race indigène pour se débarrasser de ses rois de race germaine; de là ce parti national armé pour renverser la famille de Charlemagne que soutenaient au contraire la Germanie et les Germains; de là enfin la longue lutte qui finit par faire passer la couronne d'une famille germaine à une famille française[1].

---

[1] Voir surtout les *Lettres sur l'Histoire de France*, par M. Augustin Thierry.

Je craindrais de revenir sur cette question de race germaine et de race

— Tout se tient en histoire et la première supposition rendait la seconde nécessaire.

Richer nous montrerait-il donc un parti germain autour des derniers Carlovingiens, un parti français dans le camp opposé? Hélas! je crains qu'il ne se soit pas élevé à de si hautes conceptions; qu'il n'ait vu, qu'il n'ait mis en jeu que des passions ambitieuses et des intérêts personnels; qu'il n'ait décrit enfin que des faits tristement prosaïques, où d'autres ont trouvé tant de nobles sentiments, tant de haute poésie.

Interrogeons notre historien.

Et d'abord Richer a-t-il compris qu'il avait devant lui deux familles de race diverse? s'est-il demandé à quelle race appartenait la famille régnante, à la race germaine ou française? s'est-il demandé si la famille rivale était d'origine française ou germaine? nous ne le pensons pas. Toutefois, sans se faire cette question, il y a répondu en passant; et même, chose piquante, il nous apprend que c'est précisément cette famille rivale qui appartient à la race germaine, car elle descend de l'étranger Witichin, germain de nation [1]. Ainsi c'est un sang germain qui coule dans les veines de cette famille

---

française si savamment traitée par des hommes beaucoup plus versés que moi dans nos antiquités nationales, si l'on ne voyait tous les jours encore l'opinion de M. Thierry reproduite sans la moindre hésitation par une foule d'écrivains et entre autres par les auteurs des livres classiques employés dans nos collèges, dans nos institutions privées, dans nos écoles primaires, livres approuvés par l'Université.

[1] Richer, Hist. I, 5. Ce Witichin n'est pas le célèbre chef de Saxons contemporain de Charlemagne.

qu'on nous donne si solennellement comme l'expression du parti français, de ce parti animé par une invincible et nationale antipathie contre le sang germain des descendants de Charlemagne. Avouez que c'est jouer de malheur.

Mais passons aux faits, et abordons le premier acte qui ait mis officiellement en présence les seigneurs français et la famille des Carlovingiens ; nous reconnaîtrons là quel esprit animait les premiers. Les Normands désolaient la Gaule; l'héritier naturel du trône, ce Charles qui fut surnommé le Simple, est un enfant incapable de repousser ces terribles pirates. Dans cette dure extrémité, les seigneurs français tiennent conseil et proclament la nécessité de se créer un autre roi, non pour déserter la cause du prince légitime, dit Richer, mais par impatience de marcher à l'ennemi. Or quel roi se donneront-ils ? ce sera le duc Eudes, homme de guerre dont ils connaissent la valeur; et d'un consentement unanime ils l'élèveront au trône [1]. Je demanderai si c'est par haine de la race germaine que dans ce premier acte ils repoussent le sang de Charlemagne et adoptent le sang de Witichin?

Charles acquiert plus tard le titre de roi; Robert, frère de Eudes, le lui dispute, et enfin il passe sans opposition à Raoul fils de Richard de Bourgogne. A la mort de celui-ci, les seigneurs français se réunissent de nouveau pour créer un roi : Hugues le Grand,

---

[1] Rich. Hist. I, 5.

fils de Robert, qui les préside, leur conseille d'élire le fils de Charles, Louis d'Outremer. Les seigneurs français accueillent cet avis avec la plus grande faveur et le duc expédie en Angleterre des envoyés chargés d'annoncer au jeune prince que le trône l'attend et de l'engager à vouloir bien fixer le moment où le duc et les autres seigneurs pourront venir jusqu'au bord de la mer au-devant de leur roi futur [1]. Est-ce un homme odieux par sa naissance, est-ce le représentant abhorré d'une race ennemie qu'on va chercher ainsi jusqu'au delà des mers pour lui offrir une couronne?

Après la mort de Louis, la reine sa mère supplie le roi Otton et l'archevêque Brunon ses frères ainsi que le duc Hugues, de mettre Lothaire, son fils, âgé de 12 ans, sur le trône paternel. Hugues, les princes de Bourgogne, d'Aquitaine, de Gothie, se joignent à quelques princes germains et aux grands de Belgique, et tous ensemble décident que Lothaire succédera à son père. Lothaire est donc, aux acclamations *des princes des différentes nations*, sacré roi dans la basilique de Reims [2]. Après la mort de Lothaire, Louis son fils est encore placé sur le trône par le duc et les autres grands du royaume, et chacun vient lui faire sa cour, lui promettre attachement et lui enga-

[1] II, 2 et 3.
[2] III, 1

ger sa foi[1]. Tout cela ressemble-t-il à des haines nationales ?

Louis, comme on sait, ne fit que passer sur le trône ; à sa mort les grands se réunirent pour délibérer sur les intérêts du royaume, et Adalbéron, archevêque de Reims, leur parla ainsi : « Loin de moi le dessein de dire rien qui n'ait pour but le bien public. Je cherche le vœu général parce que je désire servir tout le monde ; et comme je ne vois pas ici tous les grands dont la sagesse et l'activité pourraient être utiles à l'administration du royaume, il me semble convenable que le choix d'un roi soit différé de quelque temps ; qu'à une époque déterminée tous se réunissent en assemblée, que les avis soient exposés au grand jour, qu'ils puissent être discutés et produire ainsi tout leur effet. Engageons-nous donc par serment à l'illustre duc, et promettons, entre ses mains, de ne nous occuper en rien de l'élection d'un chef, de ne rien faire dans ce but jusqu'à ce que nous soyons de nouveau rassemblés ici ; différons de quelque temps la délibération afin que chacun, mettant le délai à profit, discute le pour et le contre et y réfléchisse avec soin[2]. » Cet avis fut accueilli et approuvé de tous. Or, ces paroles, cette conduite portent-elles ce caractère de précipitation et d'emportement qui est le propre des partis politiques ?

Charles de Lorraine, oncle du dernier roi à qui re-

[1] IV, 1.
[2] IV, 8.

venait légitimement la couronne, va trouver l'archevêque et lui dit : « Pourquoi donc, puisque mon frère n'est plus, puisque mon neveu est mort et qu'ils n'ont laissé aucun descendant, pourquoi suis-je repoussé? —Parce que tu t'es toujours associé à des parjures, à des sacriléges, à des méchants de toute espèce, lui répond Adalbéron, et que maintenant encore tu ne veux pas t'en séparer. Comment se fait-il que tu cherches, avec de tels hommes et par de tels hommes, à arriver au souverain pouvoir? » et il se disait en lui-même : « Quel malheur pour les bons s'il était élevé à la royauté[1]! »

Enfin les grands se réunirent à Senlis, et Adalbéron prenant la parole : « Nous n'ignorons pas, dit-il, que Charles a ses partisans, lesquels prétendent qu'il doit arriver au trône que lui transmettent ses parents; mais le trône ne s'acquiert point par droit d'hérédité, et l'on ne doit mettre à la tête de l'État que celui qui se distingue non-seulement par la noblesse corporelle, mais encore par les qualités de l'esprit. Quelle dignité pouvons-nous conférer à Charles que ne guide point l'honneur, que l'engourdissement énerve, enfin qui a perdu la tête au point de n'avoir plus honte de servir un roi étranger et de se mésallier à une femme prise dans la classe des vassaux? Comment le puissant duc souffrirait-il qu'une femme de cette extraction devînt reine et dominât sur lui? Comment marcherait-il après

[1] IV, 9 et 10.

celle dont les égaux et même les supérieurs baissent le genou devant lui et posent les mains sur ses pieds[1]! Examinez la chose soigneusement et considérez que Charles a été rejeté plus par sa faute que par celle des autres. Décidez-vous plutôt pour le bonheur que pour le malheur de la république. Si vous voulez son malheur, créez Charles souverain; si vous tenez à sa prospérité, couronnez Hugues, l'illustre duc; que l'attachement pour Charles ne séduise personne, que la haine pour le duc ne détourne personne de l'utilité commune. Donnez-vous pour chef le duc, recommandable par ses actions, par sa noblesse et par ses troupes; le duc en qui vous trouverez un défenseur, non-seulement de la chose publique, mais de vos intérêts privés[2]. » L'opinion d'Adalbéron fut accueillie à l'unanimité, et le duc fut promu au trône, couronné à Noyon par le métropolitain et les autres évêques, et reconnu pour roi par les Gaulois, les Bretons, les Normands, les Aquitains, les Goths, les Espagnols et les Gascons.

Ainsi Adalbéron expose devant une assemblée générale des grands de la Gaule, les raisons qui doivent faire repousser Charles, le descendant de Charlemagne, qui doivent faire élire Hugues Capet, l'illustre duc de France, et dans tout cela, pas un mot qui se rattache de près ou de loin à cette grande ques-

---

[1] Voir *Notes et dissertations*, sect. V.
[2] IV, 11.

tion de nationalité, pas même une allusion à la race étrangère de Charles : quels reproches lui fait-on ? son peu de valeur personnelle, sa soumission à un roi étranger, son alliance à une famille de vassaux, voilà tout. Or, à qui fera-t-on croire que si toutes les guerres qui signalèrent en France le dixième siècle, n'avaient eu pour cause qu'une haine nationale contre une race étrangère ; que si, depuis plus de cent ans, les Français avaient repoussé avec horreur cette famille de Charlemagne, à cause de son origine germaine ; à qui fera-t-on croire, dis-je, qu'Adalbéron cherchant à rappeler tous les griefs des seigneurs français contre le dernier Carlovingien, toutes les raisons qui devaient le faire exclure du trône, n'eût rien dit de cette tache indélébile empreinte au front de Charles, de cette cause capitale d'exclusion ?

Il y a donc erreur historique manifeste à voir en France, au dixième siècle, deux races ennemies, et à donner pour cause à la chute des Carlovingiens leur origine germaine ; et il faut regretter amèrement qu'une plume éloquente ait fait, pour un temps au moins, de cette opinion un dogme ; que l'amour de la nouveauté et de l'extraordinaire, aujourd'hui si vif en France, l'ait accueillie avec passion ; que l'ignorance, enfin, l'ait propagée sans défiance et sans relâche.

Tout ce qu'on peut voir en réalité dans l'histoire de ces temps de troubles et de confusion, le voici :

Les rois carlovingiens habitaient ordinairement le

nord de la Gaule; c'est là qu'étaient leurs maisons royales, c'est à Laon qu'ils faisaient leur résidence ordinaire; ils vivaient au milieu des populations de cette partie du royaume, il était naturel que ces populations à leur tour vinssent se grouper autour d'eux et leur prêter appui; l'histoire ne dit rien de plus. Par exemple, que Charles le Simple, par une imprudente prédilection pour Haganon, son favori, indispose les seigneurs neustriens et soit réduit à fuir devant eux, il se réfugie en Belgique et rappelle aux seigneurs de ce pays « qu'il a le droit de compter sur l'appui de ceux qu'il aima par-dessus tous, parmi lesquels il résida le plus, auxquels il ne fit jamais de mal [1]; et ceux-ci offrent de combattre pour lui, et marchent en effet sous ses drapeaux au nombre de dix mille [2]. Il en fut des évêques comme des seigneurs; ce furent ceux de la province ecclésiastique de Reims qui favorisèrent le plus les Carlovingiens, parce que ceux-là eurent avec eux plus de rapports directs que les autres. Les évêques des provinces septentrionales composèrent presque exclusivement ces synodes où l'on se prononça si positivement en faveur de Louis ou de Lothaire contre le duc de France.

Ce qui avait lieu dans le nord à l'égard des Carlovingiens, se reproduisait en Neustrie à l'égard des ducs de France. En Neustrie, les seigneurs se groupaient

[1] I, 12.
[2] I, 11.

autour de leur duc, comme les Belges, pour parler le langage de Richer, se groupaient autour de leur roi : que Hugues le Grand, par exemple, ait à se plaindre des procédés de Lothaire, il réunira près de lui les principaux d'entre les Neustriens, leur exposera ses griefs et leur demandera conseil sur ce qu'il doit faire ; ceux-ci exposeront leur avis et délibéreront dans l'intérêt du duc [1]. Les évêques des diocèses compris dans les limites du duché de France, s'attachaient de même à la cause des ducs : dans un synode tenu près de Meaux, l'an 962, on voit parfaitement les évêques se partager en deux catégories, selon qu'ils appartiennent aux provinces du nord ou du centre. « Quelques-uns des évêques, dit Richer, et surtout les familiers du duc, comme ceux de Paris, d'Orléans et même de Sens, paraissaient être dans les intérêts de Hugues (neveu du duc de France), et ils proclamèrent tout haut leur sentiment. Mais Roricon de Laon et Gibuin de Châlons les combattirent énergiquement, etc. [2]. »

Les ducs de Normandie, d'Aquitaine, etc., étaient, sans aucun doute chez eux dans le même cas que les rois et les ducs de France ; tel était l'esprit, telles étaient les mœurs du temps.

Lors donc qu'on voudra nous montrer en Gaule, au dixième siècle, une population germaine dominatrice, et une population indigène qui se relève et finit

[1] III, 82, 83.
[2] III, 16.

par rejeter, hors de son sein, des maitres abhorrés; nous répondrons que les faits ainsi groupés par masses, peuvent séduire la multitude, parce que l'esprit les embrasse sans la moindre peine; mais qu'en réalité l'histoire n'est pas faite ainsi tout d'une pièce, et qu'en particulier celle du dixième siècle ne ressemble en rien au tableau qu'on en veut faire.

Parmi les faits que nous appelons secondaires, il en est quelques-uns sur lesquels l'histoire du dixième siècle attend encore quelque lumière; cherchons si Richer nous fournit des données nouvelles sur la royauté, sur les seigneurs, sur les évêques, sur le peuple, sur quelques autres points encore incertains. Dans cette revue nous dirons sans doute peu de choses qui n'aient déjà été dites, mais parmi ces choses connues, il s'en trouvera peut-être quelques-unes de neuves.

La *Royauté* avait évidemment perdu de sa force et de son éclat. Cependant elle n'était pas tombée dans l'esprit des contemporains aussi bas qu'on pourrait le croire; les rois subirent, dans leurs personnes, les plus cruelles humiliations, mais la royauté conserva toujours un certain prestige. Cette distinction mérite d'être faite.

Les humiliations, en effet, ne furent épargnées ni à Charles le Simple, ni à Louis d'Outremer, son fils. Le premier fut saisi et tenu prisonnier, dans sa propre maison, par les amis du duc Robert, et ne fut délivré de leurs mains que par l'archevêque Hervé[1]; vaincu par les Neustriens, quelques années plus tard (923), il fut pris par trahison et retenu prisonnier jusqu'à sa mort, que précipita le chagrin. Louis fut peut-être plus abaissé encore : sur l'invitation du chef normand qui commande à Bayeux, il s'avance vers lui avec confiance, mais le barbare, comme l'appelle Richer, fond à l'improviste, avec une multitude d'hommes armés, sur le roi et sur la petite troupe qui l'accompagne, et Louis ne doit qu'à la vitesse de son cheval qui l'emporte à travers champs, de pouvoir se retirer jusqu'à Rouen; dans cette ville, il est saisi par les citoyens qui l'emprisonnent, lui font donner des otages, et enfin, au mépris de tous les droits, le livrent au duc qui le confie à la garde du comte de Tours, et ne le relâche qu'après lui avoir infligé l'humiliation d'un insolent discours et imposé l'abandon de la ville de Laon, la seule place qui lui reste[2]. Lothaire, fils de Louis, fut en butte aux mêmes humiliations, et si son règne conserve dans l'histoire un peu plus de relief, cela tient à son caractère personnel.

Mais il y avait dans la Gaule, et parmi les populations du nord et parmi celles du centre même, un certain respect pour ces rois tombés si bas, ou plutôt pour la royauté dont ils étaient revêtus.

Que ces sentiments aient été ceux des populations

[1] I, 21, 22.
[2] II, 47, 48, 51.

du nord, ceux des grands et des évêques de cette partie de la Gaule, il n'y a rien là d'extraordinaire; on ne saurait s'étonner d'entendre les amis de Charles le Simple, poursuivi par les Neustriens, lui dire : « On est coupable d'abandonner son seigneur après lui avoir fait serment; mais c'est un crime odieux de se lever contre lui; et si les transfuges sont forcés à combattre, ils n'échapperont pas à la vengeance divine[1]. » De même, qu'un archevêque de Trèves dise dans un synode composé d'évêques des provinces ecclésiastiques du nord : « Les lois divines et humaines sont indignement méprisées, quand celui à qui appartiennent les droits du trône, à qui son père a transmis le pouvoir de commander, est poursuivi et arrêté par ses sujets, impitoyablement jeté par eux dans une prison, et de plus exposé à leur glaive[2]. » Que les évêques, auxquels il parle, témoignent aux Carlovingiens affection et respect, qu'ils fulminent contre le duc anathème sur anathème, tout cela se conçoit : mais, que les Neustriens, que les ducs de France eux-mêmes partagent pour la royauté, sinon pour les rois, les sentiments de la population septentrionale, c'est un fait plus étonnant et qui n'en est cependant pas moins vrai. Raoul vient de mourir, et le représentant des Carlovingiens, le jeune Louis, fils de Charles, vit retiré en Angleterre : Hugues le Grand

[1] I, 43.
[2] II, 71.

conseille aux seigneurs français de le porter au trône :
« Mon père, leur dit-il, jadis créé roi par votre volonté
unanime, ne put régner sans crime, puisque celui
qui seul avait des droits au trône vivait, et vivait
enfermé dans une prison.... Rappelez donc la lignée,
quelque temps interrompue, de la famille royale,
rappelez, d'outre-mer, Louis, fils de Charles, et ne
craignez pas de vous le donner pour roi : par là sera
conservée l'antique noblesse de la race royale [1]. »
Les seigneurs ayant accueilli ce projet, vont jusqu'à la
mer au-devant de Louis ; le duc s'empresse de lui
amener un cheval couvert des insignes royaux, puis,
prenant les armes du roi, il lui sert d'écuyer jusqu'au
moment où il reçoit ordre de transmettre ces armes
aux grands du royaume. C'est ainsi, dit l'auteur, que
Louis fut conduit à Laon, entouré de guerriers se disputant l'honneur de le servir [2].

L'hérédité de la couronne fut souvent proclamée par
les ducs et par Hugues Capet lui-même : voici un discours et un fait qui en sont une preuve manifeste ;
après la promotion de Hugues Capet au trône, Arnoul,
fils naturel de Lothaire, sollicite l'archevêché de Reims,
et Hugues dit à ce sujet aux grands du royaume :
« Si Louis, de divine mémoire, fils de Lothaire, eût
en mourant laissé une lignée, il eût été convenable
qu'elle lui succédât ; mais comme il n'existe aucun

[1] II, 2.
[2] II, 4.

successeur direct de la race royale; ainsi que chacun le sait, j'ai été choisi par vous et par les autres seigneurs, ainsi que par les plus puissants d'entre les vassaux, et je marche à votre tête. Maintenant comme celui dont je parle (Arnoul) est le seul rejeton de la race royale, vous demandez que ce rejeton soit honoré de quelque dignité pour que le nom de son illustre père ne disparaisse pas dans l'oubli[1]. » Arnoul obtint en effet l'archevêché. Ce prestige de la royauté porta même son reflet sur le compétiteur de Hugues Capet, sur ce Charles de Lorraine, qui avait été déclaré indigne du trône. Il s'était emparé de Reims. Hugues vient l'y attaquer. « Les deux armées s'avancent jusqu'à ce qu'elles soient en vue l'une de l'autre, puis s'arrêtent immobiles. Des deux côtés on reste dans l'indécision; car Charles, dit Richer, n'avait que peu de forces militaires, et le roi ne se dissimulait pas qu'il avait agi criminellement et contre tout droit en dépouillant Charles du trône de ses pères pour s'en emparer lui-même. Ces considérations les retenaient l'un et l'autre : enfin les grands donnèrent au roi le conseil salutaire de faire halte quelques moments. Si l'ennemi s'avançait on le combattrait, s'il n'attaquait pas, on s'en reviendrait. Charles, de son côté, prit la même résolution, en sorte que chacun s'arrêtant, le roi ramena son armée et Charles se

[1] IV, 28.

retira à Laon[1]. » Il est évident que Charles était soutenu et protégé par une force morale qui manquait dans le camp opposé.

Bien d'autres faits encore prouvent que les Carlovingiens tiraient une grande force du respect attaché à la royauté et au principe d'hérédité.

Mais ce qu'on croira à peine, c'est qu'il y avait alors ce que nous appellerions aujourd'hui un esprit public favorable à leur cause et que leurs adversaires ne bravaient pas sans quelque hésitation. Ainsi Hugues le Grand avait marché contre le roi Otton, sous les enseignes de Lothaire, auquel il avait fait remporter de grands avantages; mais Lothaire, pensant que ses efforts échoueraient en définitive contre les forces du roi germain, craignant d'ailleurs que le duc ne rentrât en bonne intelligence avec Otton, prit les devants et fit lui-même sa paix, à l'insu du duc. Celui-ci indigné d'un tel procédé rassemble ses amis, leur expose amèrement ses griefs et leur demande ce qu'il doit faire : Ils lui répondent : Les circonstances sont très-critiques, car on dit que les rois ligués ont conspiré ta perte; si tu attaques l'un des deux, ils tomberont ensemble sur toi, et alors il faut t'attendre à de grands maux : « tu auras à lutter contre une cavalerie irrésistible, contre de nombreuses embûches, des incendies, des rapines et, ce qui est pis encore, contre les clameurs criminelles d'un peuple perfide, qui ne dira pas que nous nous

[1] IV, 36-39.

mettons en défense contre des ennemis, mais qui nous
accusera de nous poser téméraires parjures en rébellion contre le roi. Alors ils diront faussement que chacun peut sans crime et sans parjure déserter son seigneur et lever arrogamment la tête contre lui, etc.[1] »

Adalbéron, il est vrai, dit dans l'assemblée qui proscrivit Charles et donna la couronne à Hugues Capet :
« Le trône ne s'acquiert pas par droit d'hérédité, et
l'on ne doit mettre à la tête du royaume que celui qui
se distingue, etc.[2] » Mais Adalbéron parlait là en factieux devant une assemblée de factieux, et ses paroles
ne peuvent être regardées comme l'expression du sentiment de ses contemporains. Ainsi, dans le xe siècle,
les rois n'avaient en Gaule aucune force, mais ils
étaient protégés par leur titre, par l'opinion publique
et par le principe d'hérédité de la couronne.

Les grands du royaume, au contraire (ou, comme
nous dirions aujourd'hui, l'*aristocratie*), avaient la
force et la fierté qui les distingue ordinairement, mais
peu d'autorité morale. Tels étaient les ducs de France,
les ducs de Normandie, les ducs d'Aquitaine, tous
les seigneurs de moindre importance.

Que les ducs de France aient disposé de forces considérables, il suffit pour s'en convaincre de les suivre
dans les campagnes qu'ils firent et dans les luttes qu'ils
soutinrent contre les rois de France, de Germanie et

---

[1] III, 83.
[2] IV, 11.

de Bourgogne réunis; qu'ils aient eu de la fierté, cela résulte de leur conduite à l'égard de ces rois, de la fermeté qu'ils opposèrent aux anathèmes des conciles, de leurs discours à leurs adhérents. Et comment n'eussent-ils pas été fiers quand leurs amis réveillaient sans cesse en eux cette fierté; qu'ils conseillent à Hugues le Grand, par exemple, de détacher Otton du parti de Lothaire et de l'attacher au sien : la chose est facile, lui disent-ils, car Otton n'est pas homme de si petite portée, qu'il ignore que tu es autrement puissant que Lothaire et par tes armes et par tes richesses; il l'a souvent entendu dire et souvent éprouvé lui-même[1].

Les ducs de Normandie, ceux d'Aquitaine, etc., n'eurent pas la disposition de forces aussi considérables que celles des ducs de France; cependant, soit qu'ils aient été dans les intérêts des rois, soit qu'ils aient pris parti contre eux, ils furent toujours des auxiliaires utiles ou des adversaires redoutables. Ainsi le roi Louis fixe une conférence dans sa maison royale d'Attigny; Louis se renferma dans le conclave, dit notre historien, avec le roi Otton et les princes, et soit à dessein, soit par hasard, on l'ignore, le duc Guillaume seul, l'un des grands les plus favorables au roi, n'y fut point admis; il attendit longtemps en dehors, mais voyant qu'on ne l'appelait pas, il en conçut de l'humeur; enfin la colère le gagnant, comme il était emporté et prompt à la main, il enfonça les

[1] Voir III, 83.

portes et étant entré il jeta les yeux sur le lit où Otton occupait le côté le plus élevé, celui du chevet, et le roi l'extrémité la plus basse; devant eux Hugues et Arnoul attendaient que les délibérations s'ouvrissent. Guillaume indigné de l'injure faite au roi, s'approche avec colère et dit : « Roi, lève-toi un instant. » Le roi se lève, il s'assied lui-même, et dit qu'il est indécent que le roi paraisse dans une place inférieure, et que qui que ce soit s'élève au-dessus de lui; qu'il faut par conséquent qu'Otton quitte sa place et que le roi la prenne. Otton se leva confus de honte, et céda sa place au roi. Louis et Guillaume se trouvèrent alors assis, le roi dans le haut et Guillaume plus bas[1].

La rudesse, la fierté se comprennent dans les seigneurs de ces temps-là, mais on est plus étonné de voir chez eux cet orgueil nobiliaire qu'on croirait ne devoir rencontrer que quatre ou cinq siècles plus tard. Richer en fournit cependant une foule d'exemples. Le roi Charles le Simple fait son favori d'un certain Haganon, homme issu d'un rang obscur. Les grands, indignés, se plaignent qu'un homme de basse naissance soit traité en conseiller du roi, comme s'il y avait faute de noblesse, et menacent de s'éloigner du prince[2]. Le roi ne tient compte de l'avis, et peu après ayant réuni autour de lui, à Soissons, les grands de la Gaule, il fait asseoir le duc Robert à sa droite et Haganon à sa gauche. Robert

[1] II, 30.
[2] I, 15.

éprouva, dit Richer, une secrète indignation de voir qu'un homme de basse extraction fût traité comme son égal et mis au-dessus des seigneurs; toutefois il comprima sa colère et dissimula son ressentiment. Mais il se leva bientôt pour se concerter avec les siens, et il envoya dire à Charles : qu'il ne peut supporter qu'Haganon soit mis sur le même rang que lui et préféré aux grands du royaume; qu'il lui paraît indigne que le roi attache à sa personne un homme de cette espèce et mette à l'écart les plus nobles d'entre les Gaulois; que si Charles ne fait rentrer Haganon dans sa condition première, lui-même le fera pendre impitoyablement[1]. On sait ce qui advint de tout cela : les seigneurs se soulevèrent et Charles perdit le trône.

Du reste, il est facile de comprendre qu'entre ces grands, que nul ne dominait, qui ne connaissaient, par conséquent, que les lois de la force, il devait y avoir constamment, guerre, rapine, spoliation, violence de toute espèce. Richer nous parle sans cesse en effet de guerres poursuivies avec un acharnement sans exemple. En 931, ce sont Hugues et Herbert qui se livrent l'un contre l'autre au pillage, à l'incendie, à toute espèce d'excès[2]; en 939, les comtes Arnoul et Erluin se font, à l'occasion de Montreuil, une guerre cruelle qui ne se termine qu'au bout de cinq ans[3].

[1] I, 16.
[2] I, 38.
[3] II, 11-15, 38, 10

Mais il n'y en eut point de plus acharnée que celle qui s'éleva entre Foulques, comte d'Anjou, d'un côté, Eudes, comte de Blois, et Conan, comte de Rennes, de l'autre, au temps de Hugues Capet. Il y a peu d'exemples de pareilles hostilités.

Quelquefois les rois s'interposaient et réussissaient à apaiser les fureurs, à éteindre les haines, mais c'était par des concessions, et en abandonnant des forteresses ou des villes. Ainsi le roi Louis offre à Erluin et à Arnoul d'être leur juge, « mais voyant qu'Arnoul refusait de tenir compte de ce qu'il avait enlevé et qu'Erluin revendiquait avec les plus vives instances ce qu'il avait perdu, qu'Arnoul serait exposé à faire de trop grandes restitutions, parce qu'Erluin, par son fait, avait supporté de très-grandes pertes, il donna à celui-ci, à la décharge d'Arnoul, la ville d'Amiens. En sorte qu'Erluin n'eut rien à regretter et que les biens d'Arnoul ne furent pas diminués[1] ». C'était le seul moyen qu'eussent les rois de rétablir la paix entre deux adversaires.

Ces seigneurs étaient-ils donc maîtres absolus chez eux, étaient-ils indépendants de la royauté, se succédaient-ils par droit héréditaire? nullement; on les voit au contraire, à chaque mutation, recevoir leurs terres des rois, et les termes dans lesquels Richer raconte les faits, font voir que ce fut, de la part des rois, un acte volontaire. Ainsi, l'an 944, Raymond que notre auteur appelle duc des Goths, et les principaux

[1] II. 10.

d'entre les Aquitains, viennent au-devant du roi Louis, alors en Aquitaine. Le roi s'occupe avec eux du gouvernement des provinces qu'il leur retire, afin, dit Richer, qu'ils paraissent bien tenir de lui toute leur autorité; mais il ne refusa point, ajoute-t-il, de leur conférer de nouveau leurs pouvoirs. Il les constitua donc et les établit gouverneurs en son nom [1]. A la mort de Rainier Long-Cou, comte de Hainaut, duc de Lorraine, le roi Charles le Simple, en présence des princes venus aux funérailles, accorda *libéralement* à Gislebert, fils de Rainier, le rang (*honor*) qu'avait possédé son père [2].

Les ducs de France se succédèrent de même par concession royale. Après la mort du roi Eudes, Charles le Simple fait Robert duc de la Celtique, dont il lui confie l'entière administration [3]. Après la mort de Robert, devenu roi, son fils Hugues le Grand, resta, sous Raoul, en possession du duché de France; Louis, appelé au trône par l'influence de Hugues, donna, sans doute, un consentement tacite à cet état de choses; et cependant, l'an 943, ce même roi, alors en trèsbonne intelligence avec Hugues, le fait duc de toutes les Gaules, selon l'expression de Richer, ou lui donne le duché de France, comme dit Flodoard, et soumet à sa domination toute la Bourgogne [4]. Après la mort de

[1] II, 39.
[2] I, 31.
[3] III, 14.
[4] II, 39.

Hugues, le roi Lothaire, l'an 961, reçoit le serment de fidélité des deux fils de Hugues le Grand, et en présence des seigneurs donne à Hugues Capet le titre de duc qu'avait porté son père, et ajoute de plus le Poitou à sa principauté; il donne à Otton la Bourgogne[1].

Les ducs de Normandie recevaient de même leur duché de la main des rois. Ainsi Richer nous dit que le roi Louis abandonna à Guillaume Ier, fils de Rollon, la province que le roi Charles avait octroyée à son père[2]. Il nous dit qu'après la mort de Guillaume le même roi accorda à Richard, son fils, la province qu'il avait possédée[3].

Je ne trouve point dans Richer d'exemples de succession recueillie de plein droit. Je vois bien Eudes, comte de Blois, dont les ancêtres avaient autrefois possédé la place de Melun, donnée aujourd'hui à d'autres par le roi, faire dire à celui qui y commande, afin qu'il la lui livre par trahison : « Penses-tu que la Divinité ne soit pas offensée lorsqu'à la mort d'un père l'orphelin est dépouillé de son patrimoine et réduit à rien ? Elle doit l'être, répond le commandant, et de plus les gens de bien en sont découragés ; mais il ajoute : est-il en effet quelqu'un plus digne, que Eudes, d'une concession royale[4] ? » C'était donc la concession

[1] III, 13.
[2] II, 20. Voir aussi la note relative à ce fait.
[3] II, 31.
[4] IV, 75.

royale qui constituait la transmission, et c'était là ce qui manquait à Eudes. Ainsi les titres et les rangs ne furent point héréditaires de droit au xe siècle, ils se transmirent par concessions royales. Il faut reconnaître toutefois qu'ils furent pour ainsi dire héréditaires de fait, que le fils entrait ordinairement en possession du rang de son père, et que la plupart du temps il n'eût pas dépendu du roi de le lui enlever.

Les *évêques* font pour ainsi dire le pendant des seigneurs laïques. Ce furent les deux puissances vitales de la société au xe siècle, puissances placées au centre même de cette société qui avait aux deux bouts les rois et le peuple, éléments inertes et presque effacés.

Cette grande autorité venait aux évêques de deux sources différentes : de leur caractère spirituel et de leurs forces militaires.

Un concile d'évêques était alors une puissance irrésistible, et l'anathème qu'il lançait avait l'effet de la foudre. Quelquefois on le brava pour un temps, Hugues le Grand en est un exemple, mais tôt ou tard il fallait se soumettre. Et non-seulement cet anathème était souvent une arme pour le clergé, mais plus d'une fois même un bouclier offert aux rois de ces temps-là. Que Louis d'Outremer, par exemple, poursuivi par Hugues le Grand, ait épuisé la protection des rois de Germanie et d'Angleterre, et se trouve réduit aux dernières extrémités, il viendra demander assistance à un concile d'évêques. Le concile prendra en mains ses intérêts, il écrira à Hugues : « Nous t'exhortons à rentrer au plus vite dans une humble soumission envers ton seigneur. Que si tu méprises nos admonitions, sans aucun doute, avant de nous séparer, nous te frapperons d'anathème jusqu'à ce que tu aies donné satisfaction. » Le synode demandera de plus au roi Otton d'agir de son côté par la force, et Otton s'engagera en effet à fournir des troupes : « Employez, dira-t-il aux évêques, employez les armes qui vous sont propres et percez du glaive de l'anathème les ennemis de Louis. S'ils osent ensuite relever la tête et ne craignent pas de résister à l'excommunication, alors nous les combattrons à notre manière et, si la nécessité nous y pousse, le glaive une fois tiré, nous irons jusqu'à anéantir ces hommes exécrables, forts que nous serons d'une juste et légitime indignation, car ils ont commis des crimes, et, repris pour ces crimes, ils ne se sont pas amendés [1]. » Dans un nouveau synode, les évêques anathématisent, en effet, le tyran Hugues, et le retranchent de la sainte Église, à moins qu'il ne vienne à résipiscence et ne donne satisfaction à son seigneur, ou qu'il n'aille à Rome mériter du pape son absolution [2]; de son côté le roi Otton fournit les troupes promises [3]. Pendant que ces troupes dévastaient les terres du duc, le pape souscrivait lui-même les actes du synode des

[1] II, 73-75
[2] II, 82.
[3] II, 92.

Gaules et excommuniait Hugues; en même temps, les évêques se réunissaient près du duc, et lui faisaient entendre de sévères remontrances; et ce duc si fier et si fort, que rien jusque-là n'avait pu intimider, ce duc demande humblement à se réconcilier avec le roi, ce sont les expressions de Richer, et promet de lui donner satisfaction [1].

Les évêques agissaient aussi avec vigueur comme puissance temporelle. Nous voyons, par exemple, l'archevêque Hervé, à peine pourvu de l'épiscopat de Reims, s'occuper de rentrer en possession des biens enlevés à son église. Un certain comte Erlebald retenait la place de Mézières, l'archevêque l'excommunia d'abord, mais comme Erlebald ne tenait compte de l'excommunication, Hervé marcha contre lui avec des forces considérables et l'assiégea vigoureusement pendant quatre semaines. Le comte ne put soutenir les efforts des assaillants, et l'archevêque s'empara de la ville [2]; un autre archevêque de Reims, Artaud, reprit à main armée le fort de Causoste [3]. D'un autre côté les évêques soutenaient quelquefois dans leurs villes des siéges en règle, et l'on choisissait ordinairement, pour s'emparer d'une place siége d'archevêché, le moment où l'évêque en était absent. Ainsi le duc Hugues pour décider ses amis à entreprendre le siége de Reims,

[1] II, 97.
[2] I, 19.
[3] II, 21.

leur représente que la ville se trouve maintenant privée d'évêque et de garnison, et que c'est le moment de l'attaquer [1]. Et non-seulement les évêques agissaient militairement pour leur compte, mais même ils menaient souvent ou envoyaient des troupes au secours des rois. Ainsi quand Hervé de Reims délivra Charles des mains de ses ennemis, ce fut au moyen d'un appareil militaire formidable; le roi monta à cheval, dit Richer, sortit de la ville avec quinze cents hommes d'armes et se rendit à Reims [2]. L'an 959, Robert de Trèves s'étant emparé, par trahison, de Dijon, forteresse royale, Lothaire demanda des troupes à Brunon, son oncle, archevêque de Cologne; Brunon ne perdit pas de temps, dit notre auteur, et avec deux mille soldats belges il s'empara des terres de Robert et mit le siége autour de la ville de Troyes [3]. Ces évêques marchaient-ils à la tête de leurs troupes ou se bornaient-ils à les diriger? Richer ne s'explique pas; mais quelques textes nous les montrent, ce semble, combattant de leur personne. Ainsi, les Normands s'étant, en 925, répandus dans la Bourgogne, ils en vinrent aux mains, dit notre auteur, avec les comtes Manassé et Garnier, avec les évêques Jozselme et Ansegise [4]. Ailleurs il nous dit que le roi Louis, se proposant d'envahir la Normandie, fit venir les comtes Arnoul et Erluin, ainsi que quelques

[1] II, 62.
[2] I, 22.
[3] III, 12.
[4] I, 49.

évêques de Bourgogne[1]. Du reste on sait depuis longtemps qu'au moyen âge les évêques ne faisaient aucune difficulté pour endosser la cuirasse et ceindre l'épée.

L'épiscopat eut donc un caractère spirituel et un caractère temporel; ce double caractère se montre dans l'élection des évêques, à laquelle concouraient les citoyens, le clergé et le roi. Quelques passages de notre auteur pourraient faire croire qu'en cela la règle fut souvent violée et remplacée par la force : Richer nous dit que l'archevêque de Reims, Hervé, ordonna solennellement Adelelme qui avait été pourvu du siége de Laon par le roi[2]; il nous dit que Hervé succéda à Seulfe, archidiacre de la même ville, par décret du roi Robert[3]; il nous dit que Herbert demanda au roi Raoul et obtint de lui l'épiscopat de Reims pour son fils Hugues[4]. Mais ces passage sont expliqués par d'autres : ainsi, après la sépulture de l'archevêque Foulques, le roi, du consentement des évêques et d'accord avec les habitants de Reims, lui donna pour successeur Hervé[5]; » — ainsi, le roi Raoul voulant obliger les Rémois à se choisir un autre évêque à la place de Hugues, leur dit : Je crois devoir vous conseiller d'élire, d'un commun accord, un autre évêque; et les citoyens, persuadés, cèdent aux volonté du roi,

[1] II, 12.
[2] I, 26.
[3] I, 11
[4] I, 55.
[5] I, 19.

en sorte que par ordre de Raoul et du consentement de tous, le moine Artaud fut promu à l'archevêché[1]; l'archevêque de Tongres était mort, « le roi fit sacrer par l'archevêque Heriman, Hilduin sur lequel s'étaient portés le choix du clergé et le consentement du peuple[2]. » Il est donc bien positivement établi par Richer que le roi, le clergé et le peuple devaient concourir et concouraient, en effet, à l'élection des évêques.

Le *peuple*, disons-nous; le peuple comptait donc pour quelque chose dans l'organisation politique du xe siècle.

Richer nous montre, au temps de Hugues Capet, quelle était l'importance du peuple composant une cité. L'archevêque Adalbéron venait de mourir; le roi se hâte de venir à Reims; il interroge les citoyens, *cives*, sur leurs dispositions à se montrer fidèles et à lui conserver leur ville; ceux-ci jurent fidélité et s'engagent à la défense de la place. Le roi reçoit leur serment et leur accorde la liberté de se choisir un évêque[3].

Pendant que le roi se félicitait de la loyauté et de la fidélité des citoyens de Reims, Arnoul, fils naturel de Lothaire, lui fit demander l'archevêché. C'était une affaire délicate; le roi, après en avoir conféré avec

---

[1] I, 60, 61.
[2] I, 22.
[3] IV, 24.

ses amis, vient à Reims pour donner aux citoyens, *civibus*, connaissances de la demande[1]; il les rassemble et leur dit : « Comme j'ai trouvé en vous des hommes fidèles à leur parole, de même vous me trouverez fidèle à la mienne.... Arnoul m'a fait demander le siége métropolitain de Reims. Il me promet de me remettre en possession de tout ce qui m'a récemment été enlevé, et d'agir franchement contre mes ennemis. J'ai voulu vous faire juges de ces promesses et de la confiance qu'elles méritent. Ses demandes sont pressantes, décidez s'il doit obtenir ce qu'il sollicite. Je ne l'ai favorisé en rien, je n'ai rien arrêté; j'ai jugé utile de tout soumettre à votre discussion. Si nous faisons bien, vous en recueillerez le fruit et moi la gloire; si nous faisons mal, on ne pourra pas m'accuser de perfidie ou de fraude. Quant à vous, s'il trahit, ou vous vous laisserez dominer par lui, et alors vous participerez au reproche de trahison, sinon vous aurez constamment la main sur le parjure. » Les citoyens, *cives*, répondirent : « Arnoul nous a fait, il y a peu de temps, les mêmes demandes, promettant et engageant sa foi que, si elles étaient accueillies, il agirait dans les intérêts du roi et garderait aux citoyens une entière affection, *erga cives non modicam benivolentiam habiturum pollicens*. Mais comme nous ne faisons pas un grand fond sur le caractère d'un jeune homme, nous ne croyons pas devoir décider la

[1] IV, 25.

question à nous seuls. Que ceux donc qui vous ont conseillé se présentent; pesons les raisons de part et d'autre; que chacun dise son avis; que ce qui peut le plus nous éclairer ne nous reste pas caché; que la gloire d'avoir bien fait nous soit commune, ou que nous portions ensemble la responsabilité d'un mauvais choix. » Le roi approuva l'avis des citoyens, *civium*, et ordonna qu'on délibérât ensemble. Chacun exposa ses raisons, et on décida qu'en supposant qu'Arnoul tînt ce qu'il promettait il était digne de l'épiscopat[1]. Voilà un corps de citoyens caractérisé, voilà ses droits établis, son rôle tracé.

Mais ce n'est pas seulement dans l'élection des évêques que nous voyons agir en corps les citoyens d'une ville, nous les voyons marcher de même à la guerre. Les Normands s'étant présentés, le roi Eudes s'émut de la gravité des circonstances, dit Richer, et ordonna aussitôt, par édit royal, qu'on rassemblât tout ce qu'on pourrait tirer d'Aquitaine de cavalerie et d'infanterie. La Provence lui fournit les citoyens d'Arles et d'Orange, *Arelatenses ac Aurasicanos*, et la Gothie, ceux de Toulouse et de Nîmes, *Tholosanos atque Nemausinos*[2]. Par *Arelatenses, Aurasicani, Tholosani, Nemausini*, on ne peut entendre autre chose que les citoyens d'Arles, d'Orange, de Toulouse et de Nîmes.

[1] IV, 25-28.
[2] I, 7.

Toutefois il y a loin, il faut le reconnaître, du droit de donner un avis sur l'élection d'un évêque ou de marcher en corps à la guerre, à l'organisation municipale des Romains, ou aux prérogatives des communes qu'on vit se former au xiie siècle et dans les siècles suivants.

De tout ce qui précède il faut conclure que les seigneurs laïques et les évêques formèrent, comme nous l'avons dit, les deux puissances vitales de la société au xe siècle, et qu'aux deux extrémités de cette société figuraient les rois et les citoyens des villes, puissances bien déchues; — Qu'il y eut entre les seigneurs laïques et les évêques cette différence capitale que les seigneurs ne profitèrent de leur force que pour opprimer peuples et rois; que les évêques profitèrent très-souvent de la leur pour protéger les rois et les peuples; que si les uns portèrent partout la violence et le désordre, les autres amenèrent souvent par leur médiation la paix et la concorde; — Que l'épiscopat fut la seule institution populaire de ces temps-là, et que le régime municipal ecclésiastique est, ainsi qu'on l'a dit, placé comme transition entre l'ancien régime municipal des Romains et le régime municipal civil des communes du moyen âge.

Il me reste à parler de quelques faits isolés qui, grâce à Richer, ont acquis maintenant la certitude historique qui leur manquait jusqu'à ce jour.

1° Tout le monde sait que depuis le partage de l'empire, après la mort de Louis le Débonnaire, la Lorraine, d'abord possédée par l'empereur Lothaire, puis par son fils, du même nom que lui, fut ensuite partagée entre les rois de France et de Germanie, puis, qu'elle fut possédée, tantôt par l'un, tantôt par l'autre, et devint un sujet fréquent de discussions et de guerre entre les deux souverains. Charles le Simple et Henri de Germanie se disputaient cette province, lorsque, l'an 921, intervint, à Bonn, un traité entre les deux princes. Par ce traité, selon quelques historiens, Charles fit cession de la Lorraine au roi de Germanie; selon d'autres, cette cession n'eut lieu qu'en 923 [1]. Que faut-il penser de ces deux opinions?

A l'exemple de Flodoard, Richer garde un silence complet sur ce traité; mais il résulte évidemment de la suite de son récit qu'il n'y eut point, en 921, de cession faite par le roi Charles le Simple au roi Henri de Germanie. Le duc de Lorraine Gislebert conçut pour Charles une grande haine, et chercha à former un parti contre lui. Le roi vint, l'an 921, l'assiéger dans la place de Geul sur la Meuse; Gislebert se sauva au delà du Rhin, et se retira près de Henri, son beau-père, qui obtint du roi Charles le pardon de son gendre [2]. Charles n'avait donc point encore cédé la

---

[1] Voir *Art de vérifier les dates*, édit. in-8°, t. V, p. 182; t. XIII, p. 383, et la note au bas de cette page.
[2] I. 36-38.

Lorraine à Henri. — L'année suivante (922), ce même Gislebert va trouver son beau-père, et cherche à l'exciter contre Charles. « La Celtique, dit-il, doit lui suffire; la Belgique et la Germanie ont absolument besoin d'un autre chef; mais Henri, fermant l'oreille à ces criminelles suggestions, résista à tout ce que put dire Gislebert[1]. » Ainsi, en 922 encore, Charles n'avait pas cédé la Lorraine. — L'an 923, le même roi marche avec les Belges, c'est-à-dire avec les Lorrains, contre le roi Robert : son armée est défaite, et il se retire en Belgique, avec l'intention de revenir plus terrible dans la suite[2]. Donc, alors encore, il n'y avait pas eu de cession de la part de Charles. — Mais alors, du moins, et après la fuite de Charles en Belgique, ce prince fit-il à Henri de Germanie cession de la Lorraine, comme le croient ceux mêmes qui nient la cession de l'an 921[3]? Richer ne dit rien, sous l'an 923, qui puisse le faire penser; ses paroles mêmes feraient supposer le contraire, car il nous dit que lorsque Charles eut été fait prisonnier par Herbert, les Germains (c'est-à-dire les Lorrains), privés de leur roi, prirent différents partis; que les uns travaillèrent à le ramener parmi eux; que les autres s'attachèrent au roi Raoul[4].

[1] I, 30.
[2] I, 42-47.
[3] Voir *Art de vérifier les dates*, édit. in-8°, t. V, p 482.
[4] I, 47.

Selon Richer, et nous pouvons corroborer le témoignage de Richer par celui de Flodoard, il n'y aurait donc eu de cession de la part de Charles, ni en 921, ni en 923, et les deux opinions que nous avons mises en présence seraient aussi peu fondées l'une que l'autre. A moins donc qu'elles ne reposent sur des autorités respectables, nous serons en droit de n'en tenir aucun compte.

Or, il serait facile peut-être de montrer qu'elles sont puisées toutes deux à une source commune et peu recommandable. Eckard d'Urangen, après avoir rapporté à l'an 923 la bataille donnée entre Charles et Robert, dit, sous l'année suivante (924), que les rois Henri et Charles font à Bonn un traité de paix par lequel Charles rend à Henri la Lorraine[1]. Or, 1° il est facile de comprendre que les uns n'ont pas tenu compte de la date donnée par Eckard, et ont rapporté la cession dont il parle à la véritable date du traité de Bonn, à l'an 921; que les autres ont adopté en tous points le récit d'Eckard, et ont dit que cette cession n'avait eu lieu qu'après la déconfiture de Charles, en 924, et cela explique la différence des dates données à cette cession; 2° le fait en lui-même est fort douteux, car le texte du traité que nous connaissons n'en fait aucune mention, et ce silence a plus de poids, selon nous, que les paroles

---

[1] *Anno dominicæ incarnationis DCCCC XX IIII reges Heinricus et Karolus apud Bunnam confœderantur et Karolus reddidit Heinrico regi Lotharingiam.* Eckard a été copié par l'auteur de la *Chronique saxonne*, par Sigebert de Gemblours, etc., mais ce dernier rapporte le traité à l'an 923.

d'un auteur postérieur de plus de deux siècles au fait qu'il rapporte.

2° On croit généralement qu'à la bataille de Soissons, l'an 923, le roi Charles tua de sa main le roi Robert. Les auteurs de l'*Art de vérifier les dates* ont admis ce fait sans discussion; et c'est encore Eckard qui en est le garant. Charles, dit-il, enfonce sa lance avec tant de force dans la bouche sacrilége de Robert que, fendant la langue en deux, elle pénètre jusqu'au derrière de la tête [1]. Tout cela est très-dramatique, sans doute, mais Richer, qui certes n'avait nulle envie de rabaisser le mérite de Charles, ne lui fait pas une aussi belle part dans la bataille de Soissons. Il est désormais acquis à l'histoire qu'avant que la bataille s'engageât, les évêques et les autres ecclésiastiques qui entouraient Charles demandèrent qu'il s'abstînt de combattre de sa personne, de crainte que la race royale ne vînt à s'éteindre avec lui au milieu de la mêlée; que les chefs et les guerriers l'exigèrent aussi; que, sollicité de tous côtés, le roi, après une allocution adressée à ses troupes, se retira avec les évêques et les autres ecclésiastiques présents, et monta, pour attendre l'issue du combat, sur une butte placée en face du champ de bataille; que Robert fut tué de sept coups de lance par plusieurs combattants du parti de Charles [2].

[1] Ici encore Eckard a été suivi par plusieurs auteurs postérieurs qui ont copié ses propres paroles. *Karolus ori sacrilego Rotberti ita lanceam infixit, ut diffissa lingua cervicis posteriora penetraret.*
[2] I, 10.

3° Hugues le Grand est réellement grand dans Richer; il domine bien son époque, il efface complétement tout ce qui l'entoure. Il n'en est pas de même de Hugues Capet : il est, dans Richer, au-dessous de ce qu'on en pense généralement, et nous ne doutons pas que la découverte du manuscrit de notre auteur ne fasse modifier, à l'égard du chef de la troisième race, les jugements qu'en ont porté jusqu'ici les historiens modernes.

On chercherait en vain, dans tout ce que dit Richer de Hugues Capet, un acte vraiment grand, et l'on en trouverait plusieurs d'un caractère tout opposé. Le seul mérite qu'après la lecture de Richer on puisse accorder à Hugues est celui de la prudence, vertu négative, mais à laquelle il dut peut-être son succès. Ainsi il se laisse mettre en déroute, sous les murs de Laon, par le prétendant Charles de Lorraine[1]; il marche contre ce même Charles avec des troupes supérieures à celles du duc, et se retire sans oser l'attaquer[2]; enfin il ne peut venir à bout de lui qu'au moyen d'une insigne trahison[3]. Tout cela n'est évidemment ni d'un homme habile ni d'un grand homme. Le règne de Hugues Capet est certainement très-curieux et tout à fait neuf dans Richer, mais le roi est loin d'y tenir une place brillante. Aussi voyons-nous que les contemporains

---

[1] IV, 24.
[2] IV, 39.
[3] IV, 41 et suiv.

ne paraissent pas avoir eu une bien haute idée de son
mérite ; il semble même qu'ils s'expliquaient à cet égard
avec assez de liberté. Ainsi, lorsque l'an 991, le comte
Eudes envoie un émissaire au commandant du château de Melun, pour l'engager à lui livrer la place, cet
émissaire n'hésite pas à dire : incapable de régner, le
roi vit sans gloire, tandis que Eudes, au contraire, ne
trouve partout que succès [1]. Et ces paroles ne paraissent point étonner le commandant.

Tous ces faits, et bien d'autres que nous pourrions
citer encore, montrent que si l'histoire du xe siècle
n'est pas entièrement à refaire, sous le rapport des
faits, elle doit subir du moins de très-grandes modifications.

II. *Peinture des Mœurs.* — Presque tous les manuscrits que nous a légués le moyen âge ont pris naissance
dans l'Église ou dans le cloître. Mais dans l'Église et
dans le cloître on vivait d'une vie étrangère à celle de
la société civile. Les mœurs que l'on y connaissait et
par conséquent les seules que l'on pût y peindre
n'étaient certainement ni celles des gens de guerre ni
celles des artisans, mais seulement celles de la société
religieuse, qui était, à certains égards, la société romaine ; les écrits dont nous parlons ne doivent donc
nous apporter autre chose qu'un reflet des mœurs religieuses et des mœurs anciennes.

[1] IV, 75.

Une autre raison encore s'oppose à ce que les ouvrages historiques du xe siècle nous transmettent la physionomie réelle de la société du temps. Un brillant écrivain a dit avec raison que la langue latine ôte aux monuments littéraires du moyen âge quelque chose de la vérité locale, que le vrai caractère des peuples ne se montre que dans l'emploi de leur langue vulgaire, qu'on ne peut les bien connaître qu'en les écoutant parler, pour ainsi dire, à travers la distance des siècles [1].

Il est impossible en effet qu'une langue appropriée à la civilisation antique, façonnée par elle, puisse s'adapter exactement à la civilisation du moyen âge; qu'elle ne soit pas pour ce moyen âge comme un vêtement d'emprunt qui altère à nos yeux ses véritables formes.

Ce ne serait donc que dans un ouvrage écrit en langue vulgaire, en langue dont les expressions fissent pour ainsi dire partie des événements, qu'on pourrait espérer de trouver une peinture véritable des mœurs du temps; mais ce n'est pas le xe siècle qui pouvait produire de tels écrits.

Ne cherchons donc pas dans Richer la peinture des mœurs de son temps; ne lui demandons pas de la couleur locale, pour employer une expression consacrée. Mais l'ouvrage de Richer nous apporte une foule de faits caractéristiques, de détails intéressants, d'anecdotes curieuses, c'est-à-dire qu'il nous fournit les éléments

[1] M. Villemain, *Cours de littérature* (moyen âge).

d'un tableau des mœurs de l'époque. C'est à nous à en rapprocher, à en grouper les différentes parties.

Et, d'abord, qu'on nous permette une vue d'ensemble; de Grégoire de Tours à Richer quatre siècles se sont écoulés; quatre siècles aussi séparent Richer de Froissart; que furent les mœurs au temps de Grégoire de Tours? que sont-elles au temps de Richer? que deviennent-elles jusqu'au temps de Froissart?

Deux faits généraux caractérisent l'époque de Grégoire de Tours. 1° La population de la Gaule se compose de *peuples*, romains, francs, bourguignons, visigoths, vivant séparément, sans aucun lien entre eux que ceux d'une domination commune. Chacun de ces peuples a ses lois, son langage, ses mœurs, son costume particulier. Ils sont juxtaposés, mais non mêlés ensemble; il n'y avait donc pas alors de nation, de société, mais seulement les éléments d'une nation, d'une société. 2° Ce qui domine au milieu de cette masse incohérente d'hommes, c'est une barbarie atroce, qui fait de la violence la raison dernière de tout; partout des passions brutales, partout le meurtre, l'adultère, la rapine, l'ivrognerie, et, pour tout couronner, l'esclavage.

Au temps de Richer, il y a une société, les peuples sont fondus ensemble, ils ont mêmes lois, mêmes mœurs, même langage, même costume, ce n'est plus leur origine qui les distingue les uns des autres:

Il n'y a plus de Romains, de Francs, de Bourguignons, de Visigoths, il n'y a que des Français; mais ces Français sont soumis à des dominations diverses, en sorte que c'est le territoire et non l'origine qui établit les distinctions. D'un autre côté les mœurs se sont adoucies : il y a bien encore des guerres privées, il y a des meurtres, mais tout cela n'est plus le résultat de la férocité naturelle, mais bien de combinaisons politiques; on sent que la civilisation a marché : que l'élément romain s'est développé, que ce qui venait de la Germanie s'est au contraire affaibli.

De Richer à Froissart le mouvement a continué, mais dans un autre esprit; il y a eu là une de ces oscillations qui se rencontrent souvent dans l'histoire des peuples. L'élément romain avait produit son effet, l'élément germain agit à son tour, mais mitigé par l'effet des croisades. Il a produit la chevalerie, c'est-à-dire cette vaste association qui ôta aux vertus ce qu'elles avaient d'âpre et de grossier, qui fit de tous ses membres autant de défenseurs du bon droit et de la faiblesse opprimée, qui mit en honneur la bravoure et la loyauté; qui porta la galanterie dans les mœurs, l'élégance dans les manières et dans le langage; qui fit enfin d'un peuple grossier un peuple poli.

Ainsi la société s'est constamment épurée de Grégoire de Tours à Froissart, et Richer semble former un degré moyen entre les deux points extrêmes. Que s'il fallait caractériser le progrès accompli de Grégoire de Tours à Richer, et de Richer à Froissart, nous dirions que l'état social surtout changea de Grégoire de Tours à Richer, que les mœurs surtout se modifièrent de Richer à Froissart.

Le caractère dominant de la société du xe siècle, c'était l'esprit guerrier, les habitudes militaires. C'est que la guerre est la grande affaire dans les sociétés peu avancées en civilisation; ce n'est que plus tard que l'empire de la raison se substitue à celui de la violence, que le droit remplace la force. Les guerres de souverain à souverain, de souverain à sujet, de sujet à sujet, qui remplissent le xe siècle n'ont donc rien qui doive nous étonner; que des évêques mêmes, que des abbés aient fait la guerre soit par leurs hommes d'armes soit par eux-mêmes, dans un temps où l'on ne pouvait défendre que par la guerre ses biens et sa personne, c'était encore une nécessité de l'époque; et peut-être devrait-on s'étonner plutôt que la guerre n'ait pas décidé de tout, que les conciles aient eu de l'autorité, que des évêques isolés aient pu efficacement interposer leur médiation, que les sciences et les lettres aient pu être cultivées encore et jouir de quelque honneur, que la guerre, en un mot, n'ait pas tout absorbé.

L'habitude de la guerre doit nécessairement créer l'art de se battre. Les combats, en effet, eurent leur science, leur art, et l'habileté du chef à choisir le champ de bataille, à disposer ses colonnes, à les faire agir à propos, décida souvent de la victoire. Au soin que prend Richer de nous transmettre la disposition des armées et leurs mouvements, on voit que tout cela était calculé avec le plus grand soin; et l'on trouve chez lui plus d'un plan savamment combiné. Je citerai pour exemples la bataille de Montpensier entre Eudes et les Normands [1]; celle du duc Robert contre ces mêmes Normands [2]; la bataille qui eut lieu entre le roi Charles le Simple et Robert, son compétiteur [3]. Mais c'est dans l'attaque des villes que l'art de la guerre était poussé le plus loin. Richer décrit plusieurs siéges faits et soutenus dans toutes les règles. Tel fut, par exemple, celui de Laon par Louis d'Outremer en 938 : le roi fit construire, au moyen de fortes pièces de bois liées ensemble, une machine qui avait la forme d'une maison et la hauteur de la stature humaine; elle pouvait contenir douze hommes, et avait intérieurement quatre roues, au moyen desquelles ceux qu'elle recélait pouvait la pousser jusque sous les murs d'une place [4]. Tel fut encore le siége que le roi fit inutilement, en 949, de la ville de Senlis, dont les habitants se défendirent avec l'arbalète, arme alors toute nouvelle et qui produisit un grand effet [5]; celui de Soissons, que Hugues fit la même

[1] I, 7-9.
[2] I, 28-30.
[3] I, 45-46.
[4] II, 10.
[5] II, 92.

année, et dans lequel il employa sans succès les balistes et les javelots enflammés[1]. Mais il n'y en eut point de plus fameux que celui de Verdun, par le roi Lothaire, en 985 : là fut employé de part et d'autre tout ce que l'art pouvait suggérer de ressources. Cette ville, dit notre auteur, offre d'un côté un facile accès à travers une plaine ouverte, mais de l'autre côté elle est inaccessible, car elle s'élève sur un abîme profond, qui est depuis le bas jusqu'en haut hérissé de rochers escarpés au bas desquels coule la Meuse. Déjà, en 984, Lothaire s'était emparé, sur les Belges, de la ville, au moyen de machines de guerre de divers genres. Il avait laissé quelques forces dans la place, et s'était éloigné. Plusieurs seigneurs belges, profitant de son absence, envahirent par surprise un quartier de la ville et s'y fortifièrent : ils tirèrent des bois de construction de la forêt d'Argone, fabriquèrent des machines, puis formèrent, avec des branches d'arbres, des claies très-fortes pour couvrir ces machines s'il était nécessaire. Ils préparèrent aussi, pour en percer l'ennemi, un grand nombre de pieux armés d'un fer aigu et durcis au feu ; ils firent confectionner, par des forgerons, des projectiles de divers genres, ils firent porter des quantités immenses de cordes pour différents usages, ils formèrent des tortues avec des boucliers ; enfin, dit Richer, ils n'oublièrent aucun instrument de mort. Cependant Lothaire revint sur Verdun avec dix mille

[1] II, 85.

hommes et tomba à l'improviste sur l'ennemi ; les flèches, les traits d'arbalètes et autres projectiles volaient si épais qu'on eût dit des nuages qui tombaient et se relevaient de terre. Après cette première attaque, les Gaulois disposèrent le siége de tous côtés ; ils fortifièrent leur camp de fossés pour éviter d'être surpris ; puis ils construisirent une machine de guerre, d'un effet formidable, mais dont il faut lire la description dans l'auteur lui-même[1].

Un autre siége mémorable est celui que fit Hugues Capet en 988 et en 989 de la ville de Laon, défendue par son compétiteur Charles de Lorraine. Dans cette dernière année, le roi investit la ville avec huit mille hommes. Il fortifia d'abord son camp par des chaussées et des fossés, et fit construire un bélier pour tâcher d'abattre les murs ; mais cette machine ne put être employée, et l'armée royale fut obligée de s'éloigner de Laon[2]. Enfin Richer nous apprend quels soins le même Charles avait mis à défendre la ville : il fit d'abord apporter du blé de tout le Vermandois, puis il arrêta que cinq cents sentinelles armées feraient chaque nuit des patrouilles par la ville et garderaient les remparts. Il surmonta de hauts créneaux la tour dont les murs étaient peu élevés, et l'entoura de tous côtés de grands fossés. Il construisit aussi des machines contre l'ennemi, et fit porter des bois propres à la construction

[1] III, 101, et suiv.
[2] IV, 18 et 21-23.

d'autres machines. On aiguisa des pieux, on forma des palissades avec des arbres; on fit venir des forgerons pour fabriquer des projectiles et pour armer de fer tout ce qui demandait à en être revêtu. Il y avait là des hommes, dit notre auteur, qui employaient des balistes avec tant d'adresse qu'ils atteignaient avec certitude les oiseaux au vol. Hugues ne put encore prendre la ville [1].

Mais la force et l'art ne furent pas tout dans les guerres du xe siècle, et souvent la ruse tint lieu de l'art et de la force. Très-souvent les combattants employèrent des stratagèmes dont la loyauté des chevaliers eût, quatre siècle plus tard, repoussé bien loin la pensée. Par exemple, lorsque le comte Foulques porte la guerre en Bretagne, Conan l'attend près de Nantes dans une vaste plaine au milieu de laquelle il creuse des fossés qu'il recouvre de branchages, de chaume et de fougères; puis par derrière il range son armée, an-

---

[1] IV, 17. On peut citer encore parmi les siéges remarquables celui de Geul, fait par Charles le Simple en 921 (I, 38); celui d'Eu en 925, et celui de Laon en 931 par le roi Raoul (I, 50 et 62); celui de Langres par Louis d'Outremer aidé de Hugues le Grand en 936 (II, 5); le siége de Montreuil par le comte Erluin en 939 (II, 14), celui de Causoste par l'archevêque de Reims en 940 (II, 21); celui que la même année Hugues le Grand et Herbert mirent inutilement devant la place de Laon (II, 23-24); ceux que soutint la ville de Reims en 945 contre le roi et ensuite contre les trois rois Louis, Conrad et Otton, en 946 (II, 44, 54, 55); un autre siége soutenu par la même ville, en 947, contre le duc Hugues; celui de Mouzon par les troupes du roi en 948 (II, 83), celui de Poitiers, en 955 (III, 3 et 5), etc., etc.

nonçant qu'il est décidé, afin de laisser le bon droit de son côté, à ne point marcher sur l'ennemi, mais à l'attendre de pied ferme. Foulques se précipite sur lui, et hommes et chevaux tombent pêle-mêle dans les fossés et y périssent au nombre de vingt mille[1].

C'est surtout pour s'emparer des villes qu'on avait recours à l'artifice. Nous avons déjà parlé de la prise de Laon et de celle de Mons, qui ne furent dues qu'à des stratagèmes inventés par le père de notre auteur.

Mais plus souvent encore la trahison, et c'est là un caractère marqué de l'époque, comme de toutes les époques de guerres civiles, la trahison livrait les places à l'ennemi. Ainsi l'an 937, Herbert, comte de Vermandois, va trouver Walon qui tenait Château-Thierry pour le roi, lui promet une position meilleure et de grands avantages. Au jour fixé entre eux, le commandant fait sortir sous un prétexte les troupes de la place, et Herbert en prend possession; mais celui-ci s'empare du traître et le jette dans les fers[2]. L'an 939, Arnoul, comte de Flandre, voulant s'emparer de Montreuil, choisit des hommes adroits qui vont trouver le commandant de la place, s'approchent de lui avec l'apparence du mystère, lui présentent deux anneaux l'un d'or, l'autre de fer: Vois dans l'or des dons magnifiques, lui disent-ils, dans le fer les chaînes d'une prison; et ils lui annoncent que sous peu, par quel moyen, ils l'ignorent, la place

---

[1] IV, 83 et suiv.
[2] II, 7.

qu'il tient doit tomber entre les mains des Normands, et que la mort ou l'exil l'attendent indubitablement. Arnoul par intérêt pour lui a voulu lui faire connaître toute l'étendue de son malheur. Il n'a donc rien de mieux à faire qu'à passer dans le parti du comte, et à recevoir de lui, avec confirmation du roi, de grandes sommes d'or et d'argent, de vastes terres et de nombreux soldats. Le commandant se laisse séduire et livre la place [1]. — L'an 959, Robert de Trèves convoite la forteresse royale de Dijon ; il députe vers le commandant du fort, lui fait de grandes promesses, lui assure que le roi manque de tout, que lui au contraire possède des richesses, des places. Le commandant séduit lui ouvre les portes de Dijon [2]. — L'an 991, un envoyé d'Eudes va, comme on l'a dit, trouver le commandant de Melun, lui fait de grandes protestations d'amitié et de dévouement, puis il l'engage à se donner à Eudes qui le comblera de faveurs. Le commandant demande si la chose se peut sans péché et sans déshonneur ; l'envoyé prend tout sur lui : S'il y a crime, j'en porterai la peine, dit-il, et j'en rendrai compte à la Divinité. Le commandant, ébloui par les promesses qu'on lui fait, promet de livrer la ville et la livre en effet. [3]

Les grands, les évêques, les rois se font également de la trahison un moyen de succès. — Ainsi, Herbert s'em-

---

[1] II, 11 et 12.
[2] III, 11.
[3] IV, 75 et 76.

pare du roi Charles par une trahison[1] indigne. Hugues et le même Herbert ont-ils à se venger du duc Guillaume de Normandie, ils l'attirent traîtreusement à une conférence, combinent froidement un projet d'assassinat qui les mette à l'abri de tout reproche, et l'assassinat s'accomplit comme ils l'ont arrêté[2]. Le roi Louis est, de même, victime d'une trahison qui le met aux mains d'abord des Normands et ensuite de Hugues[3]. — Les rois ne restaient pas en arrière des grands. Richer en cite un exemple frappant. Hugues le Grand est allé à Rome pour tâcher de détacher Otton du parti de Lothaire; le roi et la reine Emma sa femme, qui joue un rôle très-actif dans toute l'histoire de ces temps-là, conçoivent le dessein de s'emparer du duc lors de son retour. Lothaire écrit à Conrad, roi des Allemands : « Nous devons de « tout notre pouvoir et par tous les moyens, faire qu'il « ne puisse échapper. » Et Conrad fait placer de tous les côtés, dans les parties les plus escarpées des Alpes et à l'issue des routes, des éclaireurs chargés d'épier l'arrivée de Hugues. La reine Emma écrit de son côté à sa mère Adélaïde, qui est aussi la mère d'Otton, et lui demande qu'un si fier ennemi, ce sont ses expressions, soit arrêté à son retour de Rome, qu'il reste en captivité ou qu'il ne rentre pas impunément en Gaule; et afin, dit-elle, qu'il ne puisse vous échapper au moyen des

---

[1] I, 47.
[2] II, 32 et suiv.
[3] II, 47. et suiv.

ruses qui lui sont familières, j'ai pris soin de vous tracer le signalement de toute sa personne; et en effet, dit Richer, elle donna tellement les détails de ses yeux, de ses oreilles, de ses lèvres, de ses dents, de son nez ainsi que des autres parties de son corps, que les personnes mêmes qui ne l'avaient jamais vu pouvaient le reconnaître. Toutefois le duc n'ignorant pas ce qui se tramait, eut recours à un déguisement et parvint à rentrer en Gaule sain et sauf[1]. — Quant aux évêques, un seul trait peut donner la mesure de ce qu'ils se permettaient en fait de ruses et de dissimulation. C'est la conduite que tint Adalbéron, évêque de Laon, envers Charles de Lorraine, et la manière dont il s'empara de la personne du duc pour le livrer à Hugues Capet[2].

Telles étaient en gros ce qu'on pourrait appeler les mœurs publiques.—Richer nous fournit aussi des détails sur les mœurs privées, sur la vie et les usages domestiques.

Les rois, que nous avons vu agir comme chefs de l'État dans leur conseil ou à la tête des armées, dépouillaient habituellement la pompe royale et vivaient en famille avec toute la simplicité des particuliers. Il y avait un temps pour la vie publique, un temps pour la vie privée. Notre auteur nous donne plusieurs exemples de ce passage d'une manière d'être à une manière d'être toute différente. Ainsi le duc Robert représente à ses

[1] III, 80 et suiv.
[2] IV, 11 et suiv.

partisans que Charles vit à Soissons en homme privé, et que le moment est favorable pour s'emparer de sa personne. Il envoie donc des émissaires qui s'introduisent près du roi, l'entourent comme pour délibérer avec lui, le saisissent et le retiennent prisonnier dans sa maison. On sait comment il fut délivré de leurs mains par l'archevêque Hervé[1]. Dans un autre endroit nous voyons ce même Charles vivant à Langres en simple particulier. L'an 948, le roi Louis assiégeait la ville de Laon, mais comme on touchait presque au fort de l'hiver, et que ce n'était plus le moment de fabriquer des machines de guerre, sans lesquelles tout effort était inutile, le roi licencia son armée, pensant revenir après l'hiver, et se retira à Reims en simple particulier[2]. — Du reste, une remarque générale à faire, c'est que cette vie privée était généralement pure. Les liens de famille avaient de la force ; les époux entre eux, les pères et les enfants les uns à l'égard des autres, vivaient dans une intimité qui, selon les apparences, fut rarement troublée : Richer ne parle qu'une seule fois d'oubli des devoirs conjugaux, encore ne donne-t-il la chose que comme un bruit[3] ; il ne signale qu'un exemple de mésintelligence entre la mère et le fils, et cette mésintelligence n'éclate qu'à l'occasion d'un mariage inconvenant[4]. Nous sommes loin

---

[1] I, 21 et 22.
[2] II, 84.
[3] III, 66.
[4] II, 101.

des adultères et des empoisonnements qui remplissent les pages de Grégoire de Tours, et rien ne nous permet de prévoir encore les galanteries qui abondent dans celles de Froissart. Peut-être dira-t-on que Grégoire de Tours et Froissart écrivaient des Mémoires qui se prêtaient volontiers au récit de toutes sortes d'anecdotes, et que Richer a donné à son livre une gravité historique qui les exclut. Il peut y avoir là quelque chose de vrai, mais il ne l'est pas moins que si les mœurs eussent été au xe siècle telles qu'au temps de Grégoire de Tours et de Froissart, il en aurait paru quelque chose dans l'Histoire de Richer.

En fait de mœurs proprement dites, les différentes classes d'une société sont pour ainsi dire solidaires et comme en communauté, car le bien appelle le bien, comme le mal engendre le mal. Ainsi ce que nous avons dit de la famille royale peut s'appliquer à celle des seigneurs, et ici encore le silence de Richer nous autorise à croire que les mœurs n'eurent rien de répréhensible. Nous voyons d'ailleurs qu'à cette époque le moyen le plus sûr de réduire les hommes les plus farouches était de s'emparer de leurs femmes et de leurs enfants; ainsi Erluin dont la femme et les enfants sont tombés au pouvoir d'Arnoul, ainsi Rainier dont le père de notre auteur a pris aussi la femme et les enfants, ne voient point de malheur au-dessus de celui-là, et ils sont prêts à tout pour le faire cesser [1].

[1] I, 11-23; III, 9, 10.

Quelques membres du clergé semblent avoir supporté à regret la rigidité des règles canoniques et monastiques; mais l'empressement que mit toujours le corps entier à réprimer les désordres prouve, il faut le dire à son éloge, que ces désordres étaient une exception. Ainsi, à peine Adalbéron fut-il monté sur le siège pontifical de Reims qu'il s'occupa activement de réformer les chanoines qui, au lieu de vivre en communauté dans le cloître, habitaient des demeures particulières, et ne s'occupaient que de leurs affaires privées[1]. — Il mit aussi le zèle le plus louable à corriger les mœurs des moines. Il charge un concile d'examiner leur conduite[2]. Devant ce concile, il les accuse de se relâcher de la règle, de sortir isolément du cloître et de donner prise ainsi à la critique. Il leur reproche leur coiffure à larges bords ornée de pelleteries étrangères; ils portent, dit-il, au lieu d'un vêtement humble des habits magnifiques; ils recherchent surtout les tuniques de grand prix qu'ils resserrent de chaque côté et d'où ils laissent pendre des manches et des replis, en sorte qu'à leur croupe rétrécie et à leurs fesses tendues on les prendrait plutôt par derrière pour des prostituées que pour des moines; ils n'en veulent porter ni de noires ni de grises, ni de jaunes ni de brunes, il faut qu'elles soient colorées par des sucs d'écorces. Il leur reproche la recherche de leur chaussure, qu'ils portent si étroite qu'à

---

[1] III, 21.
[2] III, 31 et suiv.

peine ils peuvent marcher, resserrés dans cette prison; ils y enfoncent leurs talons, ils y forment çà et là des oreilles, ils mettent le plus grand soin à ce qu'elle ne fasse pas de plis et ils ordonnent à des serviteurs exercés de la rendre brillante. Ils se servent de draps ouvrés et de couvertures en pelleterie; ils entourent de bordures de deux palmes des couvertures étrangères, et les recouvrent encore d'étoffe du Norique. Il tonne contre l'inconvenance des hauts-de-chausse dont les jambes sont larges de six pieds, et dont la finesse du tissu est telle qu'il ne protége pas contre les regards les parties honteuses. De l'avis du synode et par l'autorité de l'archevêque tout cela fut réformé.

Nous trouverions encore dans quelques autres endroits du livre de Richer des faits de plus d'un genre capables de nous éclairer sur les mœurs et les coutumes du temps. Ainsi, le récit du voyage que fit l'auteur, de Reims à Chartres, nous montre combien les communications étaient difficiles, et par combien de catastrophes pouvait être traversé un voyage semblable. Peut-on en effet penser, sans un douloureux étonnement, que la ville de Meaux avait alors un pont sur lequel un cavalier ne pouvait faire passer son cheval qu'en étendant son bouclier sur les trous dont ce pont était percé; et que les domestiques mêmes des gens de la ville n'osaient le traverser[1]?

On comprend d'après cela que les voyages aient été

[1] IV, 50.

peu fréquents au xe siècle, et l'on s'explique le discours tenu au roi Adelstan par les commissaires chargés d'aller lui demander le roi Louis son neveu : « Les bonnes dispositions du duc et des plus puissants d'entre les Gaulois nous amènent ici, lui disent-ils, à travers les eaux d'une mer inconnue, tant sont grands et unanimes la volonté et le consentement de tous[1]. »

Mais si les communications étaient difficiles, on avait trouvé du moins des moyens de correspondance très-commodes : lorsqu'il fut décidé que Louis d'Outremer quitterait la cour du roi Adelstan son oncle, pour venir occuper le trône de France, les seigneurs français allèrent au-devant de lui jusqu'à Boulogne; là, ils se réunirent sur le bord de la mer et mirent le feu à d cabanes pour annoncer leur présence à ceux de l'autre bord; ceux-ci incendièrent quelques maisons et annoncèrent ainsi aux autres qu'ils étaient arrivés[2]. Tels étaient les télégraphes de ces temps-là.

III. *Composition littéraire*. — Si l'on compare Richer aux historiens de l'antiquité, il n'est qu'un barbare : on lui demanderait en vain ce génie vaste et profond, cette composition large et régulière, cette diction tantôt sublime et éloquente, tantôt simple et facile qui ont illustré Thucydide, Xénophon ou Polybe, Salluste, Tite-Live ou Tacite; mais si l'on compare Richer aux chroni-

[1] II, 3.
[2] II, 3.

queurs de son temps, il sera un génie hors de ligne, car il sait disposer un sujet avec méthode, il sait semer dans sa narration des épisodes, et revêtir le tout d'un style qui ne laisse pas d'avoir quelquefois du charme, ce que nul n'avait su faire depuis près de deux siècles, ce que deux siècles encore devaient attendre vainement.

Les historiens de la Grèce et de Rome furent évidemment les modèles que Richer se proposa d'imiter. Pour lui comme pour eux, l'histoire fut un champ ouvert au talent du narrateur, et un sujet offert aux inspirations de l'éloquence; un composé de narrations et de discours.

Dans des ouvrages ainsi faits, le récit perd ordinairement du charme qu'il eût puisé dans une composition plus simple, il devient plus bref et plus sec; c'est un reproche auquel n'ont pas échappé les historiens anciens, c'est un reproche qu'on a le droit de faire partager à Richer. Il faut reconnaître cependant, à l'avantage des uns et des autres, que souvent les discours mis dans la bouche des personnages historiques donnent à l'ensemble de leur composition une variété et un dramatique que n'aurait pas un simple récit.

Quoi qu'il en soit, la *narration* de Richer, quelquefois un peu trop laconique, a souvent aussi tout le développement nécessaire; quelquefois lâche et minutieuse, elle est souvent vive et dessinée à grands traits. Il y a, si je ne me trompe, de la vivacité et de l'énergie dans ce récit de la mort de Winemare, assassin excommunié de

l'archevêque Foulques : « Les évêques tinrent conseil et
« lancèrent un effroyable anathème sur Winemare et sur
« ses complices [1]. Winemare commença bientôt à dé-
« périr, et Dieu le frappa d'une hydropisie incurable.
« Pendant que son ventre enflait, un feu lent le brûlait
« extérieurement ; à l'intérieur, un violent incendie le
« dévorait ; ses pieds éprouvèrent une enflure considé-
« rable ; il sortait des vers de ses parties naturelles ; ses
« jambes étaient enflées et luisantes, son haleine fétide ;
« la colique faisait sortir peu à peu ses intestins ; avec
« tout cela il éprouvait une soif intolérable ; quelque-
« fois il se sentait envie de manger, mais ce qu'on lui
« présentait excitait aussitôt son dégoût ; il était en
« proie à une insomnie continuelle. Il devint insuppor-
« table à tous, et pour tous un objet d'horreur ; ses
« amis et ses domestiques s'éloignèrent de lui, ne pou-
« vant supporter la puanteur de son corps, qui était
« telle que nul médecin ne pouvait l'approcher, même
« pour le soigner. Dévoré par tous ces maux, privé de
« la communion chrétienne, déjà en partie rongé par
« les vers, infâme et sacrilége, il fut rejeté de cette vie. »

Dans le récit de l'assassinat de Guillaume de Nor-
mandie par ordre d'Arnoul, comte de Flandre, il y a
tout le développement, tous les détails nécessaires.
Guillaume s'était montré ouvertement dévoué au roi
Louis, et hostile à ses adversaires Hugues et Arnoul.
« Ceux-ci délibérèrent entre eux sur la conduite qu'ils

[1] I, 18.

« devaient tenir à l'égard de Guillaume ; ils pensaient
« qu'en le tuant ils rendraient faciles tous leurs projets
« et qu'ils amèneraient plus aisément le roi à faire leur
« volonté, lorsqu'aurait péri le seul homme qui par
« son appui l'empêchait de plier. S'ils ne tuaient Guil-
« laume, au contraire, il s'élèverait certainement des
« divisions et des disputes qui occasionneraient la perte
« de bien du monde. » Ils se décidèrent donc pour le
meurtre. Ils firent venir des hommes propres à l'exécution de leurs projets, et leur firent jurer de tuer le duc.
Arnoul demanda à Guillaume une entrevue. Il le pria
d'en fixer l'époque et le lieu. Le lieu désigné fut l'île de
Pecquigni. « Au temps fixé, Arnoul et Guillaume se ren-
« dirent au lieu dit, l'un par terre, l'autre par mer. Ils
« se firent de grandes protestations d'amitié, se promi-
« rent respectivement de se garder fidélité, et, après
« s'être entretenus quelque temps, ils se séparèrent.
« Arnoul, feignant de s'en retourner, s'éloigna quelque
« peu ; Guillaume retourna à sa flotte. Entré dans sa
« barque, il se mettait déjà en mer, lorsqu'il fut rappelé
« à grands cris par les conjurés ; il retourna sa proue,
« et rama vers le rivage, pour leur demander ce qu'ils
« voulaient. Ils répondirent qu'ils lui apportaient une
« chose précieuse, que leur maître avait oublié de lui
« offrir. Le duc pousse sa barque au rivage, et reçoit
« les conjurés près de lui ; mais aussitôt ils tirent leurs
« épées, et le tuent ; ils blessent également deux jeunes
« gens inoffensifs, qui étaient avec Guillaume, ainsi que

« le pilote. Puis ils sortent de la barque, et se réfugient
« près de leur maître, complice de leur crime. Ceux qui
« naviguaient, déjà en pleine mer, reviennent au
« rivage qu'ils venaient de quitter, et y trouvent leur
« maître mort, les deux jeunes gens et le pilote bles-
« sés; ils prennent le corps de Guillaume, et l'em-
« portent en gémissant, afin de lui rendre les tristes
« devoirs de la sépulture [1]. »

Veut-on maintenant ce qu'on pourrait appeler un portrait? Voici celui de Gislebert, duc de Lorraine :
« Comme Gislebert se recommandait par une naissance
« illustre, et comme il avait le bonheur peu mérité
« d'être uni en mariage à Gerberge, fille de Henri, duc
« de Saxe [2], il se livrait étourdiment à une insolente
« témérité. A la guerre, son audace était telle qu'il ne
« craignait pas d'entreprendre l'impossible. Il était de
« taille médiocre mais gros, ses membres étaient très-
« forts; il avait le cou roide, les yeux méchants, et tel-
« lement mobiles que nul n'en connaissait bien la cou-
« leur. Ses pieds remuaient sans cesse; son esprit était
« léger, son langage obscur, ses questions fallacieuses,
« ses réponses équivoques; il y avait rarement de la
« suite et de la clarté dans ce qu'il disait; excessivement
« prodigue de son bien, il convoitait avidement celui
« des autres; il se montrait caressant en face de ses su-
« périeurs et de ses égaux, mais il leur portait envie en

---

[1] II, 32 et suiv.
[2] Voir la note 1 de la page 73.

« secret ; les troubles, les querelles lui causaient une
« grande joie[1]. »

Les *discours* sont de deux espèces dans Richer ; les
uns sont pour ainsi dire indirects, et ceux-là ont ordinairement de la vivacité ; les autres s'adressent directement à l'auditeur, et ils sont en général moins bons.

Voici un exemple des premiers : « Charles se plai
« gnait souvent de son infortune aux principaux d'entre
« les Belges. Ce serait un plus grand malheur pour lui,
« leur disait-il, d'être précipité du trône que si la mort
« lui fermait les yeux pour toujours, car sa chute aug
« menterait ses douleurs, tandis que la mort y mettrait
« un terme ; il aimerait mieux périr par le fer que de se
« voir ravir la couronne par un usurpateur, car privé
« du royaume, il ne lui resterait plus que l'exil. »

Il y a dans l'histoire de ces temps-là un discours célèbre. C'est celui du roi Louis d'Outremer, se plaignant
au roi Otton et au synode assemblé à Engelheim en 948,
de la conduite de Hugues le Grand à son égard. Il sera
curieux de voir comment Richer l'aura traité. « A quel
« point je suis forcé de me plaindre des mauvaises dis
« positions et de la conduite de Hugues, il le sait celui
« par la grâce duquel, ainsi qu'on vient de le dire, vous
« êtes ici rassemblés. Le père de Hugues, pour remon
« ter au commencement, le père de Hugues, convoi
« tant le trône du roi mon père, qu'il aurait dû servir
« et au palais et à la guerre, priva cruellement le roi de

---

[1] I, 35.

« ce trône, et demanda que jusqu'à la fin de ses jours
« il fût renfermé dans une prison. Pour moi, jeune en-
« fant, je fus caché par les miens dans des bottes de foin,
« et il me força de me réfugier au delà des mers, et jus-
« qu'auprès des monts Riphées[1]. Après la mort de mon
« père et durant mon exil, ce même Hugues, se rappe-
« lant l'exemple de son père, dont la présomption
« avait causé la mort, craignit de se charger du soin du
« royaume; mais par haine pour nous, il donna le trône
« à Raoul. Enfin la Divinité disposant de celui-ci comme
« des autres, mit fin à son règne quand il lui plut. Le
« trône devenant donc vacant, Hugues me rappela de
« la terre d'exil, par le conseil de gens de bien, et, du
« consentement de tous, m'éleva sur le trône, ne me
« laissant rien autre chose que la ville de Laon. Lors-
« qu'ensuite je cherchai à rentrer en possession des
« droits qui me paraissaient appartenir au roi, il en
« conçut une profonde envie. Il devint alors mon en-
« nemi secret; si j'avais quelques amis il les séduisait
« par de l'argent; de mes ennemis, il réchauffait la
« haine. Enfin, poussé par l'envie, il engagea les pi-
« rates à me prendre par trahison, pensant que si la
« chose avait lieu il pourrait faire passer la couronne
« sur sa tête. L'effet répondit à l'artifice; je fus pris et
« confié aux murs d'une prison. Hugues, alors, feignant
« de m'arracher de leurs mains, demanda que mes fils
« leur fussent donnés en otages. Mais ceux qui m'é-

[1] Voir la note de la page 237.

« taient restés fidèles s'opposèrent à ce que tous mes « enfants leur fussent livrés, ils en reçurent un seule-« ment, et me remirent entre les mains du duc. Comp-« tant déjà sur la liberté, je voulais aller partout où il « me conviendrait, mais on sait qu'il en fut autrement; « car bientôt Hugues me jeta dans les fers et me garda « en prison l'espace d'un an ; enfin, lorsqu'il vit qu'il « allait être attaqué par mes parents et mes amis indi-« gnés, il m'offrit la liberté en échange de Laon. Cette « place était mon seul rempart, c'était mon seul asile, « celui de ma femme et de mes enfants. Que faire ? Je « préférai la vie à une forteresse; pour une forteresse « j'acquis la liberté. Et voilà que, privé de tout, j'im-« plore le secours de tous. Que si le duc ose démentir « ces faits, il ne nous reste plus que le combat singulier[1]. » C'est de la part du roi une exposition simple et chaleureuse des malheurs de sa famille et des siens propres.

Reste à parler du *style* de Richer, et sous ce titre je comprends les qualités du goût et du langage.

Le goût n'est certainement pas le principal mérite de notre auteur. Cependant ce que nous avons cité de lui jusqu'ici prouve qu'à cet égard, de même qu'à tous les autres, il laisse ses contemporains très-loin derrière lui. S'il s'est livré parfois à l'emphase, à l'afféterie, c'était chose inévitable pour un écrivain du xe siècle; le goût ne pouvait alors guider sûrement un auteur dans le choix des idées, des figures, des expressions qu'il devait

[1] II, 73.

admettre ou rejeter. L'exagération est si près du grandiose, l'afféterie du gracieux, le trivial de la simplicité, qu'on peut pardonner à un écrivain de ces temps-là de les avoir quelquefois confondus. Il faut lui pardonner encore l'obscurité de quelques phrases d'une difficile interprétation. Voyez l'emphase de celle-ci : « Adelstan fit embarquer son neveu Louis « accompagné des hommes les plus puissants du pays. « Ils se mirent en mer, un vent propice souffla dans les « voiles, et les rames écumeuses les conduisirent pai- « siblement à terre [1]. » Cette autre n'est pas exempte d'afféterie : « Cependant la rigueur de l'hiver s'éloi- « gnait et le printemps vint par un air plus doux sou- « rire à la nature, et faire reverdir les prés et les champs [2] ; » mais à ces petites taches près, Richer, considéré au milieu de son siècle, peut passer pour un homme de goût.

Quant au mérite du langage, à la pureté de la diction, je dirai ce qu'en ont pensé des hommes plus compétents que moi. Trithème avait vu dans Richer un écrivain d'une élocution brillante, *clarus eloquio*. M. Pertz lui accorde les mêmes qualités; les savants français qui ont étudié son livre ont pensé comme Trithème et comme M. Pertz. Ils l'ont placé sous le rapport de la latinité et du style peu au-dessous d'Éginhard et bien au-dessus de Grégoire de Tours ; il est à coup sûr, ont-

---

[1] II, 4.
[2] IV, 21.

ils dit, un bien meilleur littérateur que son contemporain Flodoard et même un écrivain élégant pour le siècle où il a vécu [1]. Il ne m'appartient que de souscrire à ces jugements.

J'ajouterai toutefois qu'il y avait peut-être le même mérite pour Richer à s'élever ainsi au-dessus de ses contemporains, qu'aux plus beaux génies des siècles littéraires à se marquer une place au-dessus des hommes éminents qui les entouraient. Richer, dans un autre temps, placé au milieu d'autres hommes, eût peut-être produit un chef-d'œuvre historique.

IV. *De l'autorité qu'on doit accorder à l'Histoire de Richer.*

On voit trop souvent des traducteurs vouer une espèce de culte aux ouvrages qu'ils font passer dans leur langue, et repousser avec une sainte colère toute critique, quelque juste, quelque modérée qu'elle puisse être; ce qui produit deux résultats fâcheux : d'abord ils louent souvent les choses les plus mauvaises et risquent ainsi de tromper le lecteur, ensuite les éloges qu'ils donnent aux meilleures deviennent suspects et manquent leur but. Tâchons de nous tenir en garde contre le défaut que nous signalons.

Sans doute Richer, eu égard au temps où il écrivit, est un historien sage; sans doute son ouvrage est un monument de la plus haute importance; mais est-ce à

---

[1] Voir le *Journal des savants* du mois d'août 1840.

dire qu'il n'y ait rien à blâmer dans l'auteur, rien à reprendre dans le livre? Nous sommes loin de le prétendre.

Nous avons vu M. Pertz reprocher sévèrement à Richer une grave infidélité historique; au lieu de Belgique et de Gislebert que portait sa première leçon, Richer écrivit plus tard Germanie et Henri, « pour laisser croire, dit M. Pertz, qu'alors la Germanie était soumise à Charles le Simple. » Un savant français a pris sur ce point la défense de Richer : « s'il substitua, a-t-il dit, une leçon à une autre, c'est que, dans l'intervalle des deux rédactions, de nouveaux documents lui avaient montré qu'il s'était trompé d'abord, et nous lui devons plutôt des éloges que du blâme pour avoir franchement réparé son erreur [1]. »

Rappelons succinctement les faits : Richer nous a raconté que l'affection particulière que Charles le Simple portait à Haganon lui avait attiré la haine et peut-être le mépris des seigneurs français; il nous a raconté qu'une entrevue qui eut lieu en 920, près de Worms, entre Charles et Henri d'outre-Rhin (c'est-à-dire Henri l'Oiseleur) se termina mal, et que chacun se retira se croyant trahi par l'autre; il nous dit maintenant, *première leçon*, que Charles, poursuivi par les seigneurs français, fit venir, par le conseil de l'archevêque Hervé, Gislebert, le plus puissant d'entre les Belges qui, à l'instigation de Henri, s'était, avec quelques autres, séparé du roi; *deuxième leçon*,

[1] Voir le *Journal des savants* du mois d'août 1840.

que le roi Charles, suivant le bon conseil de ses amis, chargea l'archevêque Hervé de rappeler de la Saxe, où il commandait, le duc Henri, qui, à l'instigation de Robert, s'était, comme les autres, séparé du roi. Richer rapporte ensuite le discours de l'archevêque à Gislebert, selon la première leçon, à Henri, selon la deuxième, et la réponse de Gislebert dans la première hypothèse, de Henri dans la deuxième[1].

Dire que Flodoard ne parle ici que de Gislebert, duc de Lorraine, et nullement de Henri de Germanie, ne serait pas répondre à l'objection de notre compatriote. Mais tout ce que nous savons de l'histoire de ces temps-là permet-il d'admettre la deuxième leçon de Richer? Nous ne le croyons pas; car 1° jamais, depuis le partage de l'empire, la Saxe n'appartint au royaume de France; Charles le Simple n'avait donc aucun ordre à donner à Henri, duc de Saxe; 2° Henri, en 920, n'était plus duc de Saxe, mais roi de Germanie, titre qu'il acquit en 919. — Il y a plus, et nous trouvons dans Richer lui-même la preuve que sa deuxième leçon est erronée. Quoi! c'est à un roi de Germanie que l'archevêque de Reims vient dire : « Jusqu'à ces derniers temps, tes « bons offices t'avaient attiré de la part du roi notre « seigneur la plus tendre affection; ta noble fidélité « lui est connue.... Tu reconnaîtras que tu t'es écarté « de ton devoir.... Tâchez l'un et l'autre, toi de rentrer « tout à fait dans les bonnes grâces du roi, le roi de

---

[1] I, 22, et suiv.

« retrouver en toi le plus digne des serviteurs; accueille
« ton seigneur abaissé afin qu'il t'accueille aussi pour
« t'élever? » Cela n'aurait pas de sens. Que fait-on répondre à son tour au roi de Germanie? « Je sais com-
« bien la versatilité de Charles et l'envie de ceux qui
« l'entourent rendent difficile et périlleux le rôle de son
« conseiller. Je me rappelle les assauts que j'eus autre-
« fois à soutenir pour lui et au palais et à l'armée; on
« sait très-bien aussi à quel point il abusa envers moi de
« la foi jurée. Toutefois, je ferai ce que tu ordonneras. »
Persuadé par l'archevêque, continue Richer, Henri
fut conduit près de Charles, qui l'admit en sa présence
avec les plus grands honneurs qu'on puisse ambitionner. » Qui ne voit tout d'abord que rien de tout cela ne
peut convenir au roi Henri, que tout cela ne convient
qu'à Gislebert, que Richer est ici en désaccord complet
avec lui-même, et que les mots de Germanie et de Henri
ont été pour le moins étourdiment intercalés dans sa
narration? Et l'on est d'autant plus en droit de tirer
cette conclusion que ce n'est pas la seule infidélité que
nous ayons à reprocher à notre auteur.

Un autre reproche moins grave toutefois, mais que
nous devons également lui adresser, c'est une partialité
manifeste pour les Carlovingiens; on comprend que les
droits des descendants de Charlemagne aient pu paraître
sacrés à Richer, et que toute atteinte portée à ces droits
ait été pour lui un crime; on comprend encore que son
père ayant vécu à la cour de ces rois, que lui-même
peut-être ayant reçu d'eux des bienfaits, il leur ait

consacré son amour et ait nourri dans son âme de la haine pour leurs adversaires; tous ces sentiments sont les attributs d'un cœur noble, mais l'historien n'a-t-il pas aussi des devoirs sacrés à remplir, et l'impartialité n'est-elle pas pour lui la première loi? Nous concevons très-bien que Richer donne de justes éloges à Raoul pour avoir rendu à Charles le Simple, prisonnier, les hommages dus à son rang, et porté à ses infortunes les consolations qu'elles pouvaient recevoir [1]; mais nous ne pouvons approuver que dans le récit de la bataille qui eut lieu entre ce même Charles le Simple et Robert, quand Flodoard dit formellement que le parti de Robert fut vainqueur et que Charles fut obligé de prendre la fuite, quand Richer lui-même est forcé d'avouer que le champ de bataille resta aux adversaires de Charles, nous ne pouvons approuver qu'il vienne nous dire presque au même instant que l'avantage fut incertain, que ni l'un ni l'autre parti n'emporta de butin, que l'occasion cependant n'en manqua pas à Charles, mais qu'étranger à la cupidité, il s'en abstint constamment [2].

Heureusement les passages qu'on peut blâmer dans Richer sont en petit nombre; heureusement encore ils appartiennent tous à la première moitié de son livre, à celle dans laquelle il ne parle que d'après Flodoard; je dis heureusement, car cette partie ne peut avoir pour nous qu'une autorité de tradition et d'emprunt, et il

[1] I, 55.
[2] I, 46.

nous reste toujours la faculté de consulter la source où Richer lui-même puisa, en sorte que nous ne serons induits en erreur qu'autant que nous y consentirons.

Lorsque Richer arrive au récit des événements dont il fut témoin, et c'est là le point important, parce que nous n'avons alors de témoignage que le sien, il paraît mériter toute confiance, car, ainsi qu'on l'a dit, son respect pour Gerbert, auquel il adresse son livre, et le contrôle de tous ses contemporains devaient le contenir dans le vrai. Ainsi, à partir du milieu, peut-être même du commencement du règne de Lothaire, nous pourrons voir dans Richer un guide sûr; nous pourrons nous laisser conduire par lui avec confiance au travers des événements qui se choquent pêle-mêle dans l'obscurité où se trouvent enveloppés la fin de ce règne, le règne éphémère de Louis V et celui de Hugues Capet.

Recevons donc de Richer, sans la moindre défiance, tout ce qu'il nous apprend sur l'intronisation d'Adalbéron dans le siége archiépiscopal de Reims, sur les travaux d'embellissement que le prélat fit exécuter dans son église, sur les soins qu'il se donna pour réformer ses chanoines, sur le voyage qu'il fit à Rome et sur les priviléges qu'il obtint du pape pour le monastère de Saint-Rémi, sur la vie privée des moines et sur le synode tenu en 972 pour réformer leurs mœurs [1]. — Ne craignons pas de le prendre pour guide dans tout ce qu'il nous racontera de la vie de Gerbert, quand il

[1] III, 22-42.

nous exposera l'ensemble de son enseignement, quand il nous montrera ce qu'était la philosophie de cette époque en nous faisant assister à Pavie à une discussion solennelle entre le savant français et le Saxon Otric, en présence de l'empereur Otton et de tout ce qu'il y avait alors d'hommes instruits dans la haute Italie [1]. — Acceptons aveuglément les détails curieux qu'il nous donne sur la guerre allumée au sujet de la Lorraine entre Lothaire et Otton, sur les efforts de Lothaire et de Hugues le Grand pour rentrer chacun de son côté en bonne intelligence avec l'empereur, sur les piéges tendus par Lothaire et par sa femme Emma au duc de France lors de son retour d'Italie, sur la réconciliation du roi et du duc [2]. — Accueillons de confiance ce qu'il nous dit sur le mariage du jeune Louis avec Adélaïde reine d'Aquitaine et sur les suites de cette union mal assortie [3]; sur les tentatives du roi Lothaire en Belgique, sur ses revers en pleine campagne et sur ses succès devant la ville de Verdun [4]. — Laissons-le nous transporter au milieu des délibérations d'où sortit l'exclusion de Charles de Lorraine et l'élection de Hugues Capet [5]. — Demandons-lui comment Charles s'empare de Laon que le roi et son fils tentent vainement de lui enlever, comment un fils naturel de Lo-

---

[1] III, 43-65.
[2] III, 90 et suiv.
[3] III, 92 et suiv.
[4] III, 98-108.
[5] IV, 8 et suiv.

thaire demande, à la mort d'Adalbéron, l'archevêché de Reims; comment cet archevêché lui est accordé par les citoyens et par le roi, quelles garanties inouïes on exige de lui, de quelle trahison il se rend coupable en faveur de son oncle Charles, auquel il livre la ville, que le roi ne peut reprendre [1]. — Apprenons dans son livre quelle fut l'attitude imposante de Charles en face des rois, quels secours ceux-ci demandent au comte E. contre le Prétendant; quels furent les détails de la trahison par laquelle Aldabéron, évêque de Laon, parvient à mettre Charles et son neveu entre les mains de Hugues Capet, et ceux de la délibération qui décida du sort de Charles et de sa famille [2]. — Demandons-lui le récit de la guerre acharnée que se firent les comtes de Chartres et d'Anjou, Eudes et Foulques [3]. — Puisons chez lui les actes du synode convoqué pour juger Arnoul, les différents avis ouverts par les évêques, la déposition du coupable et la dégradation d'un de ses complices; les réclamations du pape contre la déposition d'Arnoul et la promotion de Gerbert; la décision du synode assemblé à Chelle, qui ne craignit pas de se mettre en opposition formelle avec le pontife, d'approuver la déposition et la promotion, et de proclamer les droits d'un synode provincial supérieurs aux décisions de qui que ce soit; l'insistance du saint-siége et la convocation d'un nouveau

[1] IV, 14 et suiv.
[2] IV, 37-49;
[3] IV, 79 et suiv.

synode assemblé à Mouzon, sous la présidence d'un légat du pape, et dans lequel Gerbert vint exposer sa cause, synode qui se sépara sans rien décider, mais en indiquant la tenue prochaine d'une nouvelle assemblée[1].
— Sur tout cela nous pouvons nous en rapporter à Richer ; et tout cela, largement exposé dans son livre, suffirait pour lui assurer l'une des places les plus élevées parmi nos historiens originaux.

CONCLUSION.

Un célèbre écrivain a dit que l'époque qui s'étend de Charles le Chauve à Louis V est la plus obscure et la plus confuse de notre histoire. « Tout concourt, écrit-il, à détruire dans cette histoire toute clarté, toute unité. Il eût été impossible aux historiens contemporains de saisir l'ensemble des événements qui se passaient sous leurs yeux, de les classer selon leur importance, de les rattacher à un centre commun et d'en composer une narration bien ordonnée. Tous moyens leur manquaient pour une telle œuvre, et la plupart d'entre eux n'en ont pas même conçu l'idée. Le désordre du temps a passé dans leurs écrits; ils nous ont transmis les faits comme ils les avaient vus ou recueillis, c'est-à-dire pêle-mêle, s'assujettissant à peine à un faible lien chronologique, interrompant le récit incomplet d'une guerre pour parler de la querelle d'un évêque avec son métropolitain ou les délibérations d'un concile pour

[1] IV, 51-73; 89-107.

raconter une incursion de quelques bandes de Normands, jetant çà et là un miracle, une éclipse, l'état de l'atmosphère, les ravages des loups dans les campagnes, ne prenant nul soin de rien éclaircir, de rien arranger, étrangers enfin à tout travail de composition, à toute suite dans le récit, livrant seulement à leurs lecteurs tous les renseignements qu'ils ont pu recueillir du fond de leur monastère, et aussi confus, aussi dépourvus d'enchaînement et de régularité que l'étaient alors les actions des hommes et les affaires du monde [1]. » M. Guizot écrivait tout cela avant la découverte du manuscrit de Richer; l'écrirait-il aujourd'hui? Dirait-il que les contemporains ne pouvaient saisir l'ensemble des événements et en composer une narration bien ordonnée? Dirait-il que le désordre du temps a passé dans leurs écrits, qu'ils nous ont transmis les faits pêle-mêle, qu'ils furent étrangers à tout travail de composition, à toute suite dans le récit, aussi confus, aussi dépourvus d'enchaînement et de régularité que l'étaient alors les actions des hommes et les affaires du monde? Nous ne le pensons pas; nous aimons à croire du moins qu'après avoir tracé ces lignes il s'empresserait de faire une honorable exception en faveur de Richer.

[1] M. Guizot, *Notice sur Flodoard*.

RICHERI HISTORIARUM

LIBRI QUATUOR.

HISTOIRE DE RICHER

EN QUATRE LIVRES.

PROLOGUS.

DOMINO AC BEATISSIMO PATRI GERBERTO,
REMORUM ARCHIEPISCOPO,

RICHERUS MONACHUS.

Gallorum congressibus in volumine regerendis, imperii tui, pater sanctissime Gerberte [1], auctoritas seminarium dedit. Quam, quia summam utilitatem affert, et rerum materia sese multiplex [2] præbet, eo animi nisu complector, qua jubentis mira benivolentia pertrahor. Cujus rei initium a vicino ducendum existimavi [3], cum [4] res multo ante gestas, divæ memoriæ [5] Hincmarus ante te in pontificatu octavus [6], suis annalibus copiosissime annexuit; tantoque superiora lector ea inveniet, quanto a nostri opusculi exordio, per ejus regesta sese attollet. Et hoc inquam, ne Karolorum aliorumque frequens in utroque opere repetitio, operis utriusque ordinem turbet. Ubi enim rerum ordo non advertitur, tanto nitentem error confundit, quanto a serie ordinis errantem seducit. Unde cum hic atque illic sæpe Karoli, sæpe

---

[1] G. *codex.*
[2] x *evanuit.*
[3] ducere volui *ab auctore mutatum, ut supra.*
[4] m *evanuit.*
[5] d. m. *codex.*
[6] *Prima manu* Hincmarus ante te septimus Remorum metropolitanus.

PROLOGUE.

AU SEIGNEUR ET BIENHEUREUX PÈRE GERBERT, ARCHEVÊQUE DE REIMS,

LE MOINE RICHER.

C'est mon respect pour ta volonté, très-saint père Gerbert, qui m'a fait entreprendre le récit des guerres des Gaulois[1]. Cette volonté est tellement d'accord avec l'utilité générale, et le sujet est si étendu, si varié, que ma propre impulsion m'y entraîne autant que m'y porte l'extrême bienveillance de celui qui commande. J'ai pensé qu'il ne fallait reprendre les choses que de très-près, puisque Hincmar, de sainte mémoire, ton huitième prédécesseur dans l'épiscopat, a largement exposé dans ses Annales les événements dès longtemps accomplis; le lecteur, en effet, goûtera d'autant plus notre petit ouvrage que, dès la première ligne, il s'appuiera sur l'œuvre d'Hincmar. Par là, d'ailleurs, seront évitées, soit sur les Carlovingiens, soit sur d'autres personnes, de fréquentes répétitions qui troubleraient la marche des deux ouvrages; car, lorsque l'on n'observe pas l'ordre naturel des faits, les écarts déconcertent les efforts du lecteur en lui faisant perdre la trace de la succession des

---

[1] Cette façon de parler revient sans cesse dans Richer. Par *Gaulois*, il entend tous les habitants de la Gaule en général, qu'il distingue, à la manière des historiens romains, en *Belges*, *Celtes* et *Aquitains*. Quelquefois aussi il oppose le nom de Gaulois à ceux d'Aquitains et de Belges, n'appliquant le premier qu'aux Celtes seulement. Voir, du reste, à la fin de cet ouvrage, *Notes et dissertations*, sect. I, § 1.

Ludovici notæ offeruntur, pro tempore auctorum prudens lector reges æquivocos pernotabit. Quorum temporibus bella a Gallis' sæpenumero patrata, variosque eorum tumultus, ac diversas negotiorum rationes, ad memoriam reducere scripto specialiter propositum est. Si qua vero aliorum efferantur, ob [1] incidentes rationes, quæ vitari non potuerunt, id evenisse putetur. Sed [2] si ignotæ antiquitatis ignorantiæ arguar, ex quodam Flodoardi presbyteri Remensis libello, me aliqua sumpsisse non abnuo, at non verba quidem eadem, sed alia pro aliis longe diverso orationis [3] scemate disposuisse, res ipsa evidentissime demonstrat; satisque lectori fieri arbitror, si probabiliter atque dilucide breviterque omnia digesserim. In dicendo enim recusans effluere, plurima succincte expediam. Ac totius exordium narrationis aggrediar, breviter facta orbis divisione, Galliaque in partes distributa, eo quod ejus populorum mores et actus describere propositum sit.

[1] per *manu* 1.
[2] Sed *usque* digesserim *manu* 2. *scilicet corrigentis.*
[3] ordinationis *corr.* orationis.

PROLOGUE.

temps. Ainsi il est parlé souvent, çà et là, de Charles et de Louis[1]; alors le lecteur judicieux doit distinguer entre eux les rois de même nom, selon le temps des auteurs. Je me propose, surtout, de rappeler au souvenir, dans cet écrit, les guerres fréquentes des Gaulois, les troubles qui les accompagnèrent au temps de ces deux princes[2], et les causes diverses des événements; s'il s'y trouve autre chose, il ne faudra l'attribuer qu'à des raisons incidentes, qu'il n'a pas été possible d'écarter. Que si l'on m'accuse d'avoir ignoré les temps passés, je ne me défends point d'avoir puisé quelquefois dans un petit ouvrage de Flodoard, prêtre de Reims; mais le fait même prouvera évidemment que loin d'en copier les paroles, j'ai usé de formes de discours tout à fait différentes; et je crois avoir fait assez pour le lecteur si j'ai disposé le tout d'une manière naturelle, avec précision et clarté[3]. Je n'ai pas voulu raconter longuement, mais exposer beaucoup de choses en peu de mots[4]. Avant d'aborder mon récit, j'exposerai succinctement la division de la terre; puis je ferai connaître la distribution de la Gaule en ses parties, puisque je dois traiter des mœurs et de l'histoire de ses habitants.

[1] Charles le Simple et Louis d'Outre-mer, descendants de Charlemagne.

[2] L'histoire de Charles le Simple et de Louis d'Outre-mer n'occupe que les deux premiers livres de Richer; les deux derniers sont consacrés à Lothaire, à son fils, à la révolution qui mit Hugues Capet sur le trône et au règne de ce prince.

[3] *Voir* notre introduction.

[4] Richer a souvent perdu de vue l'objet qu'il s'était proposé. Souvent il s'est plu à développer son récit outre mesure, à mettre de longs discours dans la bouche de ses personnages, etc.

RICHERI HISTORIARUM
LIBRI QUATUOR.

LIBER PRIMUS.

I. — Divisio orbis.

Orbis itaque plaga, quæ mortalibus sese commodam præbet, a cosmographis trifariam dividi perhibetur, in Asiam videlicet, Africam, et Europam. Quarum prior, a septemtrione per orientis regionem usque in austrum, extrinsecus Oceano disterminata, interius a Ripheis montibus usque ad terræ umbilicum, Thanai, Meothide, Mediterraneoque ab Europa distinguitur; ab umbilico vero usque in austrum, Nilo fluvio ab Africa est seclusa. Africam vero et Europam, exterius quidem ab austro in septemtrionem Oceano circumdatas, Mediterraneum interjectum [1] discriminat. Ab Asia vero interius earum alteram Nilus, alteram vero Mediterraneum, Thanaisque ac Meotis, ut dictum est, sejungunt. Quarum singulæ cum proprias habeant distributiones, Europæ tamen partem unam quæ Gallia a candore vocatur, eo quod candidioris speciei insigne ejus oriundi præferant, in suas diducere partes ratum duxi.

[1] interjectus *cod*.

HISTOIRE DE RICHER

EN QUATRE LIVRES.

LIVRE PREMIER.

I. — Division de la terre.

Selon les géographes [1], la terre habitable se divise en trois parties, l'Asie, l'Afrique et l'Europe : l'Asie, qui s'étend du nord au midi au travers de l'Orient, est limitée extérieurement par l'Océan ; intérieurement, elle est séparée de l'Europe, depuis les monts Riphées jusqu'au centre de la terre, par le Tanaïs, le lac Méotide et la Méditerranée ; du centre de la terre jusqu'au midi le Nil la sépare de l'Afrique ; l'Afrique et l'Europe, séparées par la Méditerranée, sont extérieurement enveloppées par l'Océan, depuis le Midi jusqu'au septentrion ; à l'intérieur, la première est, comme on l'a dit, séparée de l'Asie par le Nil ; la seconde, par la Méditerranée, le Tanaïs et le lac Méotide [2]. Chacun de ces trois pays ayant ses subdivisions particulières, j'ai jugé à propos de faire connaître les différentes

---

[1] Oros., l. 1, 2. (P.)

[2] Cette grande division de la terre est à peu près exacte, et c'est un grand mérite chez un auteur du xe siècle. Cependant il y aurait plusieurs observations de détail à faire : 1° les érudits ne sont pas d'accord sur la position qu'on doit assigner aux monts Riphées des anciens, et Richer n'est pas même d'accord avec lui-même à cet égard ; ici, il est évident que par monts Riphées il entend parler de la chaîne des monts Ourals, qui sépare encore aujourd'hui l'Europe de l'Asie ; mais ailleurs (II, 71) il semble les placer dans l'Ile Britannique, et sans doute alors il applique ce nom aux montagnes d'Ecosse ; 2° le Pont-Euxin est passé sous silence par Richer, qui semble regarder le lac Méotide, ou mer d'Azof, comme contigu à la Méditerranée ; 3° ce n'était pas le Nil, mais l'isthme de Suez et la mer Rouge qui séparaient l'Asie de l'Afrique.

II. — Istius Galliæ per partes distributio.

Gallia[1] ergo et ipsa in tria distincta est: in Belgicam, Celticam, Aquitanicam. Quarum prior Belgica, a Rheno, qui Germaniam ab Oceano determinat, quæ multarum gentium ferax, a germinando nomen accepit, exporrigitur usque in fluvium Matronam; ab utroque vero latere, hinc quidem Alpibus Penninis, inde vero mari vallatur, cujus circumfusione insula Brittannica efficitur. Celtica autem[2] a Matrona per longum in Garunnam distenditur; cujus latera, oceani Brittannici, et insulæ Brittannicæ limites habent. Quicquid vero a Garunna distenditur[3] in Pireneum, Aquitanica appellatur, hinc[4] Rhodano Ararique atque inde Mediterraneo conlimitans. Constat itaque, totius Galliæ spatium ab oriente quidem Rheno, ab occidente Pyreneo[5], et a septentrione mari Brittannico, ab austro vero Mediterraneo cingi.

III. — Mores Gallorum.

Omnium ergo Galliarum populi innata audatia plurimum efferuntur, calumniarum impatientes. Si incitantur, cedibus exultant, efferatique inclementius adoriuntur. Semel persuasum ac rationibus approbatum, vix refellere consuerunt. Unde et Hieronimus : « Sola,

---

[1] *Cap. 2. 3. Ekkehardus in historia Pippini et Karolomanni majorum domus regiæ exscripsit.*

[2] autem hinc matrona inde Garunna abluitur *prior lectio.*

[3] d. in hiberum qui hiberiæ regioni nomen indidit, usque in oceanum *deleta.*

[4] h. provinciæ lugdunensi atque inde l.

[5] hybero l.

parties de cette contrée d'Europe qui a reçu le nom de Gaule à cause de la blancheur remarquable des indigènes [1].

II. — Division de la Gaule.

La Gaule se divise aussi en trois parties : la Belgique, la Celtique et l'Aquitaine [2]. La Belgique s'étend des bords du Rhin jusqu'à la Marne (le premier de ces fleuves, depuis l'Océan, la sépare de la Germanie, qu'on a nommée ainsi du mot *germer*, à cause des nombreuses peuplades qu'elle a produites); elle est bornée sur les deux côtés, ici, par les Alpes Pennines, là, par la mer, au milieu de laquelle se trouve l'Ile Britannique. La Celtique s'étend en longueur de la Marne à la Garonne ; sur les flancs, elle a pour limites l'Océan et l'Ile Britannique. Tout ce qui s'étend de la Garonne aux Pyrénées prend le nom d'Aquitaine, pays qui touche d'un côté au Rhône et à la Saône, et de l'autre à la Méditerranée. Ainsi le territoire de la Gaule entière est borné à l'orient par le Rhin, à l'occident par les Pyrénées ; il a la mer Britannique au septentrion, et au sud la Méditerranée.

III. — Mœurs des Gaulois.

Tous les peuples de la Gaule sont naturellement intrépides et prompts à venger une injure. Si on les y excite, ils courent avec joie au carnage et s'y livrent impitoyablement ; ils ne reviennent guère sur une chose une fois admise et reçue comme fondée en raison, ce qui a fait dire à

---

[1] Du mot γάλα, lait. (P.)
[2] Au sujet de la Gaule, Richer a deux systèmes de géographie : le système romain et le système basé sur les divisions politiques de son temps. Dans le système romain, et c'est celui qu'il expose ici en le dénaturant un peu, il suit ordinairement la division donnée par César, mais souvent aussi il adopte celle d'Auguste, qui porta l'Aquitaine jusqu'à la Loire (Voir *Notes et dissert.*, sect. I).

inquit, Gallia monstra non habuit, sed viris prudentibus et eloquentissimis semper claruit. » Præter hæc quoque Belgæ rebus disponendis insigniores, robore atque audatia non impares; maxima quæque magis ingenio quam viribus appetunt, et si ingenio in appetendis cassantur, viribus audacter utuntur : cibi etiam potusque adeo parci. Celtæ vero ac Aquitani, consilio simul et audatia plurimi, rebus seditiosis commodi. Celtæ tamen magis providi, Aquitani vero præcipites aguntur, plurimumque in ciborum rapiuntur appetitum. Quod sic est eis innatum, ut præter naturam non appetant. Hinc et Sulpicius : « Edacitas, inquit, in Græcis gula est, in Gallis natura. » Hos omnes populos etsi [1] natura feroces, ab antiquo fere per omnia [2] prospere egisse, et cum pagani [3] essent, historiæ tradunt [4]. Post vero a sancto Remigio [5] baptizati, adprime [6] clara semper et illustri [7] victoria emicuisse [8] feruntur. Quorum quoque primus rex christianus, Clodoveus fuisse traditur : a quo per succedentia tempora imperatoribus egregiis res publica gubernata fuisse dinoscitur, usque ad Karolum, a quo historiæ sumemus initium.

[1] *vox abscisa.*
[2] p. o. *abscisa; locum Ekkehardo adhibito restitui.*
[3] um pa *abscisa.*
[4] æ tra *abscisa.*
[5] a s. R. *abscisa.*
[6] adpri *abscisum.*
[7] a semper, lustri *abscisa.*
[8] emicu *abscisum.*

saint Jérôme¹ : « La Gaule seule n'eut pas de monstres, mais « elle s'illustra toujours par des hommes sages et d'une « grande éloquence. » Les Belges excellent encore dans la conduite des affaires, et sont remarquables par leur force et par leur courage ; aux grandes choses, ils emploient plutôt l'intelligence que la vigueur ; mais si l'intelligence échoue, alors ils ont recours à la force et à l'audace ; ils sont très-sobres, et quant aux mets et quant aux boissons. Les Celtes et les Aquitains ont en même temps une grande sagacité et un grand courage ; ils entrent vite en sédition ; toutefois les Celtes sont plus prévoyants, les Aquitains plus aventureux. Ces derniers se laissent aller fréquemment au plaisir de la table, ce qui est tellement inné chez eux, qu'ils ne font qu'obéir à la nature, et c'est ce qui a fait dire à Sulpice : « L'amour de la table est gourmandise chez les Grecs, chez « les Gaulois c'est disposition naturelle². » Les historiens nous apprennent que, bien que tous ces peuples fussent d'un caractère cruel, jadis cependant, et lorsqu'ils étaient encore payens, leurs entreprises furent presque toujours prospères. Dans la suite, baptisés par saint Remi, ils sont cités pour s'être signalés par une grande et célèbre victoire³ ; on rapporte aussi que Clovis fut leur premier roi chrétien. On sait que depuis Clovis l'État fut gouverné par des empereurs illustres jusqu'à Charles, où nous⁴ ferons commencer notre Histoire.

---

[1] Epist. 60, adv. Vigilant. (P.)
[2] Dialog. I, 4. (P.)
[3] Richer veut parler sans doute de la victoire remportée par Clovis à Vouillé.
[4] Charles III, ou le Simple, auquel est, pour ainsi dire, consacré tout ce livre.

IV. — *Quod ob infantiam et principum dissidentiam pyratæ Gallias[a] irruperint.*

Hic patrem habuit[1] Karlomannum regem, avum vero paternum Ludovicum cognomento Balbum, abavum autem Karolum Calvum, Germanorum atque Gallorum imperatorem egregium. Biennis adhuc patrem amisit; matre[2] vix per quadriennium supersite. Ob cujus infantiam cum regnorum principes nimia rerum cupidine sese præire contenderent, quisque ut poterat rem dilatabat; nemo regis provectum[3], nemo regni tutelam quærebat; aliena adquirere summum cuique erat; nec rem suam provehere videbatur, qui alieni aliquid non addebat. Unde et omnium concordia, in summam discordiam relapsa est. Hinc direptiones, hinc incendia, hinc rerum pervasiones exarsere. Quæ cum immanissime agitarentur, piratæ qui Rhodomensem provintiam incolebant, quæ est Celticæ Galliæ pars, ad rerum immanitatem incitantur. Hæc gens ab insulis oceani septentrionalis remotioribus diu ante exierat, et per maria errando classe devecta, summam hanc Galliarum partem attigerat. Sæpe quoque eam armis impetivit, sæpe etiam a terræ principibus devicta occubuit. Quod cum multoties inter sese moverent, visum fuit Galliæ primatibus, ut dono regum

---

[a] alii *ex conject. suppleri.*
[1] habuit Ludovicum regem e. b. avum vero 1.
[2] m. paulo ante amissa 1.
[3] Commoda 1.

IV. — L'enfance du roi et les divisions des princes attirent les pirates dans les Gaules [1].

Charles eut pour père le roi Carloman [2], pour aïeul paternel Louis, surnommé *le Bègue,* et pour bisaïeul Charles le Chauve, ce célèbre empereur des Germains et des Gaulois. Il n'avait que deux ans lorsqu'il perdit son père ; sa mère survécut à peine quatre ans. L'enfance de Charles fut cause que les princes du royaume, poussés par la cupidité, se disputèrent le pouvoir. Chacun cherchait, par tous les moyens à augmenter sa fortune [3]; personne ne songeait à protéger le roi ou à défendre l'empire. Acquérir le bien des autres était pour tous la grande affaire, et celui qui n'ajoutait rien à son patrimoine, aux dépens d'autrui, semblait n'avoir rien fait pour ses intérêts. C'est ainsi que le bon accord dégénéra en une implacable discorde, qui amena l'incendie, le pillage, la dévastation. Ces déplorables calamités excitèrent les pirates [4] établis dans la province de Rouen, laquelle forme une partie de la Gaule celtique, à commettre d'horribles excès [5]. Ces peuples étaient depuis longtemps sortis des îles les plus lointaines de l'Océan septentrional, et, après avoir erré sur leurs flottes à travers les mers, ils avaient

---

[1] Ce chapitre ne doit être considéré que comme une espèce de récapitulation des événements antérieurs au gouvernement de Eudes. Il renferme beaucoup d'erreurs.

[2] Charles le Simple ne fut pas fils de Carloman, mais son frère ; étant, comme Carloman, fils de Louis le Bègue.

[3] Richer regarde Charles comme roi dès sa naissance, mais Charles ne succéda point à son père Louis le Bègue. A la mort de celui-ci, ses États furent partagés, l'an 879, entre Louis III et Carloman, ses fils aînés. Ceux-ci eurent pour successeur Charles le Gros, leur oncle, en 884, et celui-ci, Eudes, l'an 888. Eudes régna seul jusqu'en 893. Quelques seigneurs français reconnurent alors Charles pour roi, mais sans pouvoir le mettre en possession du trône, et ce n'est que l'an 896 qu'Eudes lui abandonna une partie de la Gaule. Enfin, Eudes étant mort en 898, Charles fut roi sans partage.

[4] C'est le titre sous lequel Richer désigne ordinairement les Normands dans tout le cours de son Histoire.

[5] Les Normands n'étaient point encore établis dans la province ecclésiastique de Rouen. Une partie seulement de cette province appartenait à la Celtique.

hæc provincia ei conferretur; ita tamen ut, idolatria penitus relicta, christianæ religioni se fideliter manciparet, necnon et regibus Galliarum terra marique fideliter militaret. Hujus provinciæ metropolis, Rhodomum esse dinoscitur, sex tantum urbibus, Bajocis videlicet, Abrincanto, Ebrocis, Sagio, Constantiæ, Liscio, vim suæ dominationis intendens. Hanc itaque ex antiquo a piratis possessam esse manifestum est. Sed paterna tunc sevitia ducti, in principes dissidentes moliri conantur. Unde et latrociniis ac discursionibus Brittanniam minorem, quæ est Galliæ contigua atque militans, infestare aggrediuntur; reique occasionem nacti, fidem penitus abrumpunt, ulteriusque procedunt in Galliam, ac circumquaque palantes, longe lateque diffunduntur; feminarum, puerorum, pecudum, ceterarumque rerum non modicam prædam abducentes. Recipiuntur vero cum his omnibus secus Sequanam loco qui Givoldi fossa nuncupatur. Ac idem sepius aggressi, Galliæ Celticæ partem, quæ Sequanæ Ligerique fluviis interjacet, quæ et Neustria nuncupatur, totam pene insectati sunt. Hisque animo inerat, interiores Galliarum partes irrumpere, earumque gentes aut a finibus pellere, aut gravissimis substituere tributis. Id etiam ante fieri, quam in consensum principes revocarentur, accelerabant, hujusmodi dissidentia, pecunias Galliarum sese asportaturos, certissime rati. Quorum impetus, Catillo principe ferebatur. Principes tanta barbarorum ignominia confecti, de pace habenda per legatos inter sese admodum quærunt. Nec diu morati, jure obsidum, in unum

abordé dans cette belle province de la Gaule. Souvent ils l'avaient attaquée à force ouverte, souvent aussi ils y avaient succombé, vaincus par les princes du pays. Mais comme c'étaient des guerres continuelles à soutenir, les grands de la Gaule furent d'avis que le roi remît la province aux Barbares, à condition cependant qu'ils abandonneraient tout à fait l'idolâtrie et observeraient fidèlement la religion chrétienne; que de plus ils combattraient loyalement, et sur terre et sur mer, pour les rois des Gaules [1]. Rouen, métropole, comme on sait, de cette province, tient six villes seulement sous sa dépendance, savoir: Bayeux, Avranches, Évreux, Séez, Coutances et Lisieux; on n'ignore pas non plus qu'il est depuis longtemps en la possession des pirates. Ces mêmes pirates, poussés alors par leur cruauté naturelle, tournèrent leurs efforts contre les princes divisés et allèrent infester de leurs brigandages la petite Bretagne contiguë à la Gaule [2], et tenue envers elle au service militaire; puis, profitant de l'occasion favorable, ils foulent aux pieds la foi promise, s'avancent dans la Gaule, se répandent de tous côtés, entraînent avec eux un riche butin de femmes, d'enfants, de troupeaux, et enfin se retirent vers la Seine, dans un lieu nommé Géfosse [3]: de même, ils attaquèrent et ravagèrent fréquem-

---

[1] Richer veut-il parler ici de la cession faite à Rollon, l'an 911, par Charles le Simple? Les détails qu'il donne se rapporteraient parfaitement à cette cession; mais alors il anticiperait beaucoup sur les événements. Un fait certain, c'est qu'il ne parle pas ailleurs de la cession faite l'an 911. Sigebert de Gemblours dit aussi que l'an 888 (lisez 887) Charles le Gros, ne pouvant repousser les Normands de Paris, traite enfin avec eux, et leur cède les pays situés au delà de la Seine, dont les habitants s'étaient révoltés contre lui, dans D. Bouq. VIII, 309, c. n.; mais cet auteur est peu estimé, comme on sait.

[2] Ceci viendrait à l'appui de la conjecture exprimée dans la note précédente: on sait que l'an 912 Rollon s'empara de la Bretagne. Remarquons ces expressions: La Bretagne, contiguë à la Gaule, et portant les armes pour elle *quæ est Galliæ contigua atque militans*. Voir *Notes et dissertations*, sect. I, § 1 et 2; sect. v.

[3] *Prudent. Annal.* ann. 856. (P). Voir aussi, sous cette même année: *Annal. Bertin.*, et sous l'an 855, *Chron. de Gest. Norman.* dans D. Bouq. VII, 71 D. E.; 153, C. Comme chez aucun autre auteur, au temps de Charles le Gros, il n'est question du séjour des Normands à Géfosse, on peut croire que Richer a rapporté au temps de ce prince une circonstance appartenant aux années 855 ou 856.

consulturi conveniunt. In quo conventu, sapientium usi consilio, fidemque pacti, in concordiam maximam rediere; contumelias a barbaris injectas ultum ire parati. Et quia Karolus vix adhuc triennis erat, de rege creando deliberant; non ut desertores, sed ut in adversarios indignantes.

V. — *Regis genus atque* [a] *fortuna.*

Anno [1] itaque incarnationis dominicæ [2] 888. [16 Kal. [3]] Mart. quinta feria, communi decreto, Odonem virum militarem ac strenuum in basilica sancti [4]..... regem creant. Hic patrem habuit ex equestri ordine Rotbertum; avum vero paternum, Witichinum advenam Germanum. Creatusque rex, strenue atque utiliter omnia gessit, præter quod in militari tumultu, raram componendi lites potestam habuit [5]. Nam pyratas, signis collatis, intra Neustriam septies fudit, ac in fugam novies compulit [6]. Atque hoc fere per quinquennium. Quibus

[a] *a deletum.*
[1] *abscisum.*
[2] *abscisum.*
[3] *abscisa.*
[4] *vox omissa est.*
[5] h. *eo quod milites mediocri interdum subdi contempnerent* deleto.
[6] c. *immo et a finibus galliarum penitus eliminavit* deleta.

ment toute la Gaule celtique comprise entre la Seine et la Loire, et connue sous le nom de Neustrie[1]. Ils se proposaient aussi d'envahir les parties centrales du pays et d'en expulser les habitants ou de les soumettre à d'énormes tributs, et ils se hâtaient d'exécuter ce projet avant que les princes se missent d'accord, persuadés qu'à la faveur des divisions existantes ils pourraient emporter les trésors de la Gaule. Ils marchaient sous un chef nommé Catillus[2]. Les princes, poussés à bout par les indignités de ces Barbares, s'envoyèrent réciproquement des députés, chargés de paroles de paix; bientôt ils se donnèrent des otages et se réunirent pour se concerter: dans l'assemblée prévalurent les conseils des sages : on se lia par serment, un parfait accord fut rétabli, et l'on se disposa à tirer vengeance des outrages reçus. Et comme Charles avait à peine trois ans[3], on s'occupa de créer un roi, non pour déserter la cause de ce prince, mais par impatience de marcher à l'ennemi.

V. — *Origine et succès du roi Eudes* (888-889).

L'an 888 de l'incarnation du Seigneur, le 15 février, jour de jeudi, les grands réunis dans la basilique de Saint....[4], élurent roi, d'une voix unanime, Eudes, homme de guerre, d'une grande valeur. Eudes était fils de Robert, de l'ordre

---

[1] Voir *Notes et dissertations*, sect. I, § 2.

[2] Chap. ix, ci-dessous, nous voyons encore un *Catillus* conduire au combat une troupe de Normands. Serait-ce un seul et même personnage ? Chap. xxviii, Richer fait Rollon fils de Catillus. (Voir aussi ch. xxxi, note.)

[3] Charles le Simple était né le 17 septembre 879; et plus bas, ch. xii, en 893, notre auteur le dit âgé de quinze ans. A la fin de 887, ou au commencement de 888, époque de l'élection de Eudes, Charles était donc âgé non de trois ans, mais de huit. Répétons que ce n'est pas à la place de Charles le Simple qu'il s'agissait de créer un roi, mais à la place de l'empereur Charles le Gros. Voir ci-dessus, *p.* 13, *n.* 3. Dès ces premiers chapitres, comme on le voit, perce la partialité de Richer pour les descendants de Charlemagne.

[4] Selon les Annales de Saint-Vast, Eudes fut couronné roi dans le palais de Compiègne, par conséquent dans la chapelle de la Vierge. (P.)

repulsis, fames valida subsecuta est, cum triennio terra inculta remanserit. Jam enim mensura frumenti quæ sedecies ducta modium efficit, decem dragmis veniebat, gallinatius quoque quatuor dragmis; ovis vero tribus unciis, atque vacca, iabo tollebatur. Vini nulla coemptio erat, cum vinetis ubique succisis, vix ejus aliquid habebatur. Rex interea per loca [1], quæ piratis irruentibus aditum præbebant, munitiones exstruit, ac in eis militum copias ponit. Ipse cum exercitu in Aquitaniæ partes secedens, non ante se rediturum proponens, quam supradicta modii frumentarii mensura, duabus dragmis veniret, gallinatius vero denario, atque ovis duabus itidem dragmis, vacca vero tribus unciis venumdaretur.

VI. — Pyratæ Brittanniam impetunt ac devastant.

Interea rege apud urbem Anitium rem publicam procurante, pyratæ a finibus Neustriæ pulsi, eum ad interiora Aquitaniæ concessisse [2] dinoscunt. Confluunt itaque ac classem parant, atque Brittanniam repentini irrumpunt. Brittanni repentino barbarorum impetu territi, sævientibus cedunt. Cuique vitam tantum salvare satis fuit; rerum suarum ereptionem nemo quærebat, de vita solummodo agitabant. Unde et suis fere omnibus derelictis, pyratæ passim rapiuntur, quæque commoda asportant, ac cum multa rerum præda, nullo re-

---

[1] l. maritima *deletum*.
[2] secessisse 1.

équestre[1] ; son grand-père paternel fut l'étranger Witichin, Germain de nation[2]. Devenu roi, il agit toujours avec énergie et bonheur ; toutefois, absorbé par la guerre, il ne put que rarement rendre la justice. Sept fois, en effet, dans la Neustrie, il combattit et défit les pirates, et neuf fois il les mit en fuite, cela dans l'espace d'à peu près cinq années. Leur expulsion fut suivie d'une grande famine[3], la terre étant restée inculte pendant trois ans. Une mesure de froment, égale à la seizième partie d'un muids, se vendait dix drachmes ; un poulet, quatre ; un mouton valait trois onces ; une vache en valait onze. Il ne se faisait aucun commerce de vin, car à peine en recueillait-on, toutes les vignes étant coupées. Le roi fit construire des fortifications dans les lieux ouverts aux irruptions des pirates, et il y plaça des troupes ; lui-même se retira dans l'Aquitaine avec une armée, se proposant de n'en revenir que lorsque la mesure de froment ne coûterait plus que deux drachmes, les poulets un denier, lorsque les moutons ne se vendraient que deux drachmes et les vaches trois onces[4].

VI. — Les pirates se jettent sur la Bretagne et la dévastent (890-891).

Pendant que le roi s'occupait du gouvernement de l'État dans la ville du Puy, les pirates, qui avaient été chassés de

---

[1] Voir *Notes et dissertations*, sect. III, § 2.
[2] Voir notre Introduction.
[3] En 889, *Ann. Fuld*. Du reste, Eudes ne fut pas toujours heureux contre les Normands, et l'on sait qu'en 890 il fut mis en déroute par eux dans le nord de la Gaule.
[4] En prenant pour base l'évaluation des monnaies donnée par M. Guérard pour le ixe siècle, le muid de blé aurait coûté 1080 fr. 48 cent. de notre monnaie ; un poulet 27 fr. un mouton 139 fr. 57 cent. une vache 376 fr. 77 cent. Le roi ne devait revenir que lorsque le muid de froment ne vaudrait plus que 216 fr. 09 cent. de notre monnaie, les poulets 2 fr. 66 cent., les moutons 13 fr. 50 cent. et les vaches 139 fr. 57 cent. (voir *Du système monétaire des Francs sous les deux premières races*, par M. B. Guérard). — Du reste, la cherté des denrées, en 889, ne fut pas la seule cause qui amena Eudes en Aquitaine. Il s'y rendit surtout pour réduire le pays ; plusieurs seigneurs, et entre autres le duc Rainulfe, lui refusant obéissance.

nitente, redeunt. Tam felici ergo successu elati, per exteriores Brittanniæ fines secus Andegavum, Aquitaniam irrumpunt, multaque depopulatione terrram devastant; abducunt viros ac mulieres puerosque; quorum provectiores in utroque sexu obtruncant; pueros servituti mancipant, feminas vero quæ formosæ videbantur prostituunt.

VII. — Odo rex * contra pyratas * exercitum * parat.

Sed nonnulli vario eventu elapsi, profugio salvati sunt. A quibus dum exagitarentur, mox Odoni regi relata fuere. Qui rerum magnitudine motus, quotquot ex Aquitania potuit, edicto regio congregari præcepit milites peditesque. Ex Provintia quoque, quæ Rhodano et Alpibus marique ac Gothorum finibus circumquaque ambitur, Arelatenses ac Aurasicanos habuit, sed et ex Gothia, Tholosanos atque Nemausinos. Quibus collectis, exercitus regius, in decem milibus equitum, peditum vero sex milibus erat. Procedit itaque secus Briddam, sancti Juliani martiris castrum, iter agens. Sanctumque regiis donis veneratus, Arvernicum pagum ingreditur. Huc jam hostes advenerant, ac castrum quod Mons Panchei dicitur, vehementi hostilitate pre-

* x, pyra, rcitum *abscisa.*

la Neustrie, apprenant qu'il s'était retiré dans le centre de l'Aquitaine, se réunirent, préparèrent leur flotte et se jetèrent à l'improviste sur la Bretagne. Les Bretons, épouvantés par cette irruption subite des Barbares, cédèrent à leurs violences, ne pensant qu'à mettre leur vie à couvert : le pillage de leurs biens ne les touche plus ; ils ne s'inquiètent que de leur existence ; aussi presque tout ce qu'ils possèdent, abandonné par eux, devient la proie des pirates. Tout ce qui peut s'emporter aisément, les Barbares le prennent, et ils se retirent chargés d'un riche butin que nul ne vient leur disputer. Encouragés par un tel succès, ils côtoient la Bretagne, se jettent sur l'Aquitaine, aux environs d'Angers, dévastent entièrement le pays, et en emmènent les hommes, les femmes et les enfants. Ils décapitent les vieillards des deux sexes; les enfants sont voués à l'esclavage ; ils violent les femmes qui leur paraissent belles [1].

VII. — *Le roi Eudes prépare une armée contre les pirates* (892).

Cependant quelques personnes parvinrent diversement à leur échapper, et tout effrayées rapportèrent bientôt au roi Eudes ce qui se passait. Le roi s'émut de la gravité des circonstances, et ordonna aussitôt, par édit royal, qu'on rassemblât tout ce qu'on pourrait tirer d'Aquitaine de cavalerie et d'infanterie. La Provence, comprise entre le Rhône, les Alpes, la mer et la terre des Goths, lui fournit les citoyens d'Arles et d'Orange; et la Gothie[2], ceux de Toulouse et de Nîmes. La réunion de toutes ces troupes forma au roi une armée de dix mille cavaliers et de six mille fantassins. Il se mit en marche et arriva près de Brioude, lieu consacré à saint Julien, martyr. Là, ayant présenté, en l'honneur du saint, ses offrandes royales, il entra sur le territoire de

---

[1] Les Normands avaient dévasté l'année précédente plusieurs provinces, entre autres la Bourgogne; ils avaient même attaqué plusieurs fois Paris, mais sans succès. Ils réussirent d'abord contre la Bretagne; mais ils furent battus ensuite par les Bretons (*Annal. Mett.; Sigeb. Gemblac.*).

[2] Le Bas-Languedoc. Voir *Notes et dissertations*, sect. 1, § 2.

mebant. Rex principibus Francorum atque Aquitanorum stipatus, licet ancipiti deliberatione, tamen belli dispositionem apud eos pertractabat, illos ad pugnam hortans, ac eorum magnanimitatem ex natura plurimum attollens. Aliis quoque gentibus eos esse potiores, tam viribus quam audatia et armis, memorabat. Eorum quoque majores, pene totum orbem debellasse, ipsumque caput orbis Romam immaniter attrivisse. Unde et oportere paternam animositatem in filiis renovandam, asserebat[1], ut patrum magnanimitas, filiorum virtute commendaretur.

VIII. — *Impetus Odonis regis in pyratas, bellique qualitas.*

Quibus dictis cum persuasisset, utpote vir audax ac violentus, cum sexdecim milibus signis illatis barbaros aggreditur. Sed peditum copias præmittit, atque ex eis primum impetum infert. Ipse cum equitatu succedens, peditum fortunam opperiebatur. Nec minus et barbari acies ordinaverant, ac indivisi adversarios excipere cogitabant. At regii pedites hostibus directi, primo certamine sagittas jaculantur; densatique, lanceis obversis, in illos feruntur. Excepti vero a barbaris, plurimi dilabuntur, non tamen præter adversariorum ruinam; nam et eorum alii præcipitati, alii vero quam plures sauciati sunt. Post pedites vero et regius equitatus succedit; ac acies hostium, copiis peditum divisas, multo nisu irrumpit, sternitque ut fertur tredecim milia, paucis fuga salvatis. Et cum jam potiretur victoria spoliisque diripiendis instaret, barbarorum quatuor milia, quæ in-

[1] memorabat I.

Clermont. Déjà l'ennemi y était arrivé et pressait vigoureusement le château nommé Montpensier [1]. Le roi, quoique incertain encore sur le parti à prendre, ne s'en occupait pas moins de dispositions militaires avec les princes français et aquitains qui l'entouraient ; il les poussait à combattre ; il animait leur courage en exaltant leurs avantages naturels ; il leur représentait qu'ils surpassaient les autres peuples en force, en audace et dans le maniement des armes ; il leur rappelait que leurs ancêtres avaient vaincu presque toute la terre, qu'ils avaient foulé aux pieds la ville de Rome, cette capitale du monde. Que la grandeur des pères, leur disait-il, revive donc dans les fils ; que leur valeur reçoive un nouveau lustre de celle de leurs enfants [2].

VIII. — Le roi Eudes tombe sur les pirates ; circonstances de cette guerre.

Le roi porte ainsi la persuasion dans l'esprit des chefs ; puis, en homme intrépide et résolu, avec ses seize mille combattants, il marche sur les Barbares, enseignes déployées. Il place en avant son infanterie et lui fait engager l'attaque ; lui-même la suit avec la cavalerie, attendant l'issue du premier choc. Les Barbares n'avaient pas employé moins de soin à disposer leurs forces, et ils se préparaient à recevoir leurs adversaires avec ensemble. L'infanterie royale engage le combat par une décharge de flèches, puis

[1] Montpensier sur la gauche de l'Allier, près d'Aigueperse au-dessous de Clermont.
[2] On ne trouve dans les historiens aucune mention de la bataille livrée par Eudes aux Normands sur les bords de l'Allier ; les détails donnés par Richer sont trop précis cependant pour qu'on puisse élever des doutes sur la bataille elle-même ; mais ces détails, où Richer les a-t-il pris ? — Il faut remarquer du reste que son récit est arrangé de manière à laisser croire que Eudes n'était pas sorti d'Aquitaine depuis l'an 889, lorsqu'on sait qu'il était plusieurs fois venu dans la France, où même il avait eu, en plus d'une occasion, à lutter contre les Normands. — Au surplus, on trouve ici une première preuve, et l'on en trouvera bien d'autres dans la suite, que nous n'avons pas calomnié Richer lorsque, dans notre Introduction, nous lui avons reproché une disposition excessive à la recherche et à l'exagération.

sidiose in abditis latuerant, ex obliquo viarum irruere. Qui cum gradivo incessu propinquarent, armorum luce ab observatoribus cogniti sunt; factoque signo exercitus in unum redit. Rex multo plures advenire arbitratus, suos hortatur stipatores, ut priores animos resumant, immo et non amittant : decus pro patria mori, egregiumque pro christianorum defensione corpora morti dare, multis sermonibus asserens. Exercitus itaque densatus, licet anterioris belli vulneribus æger, tamen obvenire non distulit.

IX. — Ingo ex mediocribus cum * regis signo * bellum ingreditur *.

Et cum agitaretur quis regium signum efferret, eo quod in tanta nobilium manu nullus sine vulnere videbatur idque omnes evitarent, e medio omnium Ingo prosilit, ac militatum sese offerens, inperterritus dixit : *Ego ex mediocribus, regis agaso, si majorum honori non derogatur, signum regium per hostium acies efferam. Nec fortunam belli ambiguam expavesco, cum semel me moriturum cognosco.* Ad hæc Odo rex : *Nostro* inquit *dono, ac principum voluntate signifer esto.* Ille

* ibus cum, no, gre *abscisa*.

serre les rangs, et, la lance à la main, fond sur l'ennemi.
Celui-ci résiste et tue un grand nombre d'assaillants, non
toutefois sans perdre beaucoup de monde ; plusieurs des
siens furent tués, en effet, et il y eut beaucoup de blessés.
Après l'attaque de l'infanterie vint celle des cavaliers, qui,
fondant avec impétuosité sur les pirates débandés par le
premier choc, étendirent, dit-on, treize mille hommes
sur la place, un petit nombre seulement ayant pu fuir. Le
roi se hâtait de jouir de la victoire et de s'emparer des
dépouilles des vaincus, lorsque quatre mille Barbares qui
s'étaient placés en embuscade arrivèrent à l'improviste par
des chemins détournés ; toutefois, comme ils s'approchaient
à pas lents, l'éclat de leurs armes donna l'éveil aux sentinelles, qui les signalèrent, et l'armée se remit en bataille.
Le roi croyant avoir affaire à des forces bien plus considérables exhorte les siens à rappeler leur courage, ou plutôt
à ne pas le perdre ; il cherche à leur persuader qu'il est beau
de mourir pour la patrie, et de donner ses jours pour défendre des chrétiens. L'armée serre ses rangs, et bien que
chacun souffre encore des blessures qu'il vient de recevoir,
on ne craint pas cependant de marcher à l'ennemi.

IX. — Ingon, homme d'un rang obscur, marche au combat portant
l'enseigne royale.

Et comme on demandait qui porterait l'enseigne du roi,
parce que de tant de nobles il n'y en avait pas un qui fût
sans blessure, et que tous déclinaient cet office, Ingon s'élance
du milieu de tous, offre de combattre, et dit avec assurance :
« Je suis d'un rang obscur, palefrenier du roi [1] ; mais, si ce
« n'est pas ternir l'honneur des grands, je porterai l'en-
« seigne royale dans les rangs ennemis ; les hasards de la
« guerre ne m'épouvantent pas, car je sais que je dois mou-
« rir une fois. » Le roi Eudes lui dit alors : « Par notre grâce

---

[1] *Agaso*, celui qui avait soin des chevaux, qui remplissait à la fois l'office de palefrenier et de maréchal ferrant.

signum excipiens, agmine densato circumseptus incedebat. Factusque cunei militaris acumen, hostes vibrabundus ingreditur. Precipitantur barbari, viresque amittunt. At regius exercitus rediens, iterum irrumpit sternitque, tertioque adortus, fere omnes opprimit. Ex quorum tumultu cum aer densatus, multo pulvere pinguesceret, Catillus¹ cum paucis per caliginem fuga sese surripuit, atque in dumetis sese abdidit. Qui cum lateret, a victoribus passim palantibus repertus atque captus est, suisque qui secum¹ latuerant² gladio transfixis, post spolia direpta Odoni regi oblatus est.

X. — Tiranni ⁴ baptismus, et ⁵ interfectio ⁶.

Utiliter ergo patrata victoria, rex tirannum captum secum Lemovicas ducit, ibique ei vitæ ac mortis optionem dedit, si baptizaretur, vitam, sin minus, mortem promittens. Tirannus mox absque contradictione baptizari petit. Sed dubium an fidei quicquam habuerit. Quia ergo pentecostes instabat sollempnitas, ac episcoporum conventus regi aderat, ab episcopis ei triduanum indicitur jejunium. Die vero constituta cum in basilica sancti Marcialis martiris, post episcoporum peracta officia in sacrum fontem ab ipso rege excipiendus descenderet, jamque trina immersione in nomine Patris et Filii et Spiritus sancti baptizatus esset, Ingo ante signifer, gladio educto lætaliter eum transverberat, ac fontem sacratum, vulneris effusione immaniter cruen-

---

¹ i, et, o *abscisa*.
¹ rex barbarorum *corr.* catillus.
² m, fa, t *abscisa*.

« et par la volonté des grands, sois porte-enseigne. » Ingon reçoit donc le drapeau, et s'avance au milieu de l'armée pressée autour de lui. Placé au sommet du coin militaire [1], il se précipite furieux sur l'ennemi ; les Barbares sont culbutés et perdent courage : l'armée du roi revient à la charge, fond sur eux et les écrase, puis enfin les attaque une troisième fois et les anéantit presque tous ; et comme ces mêlées épaississaient l'air de poussière, Catillus [2], avec un petit nombre des siens, put, à la faveur de l'obscurité, se dérober par la fuite, et se cacher dans les broussailles ; mais les vainqueurs errant çà et là, découvrirent sa retraite, et le prirent. Ils percèrent de leurs épées ceux qui l'avaient accompagné, s'emparèrent des dépouilles et l'amenèrent lui-même au roi Eudes.

X. — Baptême et meurtre du tyran.

La victoire étant donc assurée, le roi emmena le tyran captif à Limoges, où il lui laissa le choix de la vie ou de la mort : la vie avec le baptême, autrement la mort. Le tyran ne balance pas à demander le baptême ; mais il est douteux qu'il ait été éclairé par la foi. Comme la fête de la Pentecôte approchait, et comme il se trouvait près du roi une assemblée d'évêques, ils imposèrent au Barbare un jeûne de trois jours. Ce temps accompli, et les évêques ayant terminé les offices, Catillus descendit dans les fonts sacrés de la basilique de saint Martial, martyr, où le roi devait le présenter au baptême ; déjà même il était baptisé par une triple immersion, au nom du Père, du Fils et du Saint-Esprit [3], lorsque Ingon, le porte-enseigne, tirant son épée, l'en perce mortellement et rougit de sang toute la fontaine sacrée. Le roi, indigné d'un tel crime, ordonne aux

---

[1] Voir *Notes et dissertations*, sect. IV.
[2] Voir ci-dessus, page 17, note 2.
[3] Le 11 juin. (P.)

tat. Rex tantum facinus indignans, principibus frementibus homicidam rapi ac trucidari jubet. Ille gladio projecto fugiens, sancti Marcialis aram complexus est; indulgentiam ab rege ac primatibus postulans, atque loquendi locum multis clamoribus petens. Et jussu regio, de commisso facinore responsurus sistitur. Orsusque sic ait :

XI. — *Oratio Ingonis pro se apud regem et principes suasorie habita.*

Deum voluntatis meæ conscium testor, nihil mihi fuisse carius vestra salute. Vester amor ad hoc me impulit; ob vestram salutem in has me miserias præcipitavi; pro omnium vita, tantum periculum subire non expavi. Grande quidem est gestum negotium, sed major est negotii utilitas. Regiam majestatem me læsisse quidem non abnuo, sed multa commoda in facinore comparata assero. Consideretur auctoris animus, animadvertatur etiam futura facinoris utilitas. Tirannum captum, metus causa baptismum petiisse adverti; eumque postquam dimitteretur, pluribus injuriis vicem redditurum, suorumque stragem gravissime ulturum. In quem, quia futuræ cladis causa visus est, ferrum converti : hæc est mei facinoris causa; hæc me ad scelus impulit. Hoc ob regis suorumque salutem peregi. Et utinam morte mea, patriæ libertas, rerumque tranquillitas consequantur! Sed si occidor, ob regis primatumque salutem occisus videbor. Cogitet jam quisque, an pro hujusmodi mercede ei militandum sit; et an pro fide servata, tali habendus sit retributione. Ecce capitis et pectoris laterisque recentia vulnera! Patent præcedentium temporum cicatrices, dispersique per reliqua corporis membra livores. Quorum assiduis doloribus confectus, nihil post tot mala,

princes émus de saisir et de tuer l'homicide. Celui-ci jette son épée en fuyant et s'attache à l'autel de saint Martial, implorant l'indulgence du roi et des princes, et demandant à grands cris à s'expliquer. Le roi ordonna donc qu'il se justifiât de son crime, et il parla en ces termes :

XI. — Discours d'Ingon pour se justifier auprès du roi et des princes.

« Je prends à témoin Dieu, qui connaît mes intentions,
« que je n'eus jamais rien de plus cher que votre salut ;
« c'est mon amour pour vous qui m'a fait agir, c'est pour
« vous sauver que je me suis précipité dans ce malheur,
« c'est pour conserver votre vie à tous que je n'ai pas craint
« de braver un tel danger. Mon attentat est grand, en effet,
« mais les avantages en sont plus grands encore : j'ai blessé,
« je le sais, la majesté royale, mais j'affirme que mon crime
« aura d'utiles résultats. Considérez le motif de l'action,
« considérez-en aussi l'utilité dans l'avenir. J'ai compris
« que le tyran captif demandait le baptême parce qu'il avait
« peur, et qu'une fois en liberté, il nous rendrait injure
« pour injure, et vengerait impitoyablement la mort des
« siens. J'ai vu en lui l'auteur de notre ruine future, et j'ai
« porté sur lui le fer : voilà le motif de mon attentat, voilà
« ce qui m'a poussé au crime ; j'ai agi pour le salut du roi
« et des siens, et plaise à Dieu que ma mort assure la liberté
« de la patrie et la tranquillité publique ! Si je péris, je pa-
« raîtrai sacrifié pour avoir sauvé le roi et les grands ; que
« chacun examine si c'est pour une telle récompense qu'il
« doit combattre, et si sa fidélité doit être payée de la sorte.
« Voici les blessures récentes de ma tête, de ma poitrine, de
« mes flancs ! Elles paraissent aussi, les cicatrices anciennes
« et les marques livides répandues sur toutes les parties de

nisi mortem, malorum finem exspecto. Qua conquestione alios ad benivolentiam traxit, alios vero ad lacrimas impulit. Unde et milites pro eo agentes, regem demulcent, et ad pietatis clementiam suadent; nihil regi prodesse asserentes, si suorum quispiam intereat; immo in tiranni occisione gaudendum, vel quia vitæ datus sit si fidelis decessit, vel quia ejus insidiæ penitus defecerint si in dolo baptismum susceperit. Quibus rex animum temperans, tumulato barbaro, Ingonem in gratia resumit. Et insuper castrum quod Blesum dicitur ei liberaliter accommodat, eo quod is qui castri custodiam agebat, in bello pyratico occisus esset. Ejus quoque uxorem derelictam, dono regio in matrimonio Ingo sibi accopulat. Regis exinde ac principum gratia admodum usus, prospere ac feliciter omnia gerebat. Verum id in brevi. Nam vulnerum sanies male a cirurgis amputata, cum sub recutita superficie, tumorem intrinsecus operaretur, nimio humoris reumatismo, plus biennio vexatus, in lectum decidit. Unde et intercluso reumate, penitus intumuit. Sicque toto erisipilato corpore, vitam amisit, Gerlonem filium parvum superstitem relinquens, qui ab rege tutori commissus, patrimonium cum matre possedit.

XII. — Promotio * Karoli in regem *.

Interea rex a Lemovica urbe dimotus, Echolisinam petit, ac ibi quæque gerenda disponit. Nec multo post petens Petragoram, nobilium causas quæ litibus agita-

* tio, em *abscisa.*

« mon corps ; accablé par les douleurs continuelles qu'elles
« me causent, je n'attends plus, après tant de souffrances,
« que la mort qui les termine toutes. » Les plaintes d'Ingon
gagnèrent la bienveillance des uns, arrachèrent aux autres
des larmes, en sorte que les gens de guerre même intercédant pour lui adoucirent le roi et le disposèrent à une
bienveillante clémence : « Quel avantage, lui dirent-ils, le
roi peut-il trouver à la mort de quelqu'un des siens ? qu'il se
réjouisse plutôt du meurtre du tyran, car celui-ci a reçu la vie
éternelle s'il est mort dans la foi, et ses perfidies sont déjouées
s'il a reçu frauduleusement le baptême. » Ces paroles calmèrent l'esprit du roi : il fit enterrer le Barbare, reçut Ingon en
grâce, et, de plus, lui accorda libéralement le château de
Blois (893), car celui qui en avait la garde avait péri dans
la guerre contre les pirates. Le roi lui fit aussi épouser une
femme qu'il avait lui-même répudiée. Favorisé dès lors par
le roi et par les princes, Ingon fut heureux dans tout ce
qu'il entreprit ; mais ce bonheur fut court, car le sang corrompu de ses blessures, n'ayant pas été bien extrait par les
chirurgiens, forma sous les cicatrices une tumeur intérieure, en sorte qu'il fut pendant plus de deux ans tourmenté par les humeurs et obligé de garder le lit. Ces humeurs se trouvant emprisonnées, le patient vit son corps
enfler considérablement ; il se couvrit d'érésipèles, et mourut, laissant un jeune fils, nommé Gerlon, auquel le roi
donna un tuteur, et qui posséda les biens paternels, conjointement avec sa mère.

XII. — Charles est sacré roi (892).

Le roi quitta la ville de Limoges et se rendit à Angoulême, où il régla tout ce qu'il y avait à faire. Peu après,
il partit pour Périgueux, où il termina avec la plus grande
équité les différends des nobles, où il s'occupa surtout, de
concert avec les grands, des affaires publiques. Pendant

bantur ibi æquissime ordinat, plurimum¹ de communibus omnium causis apud optimates pertractans. Quibus cum foret admodum intentus, ibique per aliquot tempora sese moraturum proponeret, Fulco Remorum archiepiscopus, de Karoli promotione in regnum apud Belgas tractabat. Videbatur etenim tunc, quod præsens oportunitas huic rei aliquam commoditatem pararet. Idque plurimum persuadebat Neustriorum absentia². Etenim cum rege in partibus Aquitaniæ tunc detinebantur. Suadebant quoque multiplices adolescentis quærimoniæ. Jam enim quindennis, de regni amissione apud amicos et domesticos gravissime conquerebatur; regnumque paternum repetere multo conatu moliebatur. Ei ergo omnes Belgicæ principes, et aliquot Celticæ summopere favebant. Horum quoque consensus, sub Remensi metropolitano, sacramenti jure firmatur: ac tempore statuto conveniunt, ex Belgica quidem Coloniensis, Trevericus, atque Maguntinus metropolitani, cum suis diocesaneis episcopis, aut eorum probabilibus legatis. Ex Celtica vero Remorum prædictus metropolitanus, cum aliquot suis diocesaneis, Laudunensi videlicet, Catalaunico atque Morinensi. Anno³ autem incarnationis dominicæ³ 893. 5. Kal.⁴ Februar., die dominica, collecti Remis in basilica Sancti Remigii, Karolum quindennem regem creant; ac in urbe purpuratum, more regio, edicta dare constituunt. Et ex Celtica quidem, paucissimi ejus partes sequebantur. Ex Belgica vero, ei omnes addicti sunt. Ab illis enim devo-

---

¹ Pl. de privatis, multumque de comm. l., *linea subducta* de p. m. *deleta sunt.*
² absentia qui Sequanæ Ligerique fluviis interjacent *deleta.*
³ An, domini *abscisa.*
⁴ 5. Kal. *jam abscisa.*

que, tout entier à ces soins, il comptait rester là quelque temps, Foulques, archevêque de Reims, travaillait en Belgique à placer Charles sur le trône. Les circonstances paraissaient alors favorables à ce projet; on y était surtout encouragé par l'absence des Neustriens, retenus alors en Aquitaine auprès du roi, et par les continuelles lamentations du jeune prince. Il était arrivé à sa quinzième année, et il exprimait amèrement à ses amis et aux gens de sa maison ses regrets d'avoir perdu le trône; il cherchait par mille moyens à rentrer en possession du royaume de son père. Tous les princes de Belgique et quelques-uns de la Celtique lui étaient entièrement favorables : leur adhésion fut déposée, sous serment, entre les mains de l'archevêque de Reims. A un temps fixé, se trouvèrent réunis en assemblée, pour la Belgique, les métropolitains de Cologne, de Trèves et de Mayence[1], avec leurs évêques suffragants ou des délégués approuvés; pour la Celtique, l'archevêque de Reims, comme on vient de le dire, et quelques-uns de ses suffragants, savoir : les évêques de Laon, de Châlons et de Térouanne. Ces évêques, l'an du Seigneur 893, le 28 janvier, jour de dimanche, créèrent roi, dans la basilique de Saint-Remi de Reims, Charles, âgé de quinze ans. Ils lui firent rendre des édits dans la ville, revêtu de la pourpre, à la manière des rois. Très-peu de gens, dans la Celtique, suivaient son parti, mais tous les Belges s'attachèrent à lui; il fut accueilli par eux avec empressement, et ils le mirent, avec

---

[1] Le royaume de Lorraine appartenait alors à Arnould; ces trois évêques ne pouvaient donc pas se donner Charles pour roi. (P.) Les Annales de Metz disent tout simplement que pendant que le roi Eudes était en Aquitaine, presque tous les seigneurs français quittèrent son parti, et que Charles, fils de Louis, fut placé sur le trône par l'entremise de Foulques, archevêque de Reims, et des comtes Herbert et Pépin. Ces deux comtes étaient frères, et issus du sang de Charlemagne; le premier était comte de Vermandois, le second de Senlis (voir *Notes et dissertations*, sect. II, § 1.).

tissime exceptus, per omnes [1] eorum urbes et oppida [2] humanissime deductus est.

XIII. — Odonis [*] reditus ab Aquitania [*] ejusque obitus.

Quod factum Odo rex comperiens, ab Aquitania redit; urbemque Turonicam petens, sanctum Martinum donis regalibus honorat. Sicque Parisii receptus, sanctos martires Dionisium, Rusticum et Eleutherium magnifice donat. Tandem fluvio Matrona remenso, Belgicam ingreditur; ac oppido receptus, quod dicitur Fara, præ nimia anxietate insomnietatem pati cœpit. Quæ cum nimium succresceret, mentis alienationem operabatur. Superantibusque humoribus, anno regni sui decimo, ut quidam ferunt mania, ut alii frenesi, finem vitæ accepit. Tumulatur [3] vero cum [3] multo suorum lamento, in basilica Sancti [3] Dionisii martiris.

XIV. — Mores Karoli.

Karolus itaque rex creatus, ad multam benivolentiam intendebat. Corpore prestanti, ingenio bono simpliciqne [4]; exercitiis militaribus non adeo assuefactus, at litteris liberalibus admodum eruditus; in dando profusus, minime avarus; duplici morbo notabilis : libidinis intemperans, ac circa exsequenda juditia paulo neglegentior fuit. Galliarum principes ei animo ac sacramento annexi sunt. Necnon et Rotbertus Odonis regis defuncti

[*] Odonis, ia *abscisa*.
[1] per o *abscisa*.
[2] et opp *abscisa*.
[3] Tu, cum m, sc *abscisa*.
[4] s. Cui etiam in primis adolescentiæ annis. Pax atque tranquillitas rei publicæ concordia suorum. Commoditas privatorum grata fuere. Id vero in brevi. *deleta*.

les plus grands égards, en possession de toutes leurs villes et de leurs places fortes [1].

XIII. — Eudes revient d'Aquitaine; sa mort (998).

Le roi Eudes, ayant appris ce qui s'était fait, revint d'Aquitaine. En passant à Tours, il offrit à saint Martin son offrande royale; arrivé à Paris, il fit de même de magnifiques présents aux saints martyrs Denys, Rustique et Éleuthère, traversa enfin la Marne et entra en Belgique. Lorsqu'il fut parvenu dans le lieu appelé La Fère, un chagrin excessif lui ravit d'abord le sommeil, puis allant toujours croissant, détermina chez lui une aliénation mentale; enfin, suffoqué par les humeurs, il mourut de folie selon quelques-uns, selon d'autres du délire, la dixième année de son règne [2]. On l'enterra dans la basilique de saint Denys, martyr, où l'accompagnèrent les gémissements des siens.

XIV. — Caractère de Charles.

Charles, devenu roi, se montra plein de bienveillance; il était beau de corps, d'un naturel simple et bon; il avait peu d'habitude des exercices militaires, mais il était très-versé dans l'étude des lettres; il donnait avec libéralité, et ne connut point l'avarice. Il eut deux grands défauts : il se livra au plaisir avec excès, et négligea un peu trop de rendre la justice. Les princes des Gaules s'attachèrent à lui et de cœur et par serment; Robert même, homme habile et plein

---

[1] Ses partisans le firent venir d'Angleterre, où il s'était retiré, pour l'opposer à Eudes.

[2] Eudes mourut à La Fère sur l'Oise, le 1er janvier 898, âgé de quarante ans; mais entre le couronnement de Charles à Reims en 893 et cette mort, il se passa bien des événements dont notre auteur ne dit rien. Ainsi Eudes met en fuite Charles et poursuit les grands qui le favorisent. Charles va implorer la protection d'Arnould, roi de Germanie. La paix se fait enfin, et Eudes fait un partage du royaume avec Charles en 896, partage dont l'effet se continue jusqu'en 898 où la mort d'Eudes laisse tout le royaume entre les mains de Charles.

frater, vir industrius atque audatia plurimus, sese militaturum regi accommodat [1]. Quem etiam rex Celticæ ducem præficit, ac in ea omnium gerendorum ordinatorem concedit; ejus [2] fere per quadriennium consilio utens, eique admodum consuescens. A quo per Neustriam deductus [3], urbibus atque oppidis ab eo receptus est. Urbemque Turonicam petens, plurima auri atque argenti talenta, sancto Martino liberaliter impertit. A cujus servitoribus pro sese fieri deprecationes postulans, perpetim cotidianas obtinuit. Inde quoque omnibus obtentis rediens, Belgicam repetit, ac Sanctum Remigium donis egregiis honorat. Et sic Rotberto Gallia [4] Celtica collata, in Saxoniam [5] secedit; cujus urbes sedesque regias lustrans cum oppidis, nullo renitente obtinuit. Ubi [6] etiam Heinricum regio genere inclitum, ac inde oriundum, ducem omnibus præficit. Sarmatas [7] absque prælio subditos habuit. Anglos [8] quoque ac reliquos transmarinorum populos, mira benivolentia [9] sibi adegit. Vix tamen [10] per decennium [10]. Et forte felicissimus per omnia fuisset, si in uno nimium non errasset.

[1] a. Rex ergo principibus stipatus. ac multo suorum obsequio inclitus. more regio leges condit. ac decreta edicit. Rotbertum quoque *deleta*.

[2] c. plurimum *deletum*.

[3] d. quæ est celticæ pars *deleta*.

[4] *Hæc usque* præficit *Ekkehardus Uraug. in hist. Heinrici sed haud accurate exscripsit.*

[5] belgicam *corr.* saxoniam.

[6] *Ubi usque* præficit *corrigentis manu adjecta.*

[7] S. quoque *deletum*.

[8] Anglorum *deletum*

[9] b. militare *deletum*.

[10] en, nium *abscisa*

de courage[1], Robert, frère du feu roi Eudes, ne refusa pas de lui rendre le service militaire[2]. Le roi le fit duc de la Celtique[3] et lui en confia l'entière administration. Pendant près de quatre ans, il l'eut pour conseiller et le prit en grande affection. Robert le conduisit dans la Neustrie, dont il lui ouvrit les villes et les places fortes. Charles gagna ensuite la ville de Tours, où il offrit magnifiquement à saint Martin de nombreux talents d'or et d'argent. Il demanda aux desservants de la basilique de faire pour lui des prières, et il en obtint en effet pour tous les jours et à perpétuité. Il s'en revint, ayant réussi en tout point, regagna la Belgique, et fit au monastère de Saint-Remi des présents considérables. Après avoir donc confié à Robert la Gaule celtique, il se rendit dans la Saxe[4]; il en parcourut les villes, les demeures royales, les places fortes, dont il prit possession sans difficulté; puis il donna pour duc aux Saxons, Henri, de race royale et originaire du pays. Il obtint sans combattre la sujétion des Sarmates. Il s'attacha aussi par sa grande bonté les Anglais et les autres peuples d'outre-mer; mais les choses durèrent ainsi dix ans à peine. Peut-être eût-il été parfaitement heureux en tout, s'il ne se fût gravement trompé sur un seul point[5].

---

[1] Robert le Fort laissa deux fils, Eudes et Robert; tous les trois eurent le titre de ducs de Neustrie ou de France, et de comtes de Paris.

[2] Voir *Notes et dissertations*, sect. v.

[3] C'est-à-dire de la Neustrie ou de ce qu'on appela depuis la France. Voir *Notes et dissertations*, sect. I, § 2.

[4] On s'aperçoit, en comparant ici et dans les chapitres suivants la première leçon avec la seconde, que l'auteur, entraîné par une sorte de patriotisme déraisonnable, a substitué les Saxons aux Belges, et Henri à Gislebert. On doit refuser toute créance aux mêmes faits rapportés par Eckard d'Urangen; et il faut en revenir à la première leçon annotée ci-contre au bas de la page. (P.)—Il s'agit ici du duc de Saxe, Henri Ier ou l'Oiseleur, qui devint roi de Germanie en 919 (voir *Notes et dissertations*, sect. II, § 2),

[5] Le portrait que Richer trace ici de Charles le Simple est évidemment beaucoup trop favorable à ce roi.

XV. — Nimia Karoli* dilectio* erga Haganonem*.

Nam cum multa benignitate principes coleret, præcipua tamen beatitudine Haganonem habebat, quem ex mediocribus potentem effecerat; adeo ut magnatibus quibusque longe absistentibus, ipse regio lateri solus hæreret, pilleum etiam a capite regis sepissime sumptum, palam sibi imponeret. Quod etiam multam regi intulit labem[1]. Etenim primates id ferentes indignum, regem adeunt, ac apud eum satis[2] conqueruntur, hominem obscuris parentibus natum, regiæ dignitati multum derogare, cum acsi indigentia nobilium, ipse tanquam consulturus regi assistat. Et nisi a tanta consuetudine cesset, sese a regis consilio penitus discessuros. Rex dissuasionibus his minime credulus, a dilecto non cessit.

XVI. — Indignatio** Rotberti** in Haganonem**.

Interea Belgicæ[3] urbibus[4] atque oppidis firmissime optentis[5], in Celticam redit, ac urbe Suessonica recipit sese. Huc ex omni Gallia principes confluunt. Huc etiam minores[6] multo favore conveniunt. Inter quos cum Rotbertus, in majore gratia apud regem sese haberi putaret, utpote quem ducem in Celtica omnibus præfecerat, cum

* ia, Karoli, io, Haganonem *abscisa*.
** natio, tberti, anonem *abscisa*.
[1] calamitatem *corr.* labem.
[2] s. inde *deletum*.
[3] *in loco raso sed atramento et manu eisdem.* Galliarum *Ekkehardus qui hæc exscripsit.*
[4] finibus *corr.* urbibus.
[5] cum paschalis sollemnitas immineret, Aquisgrani palatio sese recepit. Huc *Ekkehardus.*
[6] mediocres *Ekkehardus.*

XV. — Attachement excessif de Charles pour Haganon.

Quoique le roi eût beaucoup de bienveillance pour les princes, cependant il avait une affection toute particulière pour Haganon, qu'il avait tiré d'un rang obscur pour l'élever au pouvoir[1]; cela fit que les grands s'éloignèrent de lui, et que le seul Haganon resta près de sa personne, allant souvent jusqu'à ôter le chapeau qui couvrait la tête du roi et à le placer sur la sienne. Tout cela fit beaucoup de tort à Charles: les grands indignés vinrent le trouver pour se plaindre de ce qu'un homme de naissance obscure avilissait la dignité royale en se posant en conseiller du prince, comme s'il y avait faute de noblesse, menaçant, s'il ne renonçait à une telle familiarité, de se retirer entièrement du conseil du roi. Charles ne tint compte de ces remontrances et n'éloigna point son favori.

XVI. — Indignation de Robert contre Haganon (920).

Cependant, lorsque le roi se fut bien assuré des villes et des places fortes de Belgique, il revint dans la Celtique et se retira dans la ville de Soissons; les princes s'y rendirent aussi de toutes les parties de la Gaule; les gens de moindre condition y accoururent de même avec empressement[2]. On y

---

[1] On ne sait rien de plus sur l'origine d'Haganon, ce ministre favori de Charles le Simple.

[2] Des ducs y viennent aussi, savoir: « Henri de la Saxe et Robert de la
« Gaule. Ils assiégent chaque jour les portes de la chambre royale, chaque
« jour ils attendent que le roi sorte des appartements intérieurs du palais.
« Et comme durant quatre jours ils ne reçoivent aucune réponse, Henri,
« irrité à l'excès, dit, à ce qu'on rapporte, ou qu'Haganon régnerait avec
« Charles ou que Charles et Haganon seraient réduits à la condition de
« simples particuliers, et ils s'éloignèrent avec indignation de ce roi in-
« sensé. » (Eckard d'Urangen.) Cet auteur raconte ensuite en trois lignes la
réconciliation d'Henri et de Charles par l'entremise d'Hervé (voir chapitres XXIII et XXIV ci-après). Il n'y a dans le manuscrit aucune trace de cette fable, qui, du reste, est parfaitement conforme à l'esprit de Richer; et ce que dit Richer (chap. xx) de la cause de la mésintelligence qui éclata entre le roi et Henri prouve qu'elle ne fut jamais écrite par notre au-

rex in palatio sedisset, ejus jussu dux dexter, Hagano quoque ei levus pariter resedit. Rotbertus vero dux tacite indignum ferebat, personam mediocrem[1] sibi aequari, magnatibusque preponi. At iram mitigans, animum dissimulabat, vix regi pauca locutus. Celerius ergo surgit, ac cum suis consilium confert. Quo collato, regi per legatos suggerit, sese perferre non posse sibi Haganonem aequari, primatibusque anteferri. Indignum etiam videri hujusmodi hominem regi haerere et Gallorum nobilissimos longe absistere; quem nisi in mediocritatem redigat, sese eum crudeli suspendio suffocaturum. Rex dilecti ignominiam non passus, facilius se omnium colloquio, quam hujus familiaritate posse carere respondit. Quod nimium Rotbertus indignatus, cum optimatibus plerisque injussus Neustriam petit, ac Turonis sese recipit. Multam ibi de regis levitate indignationem[2] habens. Plurima etiam ut in se transfundatur rerum summa, apud suos caute pertractans. Quamvis[3] etenim regi[3] faveret, non[3] mediocriter tamen ei regnum invidebat[3], cum sibi post[3] fratrem hereditandum[3] magis videret. Nonnulla quoque moliebatur in Fulconem Remorum metropolitanum, qui regem a cunabulis educaverat, atque in regnum promoverat. Videbatur etenim, quia si is solum deperiret, facilius refundi in sese regnum potuisset. Id etiam apud Balduinum Morinorum principem admodum agitabat. Hic enim ab eo[4] persuasus, ejus partes jam rege deserto sequebatur.

[1] ignobilem *corr.* mediocrem.
[2] querimoniam *corr.* indignationem.
[3] Q. r, non, men, vj, po, dit *abscisa*.
[4] a rotberto *deletum*

voyait Robert, qui se croyait le plus avant dans la faveur du roi, parce que Charles l'avait placé comme duc au-dessus de tous en Celtique¹. Le roi siégeant dans son palais fit asseoir le duc à sa droite et Haganon à sa gauche. Robert éprouva une secrète indignation de voir qu'un homme de basse extraction était traité comme son égal, et mis au-dessus des grands. Mais il comprima sa colère et dissimula son ressentiment, ne s'entretint que très-peu avec le roi, puis se leva bien vite pour se concerter avec les siens ; ensuite il envoya dire à Charles qu'il ne pouvait supporter qu'Haganon fût mis sur le même rang que lui, et préféré aux grands du royaume ; qu'il lui paraissait indigne que le roi attachât à sa personne un homme de cette espèce, et mît à l'écart les plus nobles des Gaulois ; que si Charles ne faisait rentrer Haganon dans sa condition première, lui-même le ferait pendre impitoyablement. Le roi, ne pouvant souffrir l'outrage fait à son favori, répondit qu'il se passerait plus facilement du commerce de tous les autres que de l'intimité d'Haganon, ce qui indigna tellement Robert que, sans en attendre l'ordre, il partit pour la Neustrie avec la plupart des princes². Il se retira à Tours, gardant un grand ressentiment de la conduite inconsidérée du roi : il agit même adroitement auprès des siens pour se faire transférer l'autorité souveraine ; car bien qu'il fût favorablement disposé pour Charles, il ne laissait pas cependant de lui envier fortement le trône, lorsqu'il se représentait qu'après la mort de son frère il aurait dû en hériter. Il machinait aussi contre Foulques, archevêque de Reims qui, après avoir élevé le roi depuis le berceau, l'avait placé sur le trône³ ; il lui semblait que la mort de l'archevêque seule suffisait pour lui faciliter la possession du

teur. (P.) Ajoutons que le récit de la conjuration des grands n'est pas complet dans Richer.

¹ Voir ci-dessus, chap. xiv.

² Le roi fut abandonné de tous les grands, à l'exception d'Hervé, archevêque de Reims (voir p. 43, n. 1.) qui l'emmena dans son évêché, où il le retint jusqu'à ce qu'il l'eût réconcilié avec les princes.

³ Charles avait été élevé en Angleterre.

XVII. — *Interfectio Fulconis archiepiscopi.*

Quo rex comperto, in Balduinum fertur, ac multa obsidionis vi castrum Atrabatum ab eo aufert, atque cum tota sancti Vedasti abbatia, Fulconi prædicto metropolitano concedit. At post aliquot tempora metropolitanus ob itineris longinquitatem fratrumque[1] incommoditatem[1] Altmarum comitem accersiens[2], abbatiam sancti Medardi quam ipse comes tenebat, ab eo accipit, et pro ea abbatiam sancti Vedasti cum castro Atrabato rationibus utrimque habitis ei impertit. Unde et ad nimiam pertrahitur Balduinus crudelitatem. Multaque affectus anxietate, ad ultionem penitus sese convertit. Amicitiam ergo circa metropolitanum simulat. Per legatos quoque multam benivolentiam mandat[3], fidemque spondet. Illud tamen multa suorum curiositate observat, utrum privatus an cum copiis regis palatium petere consuescat; privatum multo nisu impetere cupiens. Hæc dum sic haberentur, pro regiis causis contigit episcopos Belgicæ apud regem congregari. Unde et metropolitanus accersitus cum iter accelerare pararet, incautus cum paucis festinabat. Cui mox affuit quidam Winemarus cum cohorte a Balduino missus[4]. Metropolitanus cum esset cum paucis, a cohorte cum suis interceptus est. Nulli fugæ locus patuit. Omnes circumvallantur atque impetuntur. Admodum utrimque dimi-

[1] fra, mo, *abscisa.*
[2] a. rationibus habitis *deleta.*
[3] spondet *corr.* mandat.
[4] m. omnium quos terra sustinet sceleratissimus *deleta.*

royaume[1]. Il travaillait donc fortement auprès de Baudouin, prince des Morins[2], qui, à son instigation, avait déserté le parti du roi pour s'attacher à celui du duc.

XVII. — Meurtre de l'archevêque Foulques (899-900).

(899) Ayant appris ce qui se passait, le roi marcha contre Baudouin[3], et assiégea vigoureusement la place d'Arras, qu'il lui enleva et qu'il donna à l'archevêque Foulques, avec l'abbaye de Saint-Vast. Mais au bout de quelque temps, la grande distance et l'incommodité qu'en éprouvaient les frères engagèrent l'archevêque à proposer au comte Altmar l'échange de l'abbaye de Saint-Médard, que possédait ce comte, contre celle de Saint-Vast et le château d'Arras, ce qui eut lieu en effet[4].

(900) Tout cela poussa Baudouin à un grand acte de cruauté; la rage dans le cœur, il se livra tout entier à la vengeance ; il feignit donc d'éprouver de l'amitié pour l'archevêque, et lui envoya des messagers pour l'en assurer et pour lui engager sa foi. Cependant il eut grand soin de s'informer par ses gens si Foulques avait coutume de se rendre seul ou accompagné au palais du roi, cherchant avec ardeur l'occasion de l'assaillir isolé. Sur ces entrefaites, les évêques de Belgique furent convoqués pour venir près de Charles traiter d'affaires publiques. Foulques se disposait à se rendre sans retard à l'appel du roi, et, sans la moindre défiance, il cheminait accompagné de peu de

---

[1] L'ordre des dates montre assez que le meurtre de Foulques ne se lie pas à l'affaire d'Haganon. (P.) Foulques fut assassiné, comme on le verra tout à l'heure, l'an 900; en 920, l'archevêché était entre les mains d'Hervé.

[2] Baudouin, comte de Flandre, fils de Baudouin et de sa femme Judith, fille de Charles le Chauve (voir *Notes et dissertations*, sect. II, § 1.)

[3] Le roi marcha contre Baudouin, parce que celui-ci s'était emparé de Péronne.

[4] Richer suit ici l'Histoire de Reims de Flodoard (IV, 10). Les Annales de Saint-Vast et la Chronique de Saint-Bertin portent, sous l'an 899, que le roi Charles assiége le fort de Saint-Vast, qui lui est remis par Baudouin, et qu'il donne au comte Altmar.

cant. Utrimque fusi procumbunt. Winemarus metropolitanum adortus, lancea inermem transfigit[1], atque inter suos septem vulneribus sauciatum præcipitat. Cui cum adhuc ictus intenderet, quidam suorum multo episcopi amore ducti, super eum procumbunt. Qui cum eo mox transfixi atque occisi sunt. Quatuor tantum fuga labuntur[2], qui rei negotium Remis demonstrant. Tunc vero magna militum manus, ab urbe mox cum armis educta, adversarios persequi conatur. Sed eis elapsis, dominum occisum cum suis colligunt, atque multo doloris lamento Remos deportant, cum sacerdotibus sacerdotem plurimo dignitatis obsequio condentes.

XVIII. — Wiuemari[*] interitus[*].

Interea collectis apud regem episcopis, talia mox referuntur. Quod etiam omnibus nimium animi incussit dolorem. Rex ipse in lacrimas dissolutus, de casu pontificis[3] adeo conquestus est. Episcopi quoque in fratris morte et coepiscopi, multa commiseratione condoluere. Initoque consilio, Winemarum cum suis complicibus, horribili anathemate damnant. Qui in brevi deficiens, insanabili ydropis morbo a Deo percussus est. Ventre itaque turgidus, exterius quidem lento igne, interius vero immani incendio urebatur. Ingens tumor

[*] e, in *abscisa*.
[1] tranfigit *codex*.
[2] ereptis f.
[3] amici *corr.* pontificis.

monde. Bientôt s'offrit à lui, à la tête d'une troupe nombreuse[1], un nommé Winemare, émissaire de Baudouin. L'évêque et sa petite escorte surpris par l'ennemi ne purent fuir. Ils furent enveloppés, assaillis ; des deux côtés on combattit vaillamment, des deux côtés on tomba çà et là ; Winemare attaquant le prélat désarmé, le transperça de sa lance, et le renversa au milieu des siens, couvert de sept blessures[2] ; Winemare allait porter de nouveaux coups, lorsque quelques hommes du parti de l'évêque, n'écoutant que leur dévouement, le couvrirent de leur corps; mais, percés bientôt eux-mêmes, ils furent tués avec Foulques. Quatre personnes seulement parvinrent à fuir et coururent raconter à Reims ce qui se passait. Alors partit de la ville une troupe nombreuse de soldats qui se mirent à la poursuite de l'ennemi, mais il avait disparu. Ils recueillirent les corps de l'évêque et des siens, et, accablés de douleur, les transportèrent à Reims, où ils enterrèrent le prélat à côté des autres prélats, avec tous les honneurs dus à sa dignité.

XVIII. — Mort de Winemare.

Cependant les évêques réunis près du roi furent bientôt informés du fait ; ils en éprouvèrent le plus vif chagrin ; le roi lui-même fondit en larmes, tant il déplora la perte de l'évêque. Les évêques aussi se montrèrent profondément affligés de la mort d'un frère, d'un collègue ; ils tinrent conseil et lancèrent un effroyable anathème sur Winemare et sur ses complices[3]. Winemare commença bientôt à dépérir, et

---

[1] *Cum cohorte* (voir *Notes et dissertations*, sect. IV).

[2] Le 16 juin l'an 900. Foulques mourut le surlendemain. Les circonstances du meurtre de l'archevêque sont rapportées autrement dans les Chroniques de Saint-Vast et de Saint-Bertin. Baudouin aurait été trouver le roi pour se faire rendre Arras ; mais Herbert, comte de Vermandois et Foulques lui auraient été opposés ; il aurait envoyé Winemare près de Charles dans la vue de se rendre Foulques favorable ; mais l'envoyé, voyant que Foulques était inflexible, l'aurait percé à coups de lance comme il retournait de Compiègne à Reims (dans D. *Bouq.*, t. VIII, 93, B ; IX, 74, B. C.), Voir aussi les Annales de Metz et la Chronique de Sigebert de Gemblours.

[3] Ce ne sont pas les évêques réunis près du roi qui lancèrent l'anathème ;

pedum non deerat. Verenda vermibus scaturiebant. Crura tumentia ac lucida. Anelitus fetidus. Viscera etiam paulatim per colum diffluebant. Super hæc omnia sitim intollerabilem sustinebat. Appetitum vero comedendi aliquando habebat, sed cibi illati fastidium inferebant. Insomnietatem jugem patiebatur. Omnibusque factus intolerabilis, omnibus horrori[1] habitus est. Itaque amici atque domestici ab eo dimoti sunt, multo ejus corporis fetore confecti; in tantum ut nullus medicorum, saltem medendi causa ad eum accedere posset. Quibus omnibus dissolutus, omni christianitatis communione privatus, a vermibus ex parte jam consumptus, flagiciosus ac sacrilegus ab hac vita pulsus est.

XIX. — Promotio * Herivei in * episcopatum *.

Sepulto vero domno Fulcone metropolitano, Heriveus vir spectabilis et palatinus, episcoporum consensu, et Remensium conibentia in pontificatu, regis donatione, succedit. Quorum uterque quanta utilitate, quantaque religione in æcclesia Remensi floruit, si quis ad plenum[2] dinoscere[2] cupit[2], legat librum Flodoardi presbiteri, quem ab urbe condita de ejusdem urbis episcopis uberrime descripsit. Adepto quoque Heriveus pontificatu, multa fide regem sequebatur, desertoribus adeo infestus. Erlebaldum Castricensium comitem, qui res sui episcopii pervaserat, et oppidum quod vocant Macerias obtinebat, more æcclesiastico prius quidem

* tio, in, tum *abscisa.*
[1] *vox abscisa.*
[2] enum, e cupit *abscisa.*

Dieu le frappa d'une hydropisie incurable. Pendant que son ventre enflait, un feu lent le brûlait extérieurement ; à l'intérieur, un violent incendie le dévorait. Ses pieds éprouvèrent une enflure considérable ; il sortait des vers de ses parties naturelles ; ses jambes étaient enflées et luisantes, son haleine fétide ; la colique faisait sortir peu à peu ses intestins, avec tout cela il éprouvait une soif intolérable ; quelquefois il se sentait envie de manger, mais ce qu'on lui présentait excitait aussitôt son dégoût ; il était en proie à une insomnie continuelle. Il devint insupportable à tous, et pour tous un objet d'horreur. Ses amis et ses domestiques s'éloignèrent de lui, ne pouvant supporter la puanteur de son corps, qui était telle, que nul médecin ne pouvait l'approcher, même pour le soigner. Dévoré par tous ces maux, privé de la communion chrétienne, déjà en partie rongé par les vers, infâme et sacrilége, il fut rejeté de cette vie.

XIX. — Hervé est promu à l'épiscopat.

Après la sépulture de l'archevêque Foulques, le roi, du consentement des évêques et d'accord avec les habitants de Reims, lui donna pour successeur Hervé, homme considérable et dignitaire du palais[1]. Si l'on désire connaître à fond combien l'un et l'autre furent utiles à l'église de Reims, et quelle piété ils y firent paraître, qu'on lise le livre très-détaillé du prêtre Flodoard sur les évêques qui depuis la fondation de la ville ont régi son église. Parvenu à l'épiscopat, Hervé conserva au roi une inviolable fidélité et se montra ennemi déclaré de ceux qui l'abandonnaient. Erlebald, comte de *Castricum*[2], s'était emparé de biens dépendant de

mais les évêques réunis à Reims le 6 juillet l'an 900 (*Concil.*, ix, p. 481). Si l'on en croit la Chronique de Saint-Bertin, le pape Jean IX lança aussi une excommunication contre les meurtriers de Foulques (dans *D. Bouq.*, ix, 74).

[1] Il était neveu par sa mère du comte Hubaut. Flodoard, dans son *Histoire de l'Église de Reims*, l'appelle *vir genere nobilis* (voir *Notes et dissertations*, sect. III, § 2).

[2] Le *pagus Castricensis* était situé sur la Meuse. Il forma ensuite le *comitatus Reitestensis* ou comté de Réthel. On voit du reste qu'il y a ici une grande lacune.

ut resipiscat ammonet, post vero anathemate damnat. Qui cum sibi nec damnatus satisfaceret, in eum cum multis militum copiis fertur, oppidumque multa obsidione per quatuor ebdomadas vehementer adurget. Erlebaldus continuam non ferens impugnationem, clam ab oppido cum aliquot suorum dilabitur. Qui vero remanserant victi, portis mox patefactis, metropolitano cedunt. Eisque ejectis, suos ibi deposuit, ac de toto pago Erlebaldum profugum disturbavit.

XX. — Ad Renum * mutua petitio *, ac comitis * Erlebaldi * occisio.

Rex[1] in pagum Warmacensem, locuturus Heinrico Transrhenensi, concesserat. Huc quoque Erlebaldus comes advenit, apud regem deploraturus a Remensium metropolinato sese immaniter habitum. Heinricus apud regem de[2] rerum dispositionibus, fidelissime satagebat. Cui rei cum[3] admodum intenderet, Germanorum Gallorumque juvenes linguarum[3] idiomate[4] offensi, ut eorum mos est, cum multa animositate maledictis sese lacessire[5] cœperunt; consertique gladios exerunt, ac se adorsi, lœtaliter sauciant. In quo tumultu, cum ad litem sedandam Erlebaldus comes accederet, a furentibus occisus est. Rex proditionem ratus, ocius surgit, suisque stipatur. Heinricus vero[6] dolum arbitrans, classem repetit, atque a regiis stipatoribus Rhenum

* Ad R̃, p, tis E *abscisa*.
[1] Capp. xx-xii. *Trithemius ad a.* 895 *exscripsit*.
[2] de amicicia inter se habenda plurimum s. *deleta*.
[3] c. uterque *deletum*.
[4] ling, ma *abscisa*.
[5] impetere *corr.* lacessire.
[6] v. rerum nescius *deleta*.

Reims et retenait la place de Mézières. Hervé, selon l'usage ecclésiastique, employa d'abord les admonitions afin de ramener Erlebald, mais ensuite il le frappa d'anathème (920). Erlebald n'en tenant compte, l'évêque marcha contre lui avec des forces considérables et l'assiégea vigoureusement pendant quatre semaines. Le comte ne pouvant soutenir un siége continu, s'échappa secrètement avec quelques-uns des siens. Les portes furent bientôt ouvertes, et ceux qui restaient encore dans la place se rendirent au métropolitain. Celui-ci les expulsa, les remplaça par des hommes à lui, et Erlebald fut chassé de tout le canton [1].

XX. — Des deux côtés on se rend sur le Rhin. — Meurtre du comte Erlebald.

Charles s'était rendu dans le territoire de Worms pour se concerter avec Henri d'Outre-Rhin [2]. Le comte Erlebald y vint de son côté pour se plaindre au roi des violents procédés de l'archevêque de Reims. Henri s'employa avec le zèle le plus louable à régler les affaires du roi; mais pendant qu'il y était occupé tout entier, des jeunes gens de Germanie et de Gaule, choqués de la différence des langues, en vinrent, selon la coutume, aux plus violentes injures; puis, le fer à la main, ils fondirent les uns sur les autres, et se portèrent des coups mortels. Le comte Erlebald s'étant avancé au milieu de la mêlée, pour séparer les combattants, fut tué par ces furieux. Le roi croyant à une trahison, se leva précipitamment, et les siens se pressèrent autour de lui; Henri, de son côté, crut à un piége, regagna sa flotte, et se vit forcé par les troupes du roi Charles à repasser le Rhin [3].

[1] A partir d'ici et jusqu'au chap. xxi du liv. iii, Richer a suivi presque pas à pas la Chronique de Flodoard (voir notre Introduction). Nous noterons soigneusement les endroits dans lesquels son texte s'éloigne de celui du chroniqueur.

[2] Henri Ier, dit l'Oiseleur, devenu roi de Germanie en 919 (voir chapitres xiv et xv, n.; voir aussi *Notes et dissertations*, sect. ii, § 2).

[3] Selon Flodoard, le comte Erlebald étant allé trouver le roi campé dans le territoire de Worms contre Henri de Germanie, fut tué par les ennemis du roi (*Flod. Hist.*, iv, 16; *Chron.*, ann. 920).

transire cogitur¹. Existimabant² enim hi³ qui regi assistebant³, eum in dolo venisse. A quo etiam tempore⁴ Karolo infestus ferebatur.

XXI. *Desertorum ⁕ dolosa regi ⁕ Karolo persuasio de Haganonis ⁕ abjectione.*

Hinc itaque Heinrico, inde Rotberto duce Karolus urgebatur; factusque eorum medius, utrimque premebatur. Post hæc ad interiora Belgicæ rediens, urbe Suessonica sese recipit, multam ex hujusmodi infortunio apud suos agitans quærelam. Huc etiam ex Belgica quo Celticæ conlimitat, atque ex Celtica principes nonnulli confluunt. Sed et Rotbertus dux propinquior factus, Stampis sese recipit, ac ad palatium legatos dirigit, regalia negotia inde experturus. At qui confluxere, Rotberti partes tuebantur, cujus suasu capti, de Haganonis abjectione apud regem pertractant, non ut id fieri velint, sed ut regnandi occasio Rotberto paretur. Abjectionem itaque Haganonis leviter suadent, ducem etiam a se discessurum si non abjiciat, mediocri assertione demonstrant; quatinus levi objurgatione rex ammonitus, cœptis insistere non formidet; unde et post contra eum justissimam indignationis causam se habituros arbitrabantur. Quod etiam totum ad vota eorum provenit; nam rex nulla⁵ suasione affectus, numquam a dilecto sese discessurum respondit; idque

⁕ Dese, regi, de Haganonis *abscisa.*

¹ c. Qua die nihil concordiæ, nihil amiciciarum inter eos habitum est *deleta.*

² Exis *abscisum.*

³ hi, bant *abscisa.*

⁴ 1. heinricus *deletum.*

⁵ levissima *corr.* nulla.

Ceux qui accompagnaient le roi pensèrent que Henri était venu en traître, car dès lors on le disait ennemi de Charles.

XXI. — *Des transfuges viennent perfidement engager Charles à renvoyer Haganon.*

Charles fut donc alors serré d'un côté par Henri, et de l'autre par le duc Robert; placé entre les deux, il se trouva pressé de toutes parts. Il revint ensuite dans l'intérieur de la Belgique, et se retira dans la ville de Soissons, d'où il adressa aux siens des plaintes amères sur ses malheurs. Vers lui se rendirent quelques princes des provinces belges limitrophes de la Celtique et de cette même province celtique. Mais le duc Robert s'étant rapproché, s'établit dans Étampes et dépêcha des envoyés au palais pendant qu'il surveillait de son côté les démarches du roi. Les princes mêmes venus vers Charles étaient dans les intérêts de Robert; à l'instigation du duc, ils demandèrent au roi le renvoi d'Haganon, non qu'ils désirassent l'obtenir, mais pour préparer à Robert l'accès au trône. Ils ne conseillent donc qu'assez faiblement au roi d'abandonner son favori; ils lui représentent, sans beaucoup insister, que, s'il ne le renvoie, le duc se séparera de lui, espérant bien que le roi, averti mollement, ne manquerait pas de persévérer dans sa conduite, ce qui leur donnerait une excellente occasion de faire éclater contre lui leur indignation. Tout alla au gré de leurs vœux, car le roi ne tint nul compte du conseil, répondit que jamais il ne se séparerait d'Haganon, et insista longuement là-dessus[1]. Quand le duc Robert vit cette résolution bien arrêtée dans l'esprit du roi, il envoya des messagers à Henri

---

[1] Ces détails et ceux qui vont suivre ne se trouvent dans aucun autre auteur. Flodoard dit seulement que presque tous les comtes français abandonnèrent le roi Charles, *reliquerunt,* parce qu'il ne voulait pas renoncer à son conseiller Haganon; que l'archevêque de Reims le reçut lorsque tous l'avaient délaissé, *cum omnes cum deseruissent.*

multis sententiarum sermonibus asserebat. Quod cum[1] Rotbertus dux in ejus animo fixum perciperet, Heinrico Transrhenensi[2] per legatos[2] de regis ejectione[2] suadet[2]. Compererat[2] enim[2] cum a regiis stipatoribus[2] in fugam[2] coactum, unde[2] et de se fidem[2] continuo facit[2]. Cujus consensu tirannus mox lætus[3], in sese regnum[4] transferre[4] diligentissime[4] laborabat[4] : largitur itaque plurima, atque[5] pollicetur infinita[5]. Tandemque[6] inductos de transfugio jam principes aperte alloquitur; regem inquiens Suessionis sese privatum[7] habere; Belgas præter paucissimos ad sua discessisse. Unde et rei commoditatem adesse memorabat[8], facillime et ex æquo regem posse capi asserens, si ipsi omnes palatium adeant, acsi consulturi, in ipso quoque palatii cubiculo inter consulendum regem capiant teneantque. His favent omnes pene ex Celtica, et de patrando facinore, apud tirannum conjurant. Palatium ergo adeunt, regemque utpote consulturi stipant. Intromissum vero cubiculo, ut paucis allocuti sunt, capiunt ac tenent.

XXII. — Heriveus * metropolitanus * Karolum a desertoribus * captum liberat * Remosque ducit *.

Jamque abducere nitebantur, cum metropolitanus Heriveus cum copiis repentinus urbem Suessonicam

* us, litanus, rto, m liberat, ucit *abscisa.*
[1] c. principes in e. a. f. perciperent 1. *Post quatuor lineis tota captionis historia absoluta erat, quibus jam erasis, secunda manu omnia usque* Regis enim sollicitus, desertorum fraudem præsenserat *adscripta sunt.*
[2] rans, legat, ejec, et, Com, im, stipa, fugam, un, idem, acit *obscisa.*
[3] mo.... tus *vel* me.... tus *codex; media excisa sunt.*
[4] reg, erre, issime, abat, itaque, atque *abscisa.*
[5] *Ita Trith. — mediis abscisis* in *et* ta *plana sunt; igitur majora haud recipiendum erat.*
[6] emque *abscisum.*
[7] un *abscisum.*
[8] *primum* a *abscisum.*

d'Outre-Rhin pour l'engager à détrôner Charles ; Robert avait appris que Henri s'était trouvé forcé de fuir, poursuivi par les gardes du roi, et il l'avait aussitôt assuré de son dévouement. Fort de l'adhésion de Henri, le tyran se mit sans retard en devoir de s'emparer du royaume ; il fit dans ce but de nombreuses largesses et des promesses infinies. Enfin il sollicita ouvertement les princes déjà portés à la trahison ; il leur représenta le roi vivant à Soissons en homme privé, et les Belges, un très-petit nombre excepté, déjà rentrés dans leurs foyers. L'occasion était favorable, leur disait-il ; il leur assurait de plus que le roi pouvait être pris facilement, et cela avec justice, s'ils se rendaient tous au palais comme pour se concerter avec lui. Il fallait le saisir au milieu même de la délibération et le retenir dans sa chambre. Presque tous les grands de la Celtique approuvent ce projet et jurent entre les mains du tyran de consommer le crime. Ils arrivent donc au palais, entourent le roi comme pour délibérer avec lui, l'emmènent dans sa chambre, ainsi qu'ils l'ont raconté à quelques personnes, s'emparent de lui et le retiennent prisonnier.

XXII. — L'archevêque Hervé délivre Charles des mains des transfuges et le conduit à Reims.

Ils se disposaient déjà à emmener le roi, quand l'archevêque Hervé entra tout à coup dans Soissons avec des troupes. Il veillait en effet sur le roi, et il avait pressenti les projets des transfuges. Il s'était introduit dans la place avec un petit nombre d'hommes, que d'autres suivirent bientôt, grâce aux soins de Ricuf, évêque de la ville. Ainsi entouré d'hommes armés, Hervé se présenta devant les transfuges, qui tous restèrent confondus et frappés de terreur ; « Où est le roi mon seigneur ? » leur dit-il d'une voix terrible. De tant d'hommes présents, très-peu eurent la force de ré-

ingreditur. Regis enim sollicitus, desertorum fraudem præsenserat. Et ipse quidem prius cum paucis, post vero sui, favente Riculfo, ejusdem urbis episcopo, consequenter admittuntur. Armatis itaque circumdatus, concilium desertorum, stupentibus cunctis, penetrat; factusque terribilis : « Ubi inquam est dominus meus rex ? » Ex tam multis, pauci admodum respondendi vires habuere, sese penitus deceptos rati. Qui tamen cum, viribus resumtis, dicerent : « Intro cum paucis consultat! » metropolitanus, ostio obserato, vim infert; serisque pessumdatis, cum[1] paucis sedentem repperit. Captum enim custodibus adhibitis ergastulo deputaverant. Quo metropolitanus manu apprehenso :« Veni, inquit, rex, tuisque potius utere. » Et sic a metropolitano e desertorum medio eductus est. Tunc etiam equum ascendens, cum 1,500 armatorum ab urbe exivit atque Remos devenit. Post cujus discessum, desertores pudore confusi, illusos sese indignabantur. Confusique[2] ad Rotbertum redeunt, atque rem non satis prospere gestam desertori transfugæ reportant. Karolus vero rex cum metropolitano aliisque paucis qui a se quidem defecerant, sapientium tamen consilio ad se reversi erant, Belgicæ interiora repetit, ac Tungros concedit. Ibique, episcopo tunc defuncto, Hilduinum, eligente clero ac populo favente, per archiepiscopum Herimannum præsulem ordinat, virum liberalem ac strennum, sed factiosum. Nam mox episcopus ordinatus, iis Belgicæ principibus qui[3] Rotberto duci in regis abjectione favebant, mox hæsit et favit, plurimum cum

---

[1] corr. duobus tantum I.
[2] Iratique I.
[3] q. cum rotberto duce regem abjecerant I.

pondre, car ils virent qu'ils étaient vendus; cependant ils reprirent courage et ils répondirent : « Il tient conseil là dedans. » Le métropolitain brise les serrures, enfonce la porte, et trouve le roi assis avec quelques personnes seulement, car après s'être emparé de lui, on le tenait prisonnier et on lui avait donné des gardes. Le métropolitain lui prit la main, en lui disant : « Viens, mon roi, sers-toi plutôt de tes serviteurs, » et il l'entraîna ainsi du milieu des transfuges. Le roi monta à cheval, sortit de la ville avec quinze cents hommes d'armes et se rendit à Reims. Après son départ, les transfuges, couverts de honte, se montrèrent furieux d'avoir été déjoués; ils retournèrent confus vers Robert et racontèrent au traître le mauvais succès de leur entreprise. Pour le roi Charles, il regagna l'intérieur de la Belgique avec l'archevêque et un petit nombre d'hommes qui, d'abord, l'avaient abandonné, mais que de sages conseils avaient ramenés vers lui, et il se retira dans la ville de Tongres. L'archevêque de Tongres était mort. Le roi fit sacrer, par l'archevêque Heriman, Hilduin, sur lequel s'était porté le choix du clergé et le consentement du peuple; c'était un homme capable et énergique, mais turbulent : à peine fait évêque, il entra dans le parti des princes de Belgique, qui voulaient renverser le roi au profit de Robert, et trama avec eux de nombreux complots contre Charles. Mais le roi, suivant le bon conseil de ses amis, chargea l'archevêque Hervé de rappeler de la Saxe, où il commandait, le duc Henri [1] qui, à l'instigation de Robert, s'était, comme les autres, séparé du roi.

[1] L'auteur avait d'abord écrit, fait remarquer M. Pertz, que, suivant le conseil de l'archevêque Hervé, le roi envoya des députés à Gislebert, le plus puissant des seigneurs de Belgique, pour l'appeler près de lui, parce que, entraîné par Henri, Gislebert, avec quelques autres, s'était éloigné du roi, et que ce même Gislebert avait été reçu par Charles avec grande faveur. Le savant éditeur de Richer reconnaît cependant que la longue histoire qui va suivre, relative à Henri, est aussi de la première écriture. Ajoutons que les variantes de la fin de ce chapitre et celles des trois suivants (XXIII, XXIV, XXV) prouvent que, dans ces quatre chapitres, il s'agissait d'a-

cis contra regem machinans. At[1] rex, bono suorum usus consilio, per Heriveum metropolitanum ducem Heinricum[2], qui in Saxonia[3] omnibus præerat, accersit. Hic enim ab Rotberto[4] persuasus, cum aliis ab rege discesserat.

XXIII. — Conquestio* Herivei Remensium* metropolitani* apud Heinricum* pro Karolo rege.

Penes quem, metropolitanus vice regis sic orsus ait :
« Hactenus, vir nobilissime, tua prudentia, tua liberali-
« tate, pax principum, concordia omnium utiliter flo-
« ruere. At postquam, malivolorum invidia, animum
« remisisti, circumcirca discordiæ vis a latibulis emersit.
« Quæ res, domino nostro regi apud te oratum ire suasit.
« Antehac enim non mediocriter ob tua merita dilec-
« tissimus fuisti. Tua egregia fides ei recognita, in ma-
« gnis periculis multam sibi fidutiam parat. Cum totius
« statu dignitatis rex potiretur, paululum a te oberrasse[5]
« sese non ignorat; sed id multa fide corrigere gestit.
« Nec est hoc inusitatum et singulare[6]; omnium est
« interdum desipere, bonorum vero rationibus redire.
« Sufferendum est itaque atque summa benignitate in-
« dulgendum. Tu quoque, Germanorum[7] optime, ni-
« mium a recto secessisse videris. Neque id mirum :

* tio, ensium, ani, um *abscisa*.
[1] At remorum metropolitani herivei consilio usus gislebertum qui in belgica omnibus potior erat per legatos accersit. Hic enim ab heinrico persuasus cum aliis nonnullis ab rege discesserat. Et accersitus cum multo honore ante regem admittitur, *ita primo auctor, quibus inmutatis multo profusiorem historiam prima manu scripsit.*
[2] gislebertum 1.
[3] belgica 1.
[4] heinrico 1.
[5] o. crebro *deletum*.
[6] s. at frequentatum et commune *deleta*.
[7] belgicorum 1.

XXIII. — Supplique adressée au duc Henri, en faveur du roi Charles, par Hervé, archevêque de Reims.

Au nom du roi, le métropolitain dit au duc : « Jusqu'ici,
« ô le plus noble des hommes, ta prudence et ta générosité
« ont heureusement maintenu la paix parmi les princes et
« l'harmonie entre tous ; mais depuis que tu as cédé aux
« instigations des malveillants, la discorde sortant de ses re-
« paires a porté partout sa fureur ; voilà ce qui engage le
« roi notre seigneur à t'adresser ses prières. Jusqu'à ces
« derniers temps, les bons offices t'avaient attiré de sa
« part la plus tendre affection. Ta noble fidélité lui est
« connue, et, dans les grands dangers, lui inspire une con-
« fiance entière. Le roi n'ignore pas qu'au jour de sa toute-
« puissance il s'est un peu éloigné de toi, mais il veut ré-
« parer ce tort en t'accordant toute confiance ; et il n'y a
« là rien d'insolite, rien d'extraordinaire : il n'est personne
« qui parfois ne se trompe, mais l'homme de bien revient
« de son erreur ; il faut savoir la supporter et pardonner
« généreusement. Toi-même, le meilleur des Germains, tu
« reconnaîtras que tu t'es écarté de ton devoir, et ce n'est
« pas étonnant, car le duc Robert, insatiable de biens, brû-
« lant de s'emparer du royaume de Charles, a surpris ta
« bonne foi par de perfides paroles. Que ne peut, en effet,

bord de Gislebert et de la Belgique ; et, en effet, c'est Gislebert, duc de Lorraine, qui fut mêlé à toute cette affaire, comme on le voit par Flodoard et par d'autres auteurs.
Voir ce qui a été dit, p. 37, note 1, sur le duc Henri, qui, du reste, était en 920, et lorsque Richer lui fait écouter et dire des choses si étranges, non plus seulement duc de Saxe, mais roi de Germanie. On sait qu'il y eut l'an 920 un traité entre Charles et le roi Henri (voir la note du chap. xxxix p. 70).

« nam dux Rotbertus[1] omnia sitiens, regique regnum
« immaniter invidens[2], incautum te suasionibus illexit.
« Quid enim suasorie digesta non efficit oratio? Nimium
« inquam ab utrisque oberratum est. Sed jam tandem
« prior vobis redeat virtus; summa utriusque ope,
« uterque nitatur, ut tu habeas regem tibi adprime
« commodum, et rex habeat te virum sese dignissimum.
« Nam te idem præstare gestit[3] iis omnibus qui Germa-
« niam[4] inhabitare noscuntur. Ob hoc igitur animum
« ad meliora revoca. Dominum[5] abjectum recipe, ut
« et tu ab eo extollendus excipiaris. »

XXIV. — Responsio* Heinrici[6]* ad* metropolitanum Heriveum*
de Karolo.

Ad hæc Heinricus[7] : « Multa, inquit, me ab his dehor-
« tantur, nisi tua pater egregie virtus, ad idem quo-
« dammodo pertrahat. Scio enim quam difficile et ar-
« duum sit, ei consilium dare, cum sua inconstantia,
« tum suorum invidia. Non est incognitum mihi, quan-
« tum pro eo domi militiæque pridem certaverim. Illud
« etiam notissimum constat, quantum circa me fide
« debita abusus sit. Id fortassis pater persuades, quod
« cum factum erit, fecisse penitebit. Sed quia de futuro
« nemo satis callidus, nemo satis prudens fit, licet sæ-
« pius prava quam bona consilia proveniant, ferar
« quocumque jubes; modestiamque meam, post tuam

* R, ad He *abscisa*.
[1] 2a *additum*.
[2] i. sive incauto tibi nescio sive malum cupienti 1.
[3] cupit 1.
[4] belgicam 1.
[5] D. tuum 1.
[6]* gisleberti 1.
[7] gislebertus 1.

« un discours adroitement arrangé? Des deux côtés, je dois
« le dire, on s'est trop séparé. Mais, enfin, revenez tous
« deux à vos premiers sentiments; que chacun mette du
« sien; tâchez l'un et l'autre, toi, de rentrer tout à fait dans
« les bonnes grâces du roi, le roi, de retrouver en toi le plus
« digne des serviteurs. Charles désire que tu sois placé à la
« tête de tout ce qui habite la Germanie; forme donc de
« plus nobles résolutions; accueille ton seigneur abaissé,
« afin qu'il t'accueille aussi pour t'élever. »

XXIV. — Réponse du duc Henri à l'archevêque Hervé, au sujet du roi Charles.

Henri répondit : « Bien des raisons, vénérable père,
« m'éloigneraient de ce que tu demandes, si ta vertu ne
« m'entraînait en quelque sorte à consentir. Je sais, en
« effet, combien la versatilité de Charles et l'envie de ceux
« qui l'entourent rendent difficile et périlleux le rôle de
« son conseiller. Je me rappelle les assauts que j'eus autre-
« fois à soutenir pour lui et au palais et à l'armée; on sait
« très-bien aussi à quel point il abusa envers moi de la foi
« jurée. Ce que tu m'engages à faire, mon père, peut-être
« me repentirai-je ensuite de l'avoir fait. Mais comme il
« n'est donné ni aux plus habiles ni aux plus pénétrants de
« connaître l'avenir, et bien que les conseils tournent plus
« souvent au mal qu'au bien, toutefois je ferai tout ce que
« tu ordonneras, et connaissant ta vertu, je subordonnerai
« mon humilité à l'autorité de ton rang; et cependant j'avais
« résolu de refuser au roi l'appui de mes lumières, de mes
« conseils et de mes armes. » Persuadé par l'archevêque,
Henri se laissa mener près de Charles, qui l'admit en sa
présence avec les plus grands honneurs qu'on puisse ambitionner, et tous deux se jurèrent une amitié réciproque.

« dignitatem demittam, virtutem tuam expertus. Equi-
« dem decretum mihi fuerat, ingenio, consilio, armis
« ab eo recedere. » Persuasus itaque per metropolitanum, Heinricus[1] regi deducitur, multoque ambitionis honore ante admittitur, ac ambo in amicitiam
federantur.

XXV.

Quibus gestis Hulduinus Tungrensium episcopus,
cum iis qui ab rege defecerant conspirasse in[2] regem
insimulatus, regique infensus, ab eo insectabatur[3]. Cujus odii vis eo usque pervenit, ut Richerum, Prumiensis
monasterii abbatem, promoveret, et Hilduinum abdicaret. At Richerus ab rege donatus, cum ab metropolitano Herimanno urgeretur, eo quod contra fas ab
rege episcopatum suscepisset super eum qui tenebat,
quique nulla culparum confessione victus, nullo juditio
damnatus esset, regis jussu Romam festinat; ac ibi
Johanni papæ, et regis sententiam et sui negotii causam demonstrat. Papa in Hilduinum desertorem indignans, ab officio eum suspendit ac anathemate damnat;
Richerum vero episcopum ordinat, ac suæ auctoritatis
benedictione donat. Hæc dum sic agerentur, Hilduinus
prosequitur, incassum apud papam plurimam querimoniam fundens, ac apud eum pro absolutione admodum
laborans. Quo conquerente, Richerus redit, ac sedem
vacuam jussus ab rege ingreditur.

XXVI.

His ita sese habentibus rex ad interiores Belgicæ partes
iter retorquet; ibique, ob multas rerum quæ emerserant

---

[1] *Manu* 2.
[2] apud 1.
[3] impetebatur *corr.* insectabatur.

XXV.

Le roi poursuivit ensuite Hilduin, évêque de Tongres, accusé de lui être hostile et d'avoir conspiré avec les déserteurs de sa cause. Le ressentiment de Charles alla jusqu'à lui faire déposer l'évêque, et instituer à sa place Richer, abbé du monastère de Prum [1]. Mais Richer, tourmenté par son métropolitain pour avoir reçu du roi un évêché enlevé contre toute justice au légitime titulaire, lequel n'avait jamais confessé ses fautes, et que nul jugement n'avait condamné, se rendit à Rome, par ordre du roi (921), et exposa au pape Jean, et la sentence royale et les détails de son affaire. Le pape, indigné contre le traître Hilduin, le suspendit de ses fonctions, et le frappa d'anathème; puis il ordonna Richer évêque, et lui donna sa bénédiction pontificale. Dans le même temps, Hilduin agissait de son côté, portait, mais en vain, ses plaintes réitérées au pape, et s'efforçait d'obtenir de lui l'absolution. Pendant qu'il était en instance, Richer revint en Gaule, et, par ordre du roi, se mit en possession du siége vacant.

XXVI.

Les choses ainsi terminées, le roi s'en retourna dans l'intérieur de la Belgique, et afin de régler plusieurs affaires que

---

[1] Voir sur toute cette affaire la Chronique de Flodoard, an. 920, et celle de Folcuin (Bouq., VIII, 221, *A*); voir aussi la lettre écrite par le roi aux évêques de son royaume; elle est rapportée par le P. Labe, t. IX des Conciles, p. 571; voir enfin deux lettres du pape Jean X au roi Charles et

causas, regio decreto et metropolitani jussu sinodus apud Trosleium habenda indicitur. Cui sinodo, domnus Heriveus præsedit, rege quoque ibidem præsidente. Ubi quam plurimis quæ utillima visa sunt determinatis, regis interventu et omnium episcoporum qui sinodo interfuere consensu domnus Heriveus metropolitanus Erlebaldum prædictum Castricensium comitem a vinculo excommunicationis![1] absolvit. Ibi etiam Rodulfo Laudunensium episcopo defuncto, Adelelmum ejusdem urbis thesaurarium multo episcoporum consensu ab rege donatum sollempniter ordinat.

XXVII.

His prospere et utiliter gestis, rex superiora Belgicæ repetit, aliqua suorum ibi ordinaturus. In Richuinum comitem fertur, eo quod et ipse desertor, Rotberti partes tuebatur. Ejus ergo oppidis obsidionem adhibet, vehementi expugnatione infestans. At ille equitatum intolerabilem advertens, jure obsidum victus ad regem redit. Rex victum excipiens, animum ab ira mitigat[2] ac eum in gratiam resumit.

XXVIII.

Dum hæc gerebantur, Rotbertus Celticæ Galliæ dux piratas acriter impetebat. Irruperant enim, duce Rollone filio Catilli, intra Neustriam repentini. Jamque Ligerim classe transmiserant, ac finibus illius indemnes potiebantur. Ibant passim palantes, atque cum vehementibus manubiis ad classem sese referebant. Dux vero ex tota Neustria copias collegerat; plures quoque ex Aquitania accersiverat; aderant etiam ab rege missæ

---

[1] ex *abscisum*.
[2] a.. ira.. mitig.. *codex*.

les événements avaient fait surgir, il fit convoquer, par l'archevêque de Reims, un synode qui dut s'assembler à Troli¹. Ce synode fut présidé par l'archevêque et par le roi². Lorsque les nombreuses affaires qui appelaient les décisions les plus urgentes furent réglées, l'archevêque, avec l'intervention du roi, et du consentement des évêques présents, dégagea Erlebald, comte de *Castricum*, des liens de l'excommunication³. De même, la mort de Raoul ayant laissé vacant l'évêché de Laon, Hervé ordonna solennellement le trésorier de la ville⁴, Adelelme, qui, à la grande satisfaction des évêques, avait été pourvu de ce siége par le roi.

XXVII.

Tout cela étant heureusement accompli, le roi se dirigea vers la Belgique supérieure, où il avait à régler certaines affaires intéressant ses sujets. Il marcha contre le comte Ricuin⁵, qui avait déserté sa cause et tenait le parti de Robert; il attaqua ses places et leur livra de violents assauts. Le comte, voyant qu'il ne pouvait résister à la cavalerie du roi, revint à lui et donna des otages. Le roi reçut le vaincu, fit trêve à sa colère et pardonna.

XXVIII.

Pendant que cela se passait, Robert, duc de la Gaule celtique, assaillait vigoureusement les pirates qui, sous le duc

à l'archevêque de Cologne Hariman, rapportées t. x, p. 215 et 216 du recueil des Hist. de France : par la dernière, le pape enjoint à l'archevêque de se rendre à Rome avec Hilduin et Richer.

¹ Troli-sur-Aisne, voir sur ce synode, la Chronique de Flodoard à l'an 921 (P.). Plusieurs conciles furent tenus dans ce lieu à des dates très-rapprochées, en 909, en 921, en 924, en 927.

² Flodoard dit que le synode fut présidé par l'archevêque en présence du roi, *præsente quoque Karolo rege*; Richer a remplacé, à tort sans doute, le mot *præsente* par celui de *præsidente*.

³ Voir ci-dessus, chap. xix et xx.

⁴ Le trésorier de la même église, *Flod. Chron.*

⁵ Quel fut ce comte Ricuin? On voit par Flodoard qu'il appartenait à la Lorraine (*Chron.*, ann. 921), et qu'il fut tué par Boson, fils de Richard (*ibid.*, ann. 923). Voir le chapitre suivant.

quatuor cohortes ex Belgica, quibus et Richuinus prædictus præerat. Aquitanorum vero legiones Dalmatius curabat; Neustrios vero ipse dux Rotbertus disponebat. Sicque totus ducis exercitus in quadraginta milibus equitum consistebat. Dalmatium ergo cum Aquitanis in prima fronte constituit; dein Belgas[1], at Neustrios subsidiis locat. Ipse etiam dux legiones circumiens præcipuos quosque nomine vocans hortatur, ut suæ virtutis ac nobilitatis plurimum meminerint; pro patria, pro vita, pro libertate certandum asserens; de morte non sollicitandum cum ea omnibus incerta sit; si vero fugiant, eis nihil ab hostibus esse relinquendum. His et aliis quam plurimis, militum animos incendebat. Quibus dictis dux in locum ubi prælium, erat gerendum instructos ordines deducit.

XXIX.

Nec minus et hostium exercitus contra hos rem militarem multa audatia ordinabant. Quorum exercitus in quinquaginta milibus armatorum consistens, ordinatim obvenientibus procedit. Rotbertus dux vim belli maximam imminere advertens, cum mille robustis ex Neustria, Dalmatio in prima fronte sese assotiat. Procedit itaque cum Dalmatio et Aquitanis[2]. At piratarum legiones longo sese ordine protenderant[3], ipsumque ordinem ad hostes excipiendos curvaverant scemate lunæ

[1] b. duce gisleberto ordinat. inde n. 1.
[2] a. frontibus maforto signatis. At 1.
[3] profenderant *cod*.

Rollon, fils de Catillus[1], avaient fait une irruption subite en Neustrie; ils avaient déjà traversé la Loire sur leur flotte et s'étaient sans obstacle emparés des campagnes voisines, d'où ils enlevaient çà et là un riche butin qu'ils emportaient dans leurs vaisseaux. Mais le duc avait rassemblé des troupes de tous les points de la Neustrie; il en avait tiré en grand nombre de l'Aquitaine; il avait aussi quatre cohortes[2], envoyées de Belgique par le roi, sous la conduite de ce Ricuin dont nous avons déjà parlé. Les légions d'Aquitaine marchaient sous Dalmate[3] ; Robert lui-même dirigeait les Neustriens. L'armée entière du duc s'élevait ainsi à quarante mille chevaux. Il plaça au premier rang Dalmate avec ses Aquitains; les Belges vinrent ensuite; il disposa les Neustriens en corps de réserve. Quant à lui, parcourant les légions, il appelait les principaux par leur nom et les exhortait à se rappeler surtout leur courage et leur noblesse. Il s'agit, leur disait-il, de combattre pour la patrie, pour la vie, pour la liberté, sans se préoccuper de la mort, car elle est incertaine pour tous. Si vous fuyez devant l'ennemi, il ne vous laissera rien. Par ces paroles et par beaucoup d'autres encore il enflamma le courage des guerriers. Cela dit, il conduisit ses troupes en bon ordre au lieu où devait se livrer le combat.

XXIX.

De son côté, l'ennemi disposait son plan de bataille avec une égale résolution. Son armée, forte de cinquante mille combattants, se présenta en bon ordre. Le duc Robert, voyant que le principal choc va bientôt avoir lieu, prend mille hommes d'élite parmi les Neustriens et se réunit à Dal-

---

[1] Voir ci-dessus, chap. IV, note 1, p. 15, et plus bas chap. XXXI. Les détails qui suivent sont neufs. Flodoard avait dit seulement : « Le comte Robert contint pendant cinq mois les Normands qui s'étaient emparés de la Loire, reçut d'eux des otages, leur accorda avec le pays de Nantes la Bretagne qu'ils avaient dévastée, et ils commencèrent à recevoir la foi de Jésus-Christ. » Mais en quel lieu se livra ce combat, c'est ce que Richer ne dit pas.

[2] Voir *Notes et dissertations*, sect. IV.

[3] Nous ignorons quel était ce Dalmate ; nous voyons cependant, dans un

quæ in augmento[1] est, ut dum multo fervore hostes ruerent, exercitus circulatione exciperentur. Sic etiam ab iis qui in cornu utroque persisterent, a tergo appetiti, more pecudum sternerentur.

XXX.

His ergo in utraque parte paratis, uterque exercitus[2], signis collatis, congreditur. Rotbertus cum Neustriis, Dalmatius cum Aquitanis legiones piratarum penetrant, statimque ab iis qui in cornibus erant, a tergo impetuntur. Mox quoque et[3] Belgæ improvisi prosequuntur, atque piratas qui a tergo suos premebant, immani cede sternunt[4]. Neustrii quoque atrocissime instant. In qua commixtione, cum Aquitani piratis circumdati, multo conamine eos quos impellebant in fugam cogerent, ii qui in cornibus perstiterant, a Belgis hinc premebantur, inde vero ab Aquitanis conversis letaliter urgebantur. Superati itaque arma deponunt, ac multis clamoribus pro vita supplicant. Rotbertus itaque tantæ cædi parcere petit, ac instat ut eruantur. Vix quoque ab cæde quievit exercitus, multo prosperioris fortunæ incitatus successu. Sedato vero tumultu, qui inter eos potiores videbantur, a duce capti sunt, reliqui vero sub jure obsidum ad classem redire permittuntur.

XXXI.

Patrata ergo victoria, exercituque soluto, Rotbertus

[1] quæ quinta est 1.
[2] c. cum maximo clamore signis infestis 1.
[3] et gislebertus cum belgis improvisus prosequitur 1.
[4] sternit 1.

mate sur le premier plan; puis, avec ce même Dalmate et ses Aquitains il se porte en avant. Les légions des pirates s'étaient développées sur une longue file courbée en forme de croissant, afin que ceux des leurs qui se trouvaient placés sur chaque flanc pussent prendre l'ennemi par derrière, et l'écraser comme un troupeau.

XXX.

Les choses ainsi disposées de part et d'autre, les deux armées s'avancent, enseignes déployées. Robert avec les Neustriens, Dalmate avec les Aquitains enfoncent les légions des pirates, mais aussitôt ils sont assaillis sur leurs derrières par les bataillons placés aux deux extrémités de l'armée ennemie. De leur côté, les Belges, arrivant à l'improviste sur les pirates assaillants, en font un horrible carnage; les Neustriens aussi fondent sur eux avec acharnement. Dans cette mêlée, les Aquitains, qu'entouraient les Barbares, étant parvenus à mettre en fuite ceux qu'ils combattaient, firent volte-face, et alors les bataillons repliés furent d'un côté pressés par les Belges, et de l'autre mortellement assaillis par les Aquitains. Les pirates, vaincus, déposent les armes et demandent la vie à grands cris. Robert veut arrêter un si grand carnage, et arracher l'ennemi à la mort; mais ce n'est qu'avec peine qu'il parvient à retenir le bras des soldats excités par tant de succès; enfin, le tumulte s'étant apaisé, ceux qu'on regarda comme les principaux d'entre les Barbares furent retenus par le duc, les autres purent retourner sur leur flotte en donnant des otages.

XXXI.

La victoire ainsi obtenue, Robert licencia son armée et mena ses prisonniers à Paris; il voulut savoir s'ils étaient

diplôme du roi Raoul, un certain Dalmate, qualifié *Dalmacius noster per omnia fidelissimus miles*, s'interposer pour faire obtenir des terres au monastère de Montolieu au diocèse de Carcassonne. Ce diplôme est rapporté par Baluze, par D. Vaissette et dans le tome ix du Recueil des Hist. de France, p. 576.

captos Parisii deponit. Hos percunctans¹ an christiani¹ essent, nullum eorum¹ quicquam religionis¹ hujusmodi¹ attigisse¹ comperit. Misso itaque ad¹ eos instruendos¹ reverendo presbitero¹ et monacho Martino¹, ad fidem Christi¹ conversi sunt. Qui¹ vero ad classem¹ redierant, alii¹ eorum christiani, alii pagani¹ mixtim inventi sunt. Et hi quoque per prædictum virum instructi, receptis a duce opsidibus² quos dederant, ad salutaria sacramenta deducti sunt.

XXXII.

Et cum de baptisterio ageretur, Wittoni Rhodomensium metropolitano eis³ prædicandum a duce committitur. Witto vero non se solo contentus, Heriveo Remensi epistolam dirigit, per quam ab eo querit, quo ordine, qua ratione, gens ante perfida Ecclesiæ sotianda sit. Heriveus vero metropolitanus multa diligentia hæc disponere cupiens, conventum episcoporum fieri jubet, ut multorum rationibus res idonee distribueretur.

XXXIII.

Et die constituta, sinodus habita est. In qua primum de pace et religione sanctæ Dei Ecclesiæ, statuque regni Francorum salubriter ac competenter tractatum est; post vero de piratarum mitigatione atque conversione uberrime agitatum. Decretum quoque de eodem ab ipsa Divinitate rationem quærendam, jejunandum etiam ab omnibus triduo. Domno vero papæ id esse suggerendum, ut invocata per jejunium Divinitate, et

¹ t, n, e, l, h, g, a, d, presbite, M, Christ, Q, sem, a, i, ui *ex conjectura*.
² hospitibus 1.
³ *vox obscura*.

chrétiens, mais il trouva que nul d'entre eux n'avait la moindre connaissance de notre religion¹. Il leur envoya donc pour les instruire le révérend prêtre et moine Martin, qui les convertit au christianisme. Quant à ceux qui avaient regagné leur flotte, il se trouva parmi eux des chrétiens et des païens; ces derniers, instruits par le même prêtre, obtinrent du duc la restitution de leurs otages et reçurent le baptême.

XXXII.

Le moment de la cérémonie étant arrivé, le duc désigna, pour les prêcher, Vitton, archevêque de Rouen; mais Vitton ne voulant pas s'en rapporter à lui seul, écrivit à Hervé, de Reims, pour lui demander de quelle manière et par quel moyen une race, jusque-là infidèle, devait être incorporée à l'Église. L'archevêque Hervé, voulant examiner la chose avec le plus grand soin, convoqua une assemblée d'évêques, afin que leurs lumières réunies pussent éclairer convenablement la question.

XXXIII.

Le synode eut lieu au jour fixé. On y traita d'abord à fond, et non sans avantages, de la paix et de la religion de la sainte Église de Dieu, puis de la situation du royaume des Francs; ensuite, on discuta longuement sur les moyens d'adoucir et de convertir les pirates. Les évêques arrêtèrent qu'il fallait invoquer dans cette circonstance les lumières divines, et observer un jeûne général de trois jours; qu'il fallait aussi en référer à notre seigneur le

---

¹ Ce n'étaient donc pas les Normands de Rollon, duc de Normandie; et c'est d'un autre Rollon qu'il s'agirait ci-dessus chap. xxvii et ch. iv.

domno papa humiliter consulto, efficatius res ordinaretur. Revolutis itaque patrum decretis, reverendus metropolitanus Heriveus 24 capitula in volumine ordinavit, rationabiliter ac utiliter digesta, et qualiter rudes in fide habendi sunt continentia. Quæ omnia venerabili Rodomensi Wittoni delegavit. Ille vero excipiens, utiliter[1] sumptum negotium consummavit.

XXXIV.

Hac etiam tempestate Rageneius, vir consularis[2] et nobilis, cognomento Collo-Longus, cujus etiam obitus multam rei publicæ in Belgica intulit labem, communi corporis valitudine tactus et oppressus, finem vitæ apud Marsnam palatium accepit. Cujus exequiis Karolus rex interfuisse dicitur, ac oculos lacrimis suffusus dixisse: *O, inquiens, ex alto humilem, ex amplo artissimum!* altero personam, altero monumentum significans. Peractisque exsequiis, Gisleberto ejus filio, jam facto juveni, paternum honorem, coram principibus qui confluxerant liberalissime accommodat.

XXXV.

Hic cum esset clarissimo genere inclitus, et Heinrici Saxoniæ ducis filiæ Gerbergæ conjugio[3] nimium felix, in nimiam præ insolentia temeritatem præceps ferebatur. In disciplina militari ex audatia nimius, adeo ut quodcumque inevincibile, appetere non metueret. Corpore mediocri et denso, duroque membrorum robore, cervice inflexibili, oculis infestis atque inquietis sicque

[1] efficacissime atque utiliter. 1.
[2] u. c. *codex.*
[3] matrimonio 1.

pape¹, car, après avoir invoqué la Divinité par le jeûne et
humblement consulté le pape, on serait plus en état de régler les choses convenablement. Les décrets des pères ayant
donc été lus, le révérend métropolitain Hervé composa et
classa par ordre vingt-quatre chapitres, établissant claire-
ment la manière dont les Barbares devaient être initiés à la
foi chrétienne. Le tout fut envoyé par lui au vénérable
Vitton, de Rouen, qui, dès qu'il l'eut reçu, acheva heureusement son entreprise².

XXXIV.

Dans le même temps³, Reinier, surnommé *Long-Cou*,
homme noble et de rang consulaire⁴, finit sa vie de mort
naturelle dans le palais de Merschen ⁵; ce qui porta un
coup fatal aux affaires publiques en Belgique. On rapporte
que le roi Charles assista à ses funérailles, et qu'il dit, les
yeux pleins de larmes : *O comme la grandeur s'abaisse!
comme l'espace se resserre!* rapportant l'un à la personne
et l'autre au monument. Puis, les funérailles achevées, en
présence des princes venus à cette cérémonie, il accorda
libéralement à Gislebert, fils de Reinier, déjà adulte, le
rang⁶ qu'avait possédé son père.

XXXV.

Comme Gislebert se recommandait par une naissance
illustre, et comme il avait le bonheur peu mérité d'être uni

¹ On peut voir la réponse du pape Jean IX au tom. ix des Conciles,
p. 483. (D. Bouq., sur l'Hist. de Flodoard.).
² Ce récit n'est pas clair : pourquoi consulter le pape si l'on n'attend
pas sa réponse.
³ Eckard d'Urangen reproduit en extrait les chap. xxxiv-xl dans l'Histoire
de Henri (P.). Reinier Long-Cou ne mourut pas en 921 comme le veut
Richer; il mourut en 916, laissant Gislebert qui lui succéda au duché de
Lorraine, et Reinier II qui lui succéda au comté de Hainaut.
⁴ Voir *Notes et dissertations*, sect. iii, § 2.
⁵ Merschen sur la Geule près du point où elle se jette dans la Meuse, au-
dessus de Maëstricht.
⁶ *Honor*. (V. *Notes et dissertations*, sect. iii, § 2.)

mobilibus, ut eorum color nemini ad plenum innotuerit, pedibus omnino inpatientibus, mente levi. Oratio ejus, ambigua ratione consistens, interrogatio fallens, responsio anceps; orationis partes, raro dilucidæ sibi cohærebant. Suis adeo profusus, aliena enormiter sitiens, majoribus ac sibi æqualibus coram favens, occulte vero invidens; rerum confusione ac mutua dissidentium insectatione plurimum gaudens.

XXXVI.

Talis itaque in regem nimia animositate ferebatur. Meditabatur quoque regis abjectionem admodum, ac plurimum id pertractabat apud eos qui in Belgica potiores videbantur, non quidem Rotberto, sed sibi regnum affectans; sua quoque principibus pene omnia distribuens. Et majores quidem prædiis et ædibus egregiis inclite donabat, mediocres autem auri et argenti talentis efficaciter illiciebat. Fit itaque multorum ex Belgica cum eo consensus. Sed hoc satis inprovide ac inconsulte; nam licet ob magna beneficia comparatos sibi attraxisset, non tamen ex jurejurando ad patrandum facinus sibi annexuit. Leviter ergo attracti, leviter post dissociati fuere.

XXXVII.

Nam cum Karolus, hoc audito, a Celtica cum exercitu rediret, Belgisque bellum inferre pararet, Belgæ mox non in aperto cum Gisleberto resistere nisi sunt, sed

en mariage à Gerberge, fille de Henri, duc de Saxe¹, il se livrait étourdiment à une insolente témérité. A la guerre, son audace était telle qu'il ne craignait pas d'entreprendre l'impossible. Il était de taille médiocre mais gros, ses membres étaient très-forts ; il avait le cou roide, les yeux méchants, hagards, et tellement mobiles, que nul n'en connaissait bien la couleur. Ses pieds remuaient sans cesse; son esprit était léger, son langage obscur, ses questions fallacieuses, ses réponses équivoques ; il y avait rarement de la suite et de la clarté dans ce qu'il disait; excessivement prodigue de son bien, il convoitait avidement celui des autres ; il se montrait bienveillant en face de ses supérieurs et de ses égaux, mais il leur portait envie en secret; les troubles, les querelles lui causaient une grande joie.

XXXVI.

Ce Gislebert avait conçu pour le roi une grande haine ; il méditait constamment sa ruine, et se concertait activement avec les plus puissants d'entre les Belges ; convoitant le royaume, non pour Robert, mais pour lui-même, il distribua aux princes presque tous ses biens : aux plus considérables, il donnait libéralement des terres et de superbes maisons, il gagnait les petits par de fortes sommes d'or et d'argent². Il entraîna donc dans ses vues un grand nombre de Belges, mais assez étourdiment; car, bien qu'il se les fût attachés par de grandes concessions de terres, cependant il ne les avait pas fait engager par serment à consommer le crime ; en sorte qu'il s'en vit abandonné aussi facilement qu'il se les était attachés.

XXXVII.

Lorsque Charles eut appris ce qui se passait, il revint

---

¹ Voir ci-dessus, ch. XXXIV, et *Notes et dissertations*, sect. II, § 2. Gislebert n'épousa Gerberge, fille du roi Henri, qu'en 929.
² Richer ne peut avoir employé le mot *talentum* que dans un sens indéterminé.

oppidis ac municipiis¹ sese recludunt. Rex vero singulis qui ab se defecerant legatos dirigit, per quos significabat sese regali atque sollemni donatione largiturum quicquid eis ab Gisleberto praediorum et aedium collatum est, sese quoque contra Gislebertum pro eis certaturum, si is eis ex collatis beneficiis quicquam repetere velit. Quo capti, mox jure sacramenti ad regem redeunt, habitisque rationibus, quicquid beneficiorum ab Gisleberto eis collatum fuit, regali largitate firmissime unicuique donatur. Unde et a Gisleberto recedentes, regi constantissime resociantur, ac cum eo in Gislebertum feruntur.

XXXVIII.

Gislebertus vero in oppido Harbure, quod hinc Mosa et inde Gullo fluviis vallatur, a fronte vero immani hiatu, multoque horrore veprium defensum est, cum paucis claudebatur. Huc rex cum exercitu properat, locatque obsidionem, hinc et inde navalem, a fronte vero equestrem. In cujus expugnatione cum persisteret, Gislebertus² navali fuga dilabitur. Oppidani vero capti, in regis deveniunt jussionem. Gislebertus autem cum duobus clientulis, paterna hereditate privatus, Rhenum exulaturus pertransit. Ibique per annos aliquot apud Heinricum socerum deceptus exulat. Evoluto autem aliquot annorum tempore, Heinricus apud regem suasorie egit, ut Gislebertus revocaretur, ac in regis gratiam re-

¹ munitionibus 1.
² G. clam per murum dilapsus fluvium enatando transmeavit, et cum duobus clientibus Rhenum exulaturus pertransiens, annis aliquot apud socerum suum Heinricum patrimonio privatus exulavit. Oppidani autem absque duce relicti, se subdiderant regi. *Ekkehardus Ur.*

de la Celtique avec une armée, et se disposa à porter la guerre aux Belges [1]; ceux-ci ni Gislebert n'osèrent résister en pleine campagne, mais ils se renfermèrent dans leurs forteresses et dans leurs villes. Le roi alors envoya des messagers à chacun de ceux qui avaient abandonné sa cause, leur faisant dire qu'il leur conférerait par un acte royal et solennel tout ce qui leur avait été donné par Gislebert en terres et en maisons, et qu'il prendrait leur défense si ce même Gislebert voulait leur reprendre les bénéfices qu'il leur avait concédés. Gagnés par là, ils revinrent bientôt au roi sous la foi du serment; ils s'entendirent avec lui; et tous les bénéfices qu'ils avaient reçus de Gislebert leur furent confirmés par concession royale. Tous abandonnèrent donc Gislebert, se rallièrent fermement au roi et marchèrent avec lui contre le duc.

XXXVIII.

Gislebert s'était renfermé avec un petit nombre d'hommes dans la place de Geul [2], entourée d'un côté par la Meuse, de l'autre par le fleuve dont elle porte le nom, défendue d'autre part par un énorme précipice et d'impénétrables buissons. Le roi s'avance vers la place avec son armée; il en dispose le siége, plaçant sur les deux flancs ses forces navales, et sa cavalerie en face. Comme il poursuivait le siége, Gislebert se sauva par le fleuve; alors les habitants furent pris et restèrent à la discrétion du roi. Pour Gislebert, privé de l'héritage de son père, il s'expatria au delà du Rhin, suivi seulement de deux modestes clients. Ainsi trompé dans ses projets, il passa quelques années d'exil près de Henri, son beau-père [3], qui, au bout de ce temps,

---

[1] C'est-à-dire aux Lorrains.
[2] Aujourd'hui le bourg de Geul sur la droite de la Meuse au-dessous de Maëstricht au point où la Geule se jette dans le fleuve (P.) (Voir p. 71, n. 4.).
[3] Peut être y a-t-il à mettre en doute cet exil, qui du reste ne peut avoir duré quelques années, d'après le récit même de Richer. Flodoard dit seulement, sous l'an 921, que le roi Charles alla en Lorraine et reprit plusieurs forts, qu'ensuite il fit la paix avec le roi Henri; et sous l'année sui-

sumeretur, ea vero rerum conditione, ut regis sententia ex collatis beneficiis intemerata, Gislebertus ea tantum regali clementia reciperet, quorum possessores per tot sui exilii tempora jam obierant.

XXXIX.

Ab exilio itaque revocatus, regis gratiam per Heinricum meretur, ea tamen, ut dictum est, conditione, ut a beneficiis quae insolenter diduxerat, quandiu possessores viverent careat; ea vero quorum possessores per annos aliquot obierant, regis miseratione repetat. Recipit itaque quae a defunctis quidem derelicta vacabant, maximam suarum rerum partem, Trajectum, Juppilam, Harstalium, Marsnam, Littam, Capræmontem. Quibus habitis, Karolus rex in Celticam redit, Nortmannis qui extremos Galliarum fines locis maritimis infestabant, copias inferre parans. Heinrico vero trans Rhenum contra Sarmatas profecto, Gislebertus per suos immaniter vexabat et atterebat eos qui ab rege sua data obtinebant. Alios clandestina invasione enecans, alios incessanter ut sua relinquant adurgens, tandem evincit, suisque omnibus potitur, truculentius exinde in regem machinans. Socerum itaque adit, eique ab rege dissuadet, Celticam solam regi posse sufficere asserens, Belgicam vero atque Germaniam rege alio plurimum indigere. Unde et, ut ipse in regnum coronari non abnueret, multis suasionibus permovebat. Heinricus vero cum nefanda eum suadere adverteret, dictis suadentis admodum restitit, et ut quiesceret ab illicitis, multis amplificationibus agitabat.

sollicita du roi le rappel de Gislebert et son pardon, bien entendu toutefois que les concessions de bénéfices faites par le roi seraient maintenues, et que Gislebert recevrait seulement de la clémence royale ceux de ses biens dont les possesseurs étaient morts pendant la durée de l'exil.

XXXIX.

(922). Gislebert donc, rappelé de son exil, obtint grâce auprès du roi par la médiation de Henri, mais à la condition cependant, comme il vient d'être dit, qu'il laisserait aux possesseurs actuels, tant qu'ils vivraient, les bénéfices qu'il avait aliénés contre toute raison, et que le roi lui rendrait seulement ceux dont les possesseurs étaient morts pendant ces années. Il reçut donc tout ce que la mort des possesseurs avait laissé vacant, c'est-à-dire la plus grande partie de ses biens : Maëstricht, Jupille, Herstal, Merschen, Littoy[1], Chévremont. Le roi Charles retourna ensuite dans la Celtique, se disposant à faire marcher des troupes contre les Normands qui désolaient les parties maritimes les plus reculées de la Gaule. Henri s'étant porté contre les Sarmates de l'autre côté du Rhin, Gislebert commença à faire tourmenter par ses gens et à maltraiter à outrance ceux qui avaient obtenu du roi la possession de ses bénéfices. Il faisait tuer les uns secrètement, il violentait les autres sans relâche pour leur faire abandonner ce qu'ils possédaient. Il réussit à la fin, rentra dans tous ses biens, et se mit ensuite à comploter contre le roi plus furieusement que jamais. Il alla donc trouver son beau-père, et s'efforça de l'éloigner de Charles. La Celtique, lui disait-il, doit suffire au roi ; la Belgique et la Germanie ont absolument besoin d'un autre chef : il l'excitait enfin par de fréquentes instances à ne pas repousser la couronne. Mais Henri, fermant l'oreille à ces criminelles sug-

vante que Charles ravagea le royaume de Lorraine afin de poursuivre Gislebert et Othon. La même année, nous voyons dans le même auteur Gislebert réuni à Hugues contre Charles

[1] Voir la donation de la reine Gerberge à Saint-Remi de Reims, du 12 février 968, dans Bouq., IX, 666 (P.).

XL.

Et Gislebertus quidem, cum apud socerum non proficeret ut¹ regnum sibi¹ parare posset¹, in Celticam secedit ac transit in Neustriam; sicque cum Rotberto duce de eodem negotio consilium confert, suadens ei de regni susceptione, ac Karoli abjectione. Exultat tirannus, et tiranno absque mora favet. Deliberant itaque ambo, et post pro² perpetrandis fidem sacramento³ confirmant⁴.

XLI.

Tempore vero constituto, cum rex Tungros redisset, ibique privatus resideret, urbem Suessonicam Rotbertus ingreditur. Apud quem ex tota Celtica primates

---

¹ u, sib, p *ex conject.*
² ex 1.
³ sacramentis 1.
⁴ c. Et post hæc Gislebertus in Belgicam redit municipia militibus copiis sufficientibus implens, in regem omnia ordinans; sicubi rudera aditum faciebant, firmioribus claustris reædificans. Ratus vero milites a sese deficere posse, si jurejurando sibi eos non annecteret, fidem ab omnibus eorum jurejurando sed et obsides quos vult accipit, eosque in oppido Harburc quod pene inexpugnabile videbatur deputatos recludit, in regem omnia palam ordinans. [Ilis rex permotus *delet.*] Nec minus [ea socero *delet.*] id obtinuit, ut quæcumque ipse in regem machinaretur, ea socero injuriæ non essent, maxime ob id quod Sarmatarum infestatione ipse admodum pressus, alienis negotiis utiliter interesse non posset. His ergo rex in Celtica permotus, Belgicam impetit. At Gislebertus utpote qui fidem abruperat, ad regem non solum venire contempsit, verum pecuniis atque rerum pollicitationibus ab rege quoscumque poterat subtrahebat. Et rex quidem cum patienter hæc ad tempus toleranda non ignoraret, Tungris cum iis qui secum ex Celtica advenerant absque tumultu residebat; lenius fieri asserens quicquid per pacientiam toleratur : ad odium quoque sese esse hostium recognoscens, cum a Rotberto hinc in Celtica, ab Gisleberto vero inde in Belgica urgeretur. Et Rotbertus quidem de regis abjectione suique provectione adeo laborabat, idque apud principes sic obtinuit, ut contra regem cum eo fere omnes crudelissime conjurarent. Et tempore *deleta.*

gestions, résista à tout ce que put dire Gislebert, et lui fit entendre à son tour tout ce qu'il jugea propre à le détourner de ses coupables projets¹.

XL.

Gislebert donc, voyant qu'il ne pouvait décider son beau-père à se laisser porter au trône, se rendit dans la Celtique, puis passa en Neustrie, pour conférer avec le duc Robert sur le même sujet, l'excitant à renverser Charles et à s'emparer du trône : le tyran Robert tressaille de joie et s'empresse de faire accueil au tyran Gislebert; ils délibèrent ensemble et s'engagent par serment à exécuter leur projet².

XLI.

Au temps fixé, et pendant le séjour du roi à Tongres, où il était revenu et où il vivait en simple particulier, Robert se rendit dans la ville de Soissons. Là aussi se réunirent les grands de toute la Celtique, pour s'entendre avec lui sur les meilleurs moyens de détrôner le roi. Gislebert ne manqua pas d'y venir de Belgique, et, sans attendre la délibération, il allait criant de tous côtés que Robert devait être mis sur le trône. Par la volonté unanime de tous les seigneurs présents, Robert fut donc élu³, et, au grand triomphe de son ambition, conduit à Reims, où il reçut le titre de roi dans la basilique de Saint-Remi. Trois jours après son

---

¹ Eckard d'Urangen s'est écarté ici du récit de Richer. Selon Eckard, le roi Henri aurait été aussi en différend avec Charles pour la Lorraine, lui aurait fait la guerre, l'aurait vaincu, et, par le traité de Rouen, se serait fait céder la province en litige. Il faut dire, avec les auteurs de l'*Art de vérifier les dates*, que le silence de Flodoard et des auteurs français du temps les plus accrédités doit faire regarder cet abandon de la Lorraine comme supposé par des auteurs allemands. Voir la note du chap. XXII, p. 55.
² On voit par la note ci-contre que Richer était d'abord entré dans de grands détails au sujet des guerres qui eurent lieu l'an 922 entre Charles et Robert, mais qu'il effaça dans la suite tout ce qu'il en avait écrit; voir du reste la Chronique de Flodoard sous cette même année.
³ Le 29 juin 922; il fut sacré par Gauthier, archevêque de Sens.

collecti, qua ratione regem abjiciant, constantissime consultant. Nec defuit Gislebertus ab Belgica, qui mox absque deliberatione Rotbertum regem creandum perstrepebat. Communi ergo omnium qui aderant decreto, Rotbertus eligitur; ac, multo ambitionis elatu, Remos deductus, in basilica Sancti Remigii rex creatur. A cujus coronatione peracto triduo, Heriveus Remorum metropolitanus diutina egritudine vexatus, interiit. Qui, si eodem tempore valuisset, tanto facinori oportunitas non patuisset. Cui etiam mox succedit donatus ab Rotberto[1] Seulfus, qui tunc urbis ejusdem officio fungebatur[2] archidiaconatus; vir strenuus[3], multaque rerum scientia inclitus.

XLII.

Interea Karolus a Gallis præter paucissimos Belgarum desertum sese comperiens, apud præcipuos eorum qui a se non defecerant, plurimam de suo infortunio agitabat querelam, miseriorem sese inquiens si hac urgeatur calamitate, quam si oculos claudat suprema morte, cum illa dolores augescant, ista demantur[4]; carius quoque sibi ferro occidi, quam regno a pervasore privari; post regni enim privationem, solummodo superesse in exilium deportationem. In quo etiam ab iis quos summo semper habuit amore, apud quos diutius conversatus sit, quibus quoque nihil unquam mali molitus fuerit, debere sese suffragia accipere memorabat.

[1] rege 1.
[2] ebatur ex conject.
[3] liberalis ac st. 1.
[4] demantur. Vix etiam spem aliquam sibi relictam cum a tiranno totum pervasum sit, potestas dominandi et libertas habendi 1.

couronnement mourut, à la suite d'une longue maladie, Hervé, archevêque de Reims[1] qui, s'il eût été en santé dans les circonstances présentes, eût empêché un si grand crime[2]. A Hervé succéda bientôt, par décret de Robert, Seulfe, qui remplissait alors l'office d'archidiacre de la même ville; c'était un homme d'un grand caractère, et recommandable par de vastes connaissances.

XLII.

(923.) Charles, se voyant alors abandonné de toute la Gaule, si l'on excepte un très-petit nombre de Belges, se plaignait souvent de son infortune aux principaux d'entre ceux qui lui étaient restés fidèles ; ce serait un plus grand malheur pour lui, leur disait-il, d'être précipité du trône, que si la mort lui fermait les yeux pour toujours, car sa chute augmenterait ses douleurs, tandis que la mort y mettrait un terme ; il aimerait mieux périr par le fer que se voir ravir la couronne par un usurpateur, car privé du royaume il ne lui resterait plus que l'exil. Il rappelait qu'il avait le droit de compter sur l'appui de ceux qu'il aima par-dessus tous, parmi lesquels il résida le plus, auxquels il ne fit jamais de mal.

[1] Le 2 juillet.
[2] Il est certain cependant que l'archevêque Hervé ne tint pas toujours le parti de Charles, dont il se détacha, peut-être parce que Charles lui enleva la charge de chancelier pour la donner à Roger, archevêque de Trèves. Bouq., *Sur l'Hist. de l'église de Reims.*

XLIII.

Ad hæc sui[1] : « Perniciosum est » inquiunt « o rex, « juratis a domino deficere, sceleratissimum vero contra « dominum stare. Si de desertore ac transfugis agitur, « horumque nominum si advertatur interpretatio, quic- « quid moliti sunt, præter jus est et equum. Unde et « sine dubio si pugnæ necessitas eos adurgeat, divini- « tatis ultionem non evadent. Id vero certissime « noveris, nullo modo regnum a te repetendum, nisi « bello ipsum aggrediaris tirannum; regnum ereptum « non irrumpes, nisi ferro viam violenter aperias. Et « quia jam nunc res pugnam suadet, sacramento fides « adhibenda est, ut, nobis juratis, res in ambiguo non « sit. Dein saltem quinquaginta eligendi sunt, qui cer- « tissime tirannum appetant, vimque ei inferant, ut « cum belli violentia alios in alios exagitaverit, isti « tiranno tantum laborent, inventumque transfigant. « Quid enim proderit omnes interfici, et malorum cau- « sam reservari? » Et decreto communi in Rotbertum conjurant.

XLIV.

Mox quoque et regio jussu accersiuntur ex Belgica quicumque ab rege non defecisse videbantur. Quorum collectorum numerus, ut fertur, vix in decem[2] milibus putabatur. Et tamen, in quantum perspici valuit, nullus militiæ[3] ineptus admissus est : omnes corpore valentes, et non inertes pugnæ ; omnes quoque in tirannum una- nimes. His rex circumseptus, per Condrucium Hasba-

[1] Belgarum magnates 1.
[2] quinque *corr.* VI, *corr.* X, *codex.*
[3] pugnæ 1.

XLIII.

A cela ses amis répondaient : « O roi, on est coupable
« d'abandonner son seigneur après lui avoir fait serment,
« mais c'est un crime odieux de se lever contre lui. Si l'on
« considère quels sont le traître et les transfuges, ce qu'ils
« ont tenté est contre tout droit et toute justice. Aussi,
« est-il hors de doute que, s'ils sont forcés à combattre,
« ils n'échapperont pas à la vengeance divine. Et sois bien
« convaincu que tu ne peux te remettre en possession du
« trône qu'en portant la guerre au tyran lui-même ; que tu
« ne rentreras dans ton royaume qu'en t'en ouvrant hardi-
« ment le chemin par le fer. Et, comme les circonstances
« conseillent dès à présent le combat, notre fidélité doit être
« scellée par serment, afin qu'engagés de la sorte, il n'y ait
« plus pour nous à balancer ; qu'ensuite, il soit choisi cin-
« quante d'entre nous qui devront joindre le tyran et s'as-
« surer de lui ; qui, lorsque la chaleur du combat les aura
« poussés les uns contre les autres, ne s'attachent qu'à Ro-
« bert, le saisissent et le transpercent. Que servirait, en
« effet, de détruire l'armée ennemie, si la cause du mal
« continuait à subsister ? » Ainsi, d'un commun accord,
ils forment une conjuration contre Robert.

XLIV.

Bientôt, sur l'ordre du roi, arrivèrent tous ceux d'entre
les Belges qui n'avaient pas déserté la cause royale. On éva-
luait, dit-on, leur nombre total à dix mille hommes tout
au plus [1] ; mais, autant qu'on l'avait pu, on n'avait admis
que des individus propres à la guerre, des hommes ro-
bustes, résolus au combat, et tous également animés contre
le tyran. Entouré de son armée, le roi marche à l'ennemi

---

[1] Les circonstances de cette guerre entre Charles et Robert sont neuves dans la plupart de leurs détails.

niumque procedit in hostem. Ereptumque regnum irrumpens, sedem regiam Atiniacum pridem suam ingreditur. Ibique aliquantisper reparato exercitu, in adversarium fertur[1].

XLV.

Factus vero tiranno propior, exercitum ad congressum ordinat, sex milia robustorum præmittens. Quibus etiam virum consularem[2], nomine Fulbertum, ducem constituit. Se ipsum vero quatuor[3] milibus circumseptum, labentibus primis subventurum deputat. Postquam autem per singulas legiones discurrens, præcipuos quosque[4] multum diuque ad vim belli hortatus est, instructos ordines plurimis suasionibus incitans, ad locum ubi congrediendum erat, deducit. Axonam vero fluvium transmeans, ad urbem Suessonicam tendit. Ibi etenim tirannus copias collegerat; cujus quoque exercitus in viginti milibus consistebat. Cum ergo Karolus rex bello prudentia intenderet, instinctu episcoporum aliorumque religiosorum virorum qui sibi assistebant actum est, ut ipse rex bellum non ingrederetur, ne forte, in rerum confusione, regalis stirps, eo lapso, consumeretur. Id etiam duces et milites coegerunt. Ab omnibus ergo coactus, quatuor[5] milibus, quibus ipse circumseptus incedebat, virum consularem[6] Hagraldum præficit. Hortatur vero plurimum, ut Dei tantum auxilium implorent; nihil eis metuendum, nihil de victoria

---

[1] f. Axonam vero fluvium transmeans in urbem Suessonicam tendit. ibi etenim tirannus exercitum collegerat *postea deleta.*

[2] u. c. *codex.*

[3] duobus 1.

[4] quosque de militia et famæ gloria. priorumque nobilitate. et filiorum utilitate multum d. h. est 1.

[5] duobus 1.

[6] u. c. *codex.*

par le Condroz et l'Hasbain[1]; il pénétra dans le royaume qu'on lui avait enlevé et fit son entrée dans son ancienne résidence royale d'Attigny[2]. Son armée se refit là quelques instants et marcha ensuite contre Robert.

XLV.

Charles s'étant donc rapproché du tyran disposa ses troupes pour le combat : il plaça en avant six mille hommes vigoureux, et leur donna pour chef un personnage consulaire[3], nommé Fulbert; lui-même, à la tête des quatre mille hommes restants, devait les secourir au besoin. Il parcourut ensuite les diverses légions, et fit tout ce qu'il put pour exciter les principaux guerriers à combattre vaillamment; il anima aussi, par tous les moyens de persuasion, les troupes rangées en ordre, et les conduisit au lieu où devait se livrer la bataille. Il traversa donc la rivière d'Aisne, et s'avança vers Soissons, car c'est là que le tyran avait réuni ses forces, consistant en vingt mille hommes. Comme donc le roi Charles disposait tout avec sagesse, les évêques et les autres ecclésiastiques qui l'entouraient demandèrent qu'il ne prît pas lui-même part au combat, de crainte que la race royale ne vînt à s'éteindre avec lui au milieu de la mêlée; les chefs et les guerriers l'exigèrent aussi. Sollicité de tous côtés, le roi mit à la tête des quatre mille hommes qu'il conduisait Hagrald, de rang consulaire. Il les exhorta vivement à n'implorer que le secours de Dieu, leur répétant qu'ils n'avaient rien à craindre, et ne devaient en rien désespérer de la victoire, leur assurant que l'usurpateur du royaume tiendrait à peine un moment. « Dieu, disait-il, abhorre de pareils hommes, et la pré-

---

[1] Condroz ou Condrot, petite contrée du pays de Liége, capitale Huy; Hasbain ou Hasbaie, autre contrée du pays de Liége, au nord du Condroz, capitale Saint-Tronen.

[2] Attigny, petite ville de Champagne sur l'Aisne, au-dessus de Réthel.

diffidendum memorans; regni quoque pervasorem [1] vix uno momento duraturum asserebat : « Cum » inquiens « Deus hujusmodi abhominetur, et apud eum « nullus superbiæ locus sit, quomodo stabit quem ipse « non munit? quomodo resurget, quem ipse præcipi« tat [2]? » Et post hæc, cum episcopis virisque religiosis qui aderant, montem loco oppositum conscendit, ubi etiam est basilica beatæ Genovefæ virginis dedicata, eventum belli inde expecturus. Interea junctim procedit exercitus et magnanimus gradive in hostem accelerat. Procedit quoque tirannus, animo non impar, at legionibus potior.

XLVI. — Bellum inter Karolum et Rotbertum, ejusque fuga.

Quibus utrimque visis comminus, cum maximo clamore utrique exercitus signis infestis concurrunt. Congressique, innumeri hinc inde corruunt. Et Rotbertus quidem rex cum in certamine ignotus esset, et hinc inde feriendo toto campo fureret, a conjuratis conspectus, an ipse esset interrogatur. At ille intrepidus, mox barbam obvelatam detegit [3], seseque esse monstrat [4], multa vi in Fulbertum comitem ferrum vibrans. Ille vero lœtali ictu accepto [5], ab eo in dextram obliquatur. Et sic per loricæ manicam lancea cum in latere gravissimo ictu sauciat, necnon et per epar atque pulmonem et sinistri lateris ypocundriam ferrum usque in clipeum transigit [6], et circumseptus ab aliis, septem lanceis confossus præcipitatus corruit, diriguitque; multoque Ful-

[1] tirannum 1.
[2] non erigit 1.
[3] a lorica extraxit 1.
[4] monstravit 1.
[5] vero clipeo ictum excipiens 1.
[6] transigit. Irruunt et circumquaque conjurati. A quibus rotbertus circumseptus. septem 1.

« somption n'a aucun accès près de lui; comment donc se
« soutiendra celui qu'il n'appuie pas? comment se relèvera
« celui qu'il précipite? » Ensuite, avec les évêques et les
ecclésiastiques présents, il monta, pour attendre l'issue
du combat, sur une butte placée en face du champ de bataille[1], et sur laquelle s'élève une basilique dédiée à la bienheureuse vierge Geneviève. Cependant l'armée s'avance en
corps serré, et, comme une masse, fond intrépidement
sur l'ennemi. Le tyran s'avance de son côté avec un égal
courage et avec des légions plus nombreuses.

XLVI. — Bataille entre Charles et Robert : fuite de Charles.

Lorsque les deux armées ennemies se virent rapprochées, elles s'élancèrent l'une sur l'autre, en poussant de
grands cris. Elles se joignirent, et des deux côtés la terre
se joncha de morts. On ne savait où combattait le roi,
mais les conjurés voyant un guerrier frapper de tous côtés avec fureur lui demandent s'il est Robert. Aussitôt,
il découvre fièrement sa barbe et se fait connaître aussi
par les vigoureux coups d'épée qu'il porte au comte Fulbert. Il le blesse mortellement, le renverse sur le côté
droit, et, par le défaut de sa cuirasse, lui porte dans le
flanc un grand coup de lance qui lui traverse le foie, le
poumon, l'hypocondre gauche, et pénètre jusqu'au bouclier; mais lui-même, assailli par d'autres guerriers, est
percé de sept coups de lance et tombe roide mort. Fulbert
aussi, bientôt épuisé par le sang qu'il perd, tombe également sans vie en combattant encore. Après la mort de Robert, les deux armées luttèrent avec un tel acharnement

[1] Il est bien évident, d'après cela, que Charles ne combattit pas en personne, et ne tua pas Robert de sa main, comme quelques auteurs l'ont écrit. La bataille se donna le 15 juin 923.

bertus mox exhaustus sanguine et intercertans, mortuus cecidit. Interempto vero Rotberto, tanta vi cædis uterque deseviit exercitus, ut in parte ejus¹ undecim milia, in parte vero Karoli septem milia centum duodeviginti a Flodoardo presbitero ferro interiisse descriptum sit. Et jam quidem Karoli victoria videbatur, eo quod tiranno occiso, qui illius fuerant in fugam ferebantur; cum ecce Hugo, Rotberti filius, vix adhuc pubescens, in prælium ab Heriberto deducitur, succurritque labentibus. Et licet cum copiis advenerit, tamen utpote qui patre² amisso omnes suspectos habebat, nulloque duce fretus erat, a belli violentia quievit. Illud tantum memorabile fuisse refertur³, quod nullo resistente locum belli occupavit, et aliquantisper in eo stetit, acsi manubias hostium direpturus. Unde et sibi victor videbatur⁴. Karolus vero ob necem tiranni victoria potiri sese putabat. Quapropter et anceps victoria fuit, cum Celtæ⁵ desertores regem extinctum amiserint, Karolus vero nihil spoliorum attigerit. Neutrum⁶ illorum spolia diripuisse⁶ contigit⁶. Cujus rei oportunitas⁶ cum Karolo⁶ non defuisset, nulla tamen⁶ ductus cupiditate⁶ rem penitus⁷ vitavit. Nam transfugis⁸ plurimum diffidens, utpote qui maximam exercitus partem amiserat, mox iter sine spoliis in Belgicam⁸ retorsit,

---

¹ rotberti 1.
² rege 1.
³ referuntur cod. *negligentia scriptoris qui pluralem numerum in hac tantum voce et in ultima sententia non correxit.*
⁴ victores videbantur *cod.*
⁵ galli 1.
⁶ m, uis, it, o, arolo, sset, men, idi *ex conjectura.*
⁷ pnitu : *cod.*
⁸ gallis 1.
⁹ germaniam 1.

que de son côté, au rapport du prêtre Flodoard [1], périrent onze mille hommes, et sept mille cent dix-huit du côté de Charles. Déjà la victoire semblait assurée à celui-ci, car le tyran était mort et les siens prenaient la fuite, lorsque son fils Hugues, à peine adolescent, fut mené au combat par Herbert, et vint en aide aux défaillants. Toutefois, bien que Hugues arrivât avec des forces, et qu'il pût ne voir en face de lui que des meurtriers de son père; bien qu'il ne fût guidé par aucun chef, il arrêta cependant la violence du combat. On ne rapporte qu'une chose digne d'être remarquée, c'est que Hugues, maître sans opposition du champ de bataille, s'y arrêta quelques instants comme pour s'emparer des dépouilles de l'ennemi; en sorte qu'il semble s'être attribué la victoire. Mais Charles se regarda aussi comme vainqueur à cause de la mort du tyran. L'avantage fut donc incertain [2], car les Celtes transfuges perdirent leur roi, et Charles n'obtint aucune dépouille; ni les uns ni les autres n'emportèrent de butin. L'occasion cependant ne manqua pas à Charles, mais étranger à la cupidité, il ne voulut pas en profiter. Il se méfiait d'ailleurs des transfuges, et comme il avait perdu la plus grande partie de son armée, il reprit bientôt, sans butin, le chemin de la Belgique; mais avec l'intention de revenir plus terrible dans la suite. A cette époque, il se fit dans le Cambrésis un tremblement de terre qui renversa quelques maisons [3]; on put connaître plus tard que c'était là un présage de calamités publiques, quand le chef de l'État, contre tout droit,

---

[1] Cela ne se trouve ni dans les Annales ni dans l'Histoire de Flodoard (P.). Richer a été suivi ici par Eckard d'Urangen, qui renchérit sur lui en ce qu'il fait tuer Robert de la main de Charles.

[2] La partialité de Richer perce ici très-visiblement : Flodoard, de qui Richer a emprunté les principales circonstances qu'il raconte, dit positivement que le parti de Robert remporta la victoire, et que Charles s'enfuit avec les Lorrains : *Victoria potiti, Carolum cum Lotharicusibus in fugam verterunt.* Chron., ann. 923.

[3] Il eut lieu en 922.

post¹ truculentius redire disponens. Hac tempestate terræ motus in pago Camaracensi factus est, ex quo domus nonnullæ subversæ sunt. Unde et rerum calamitas adverti potuit, cum regni princeps, præter jus captus, et in carcerem usque in diem vitæ suæ supremum detrusus sit. Nam cum rem militarem disponeret, et exercitum copiosiorem Galliis inferre pararet, Gallisque inde timor multus incuteretur, mitiore animo ferebantur. Quod Karolus rex subintelligens, per legatos revocare eos nitebatur, multisque rationibus eis id suadere querebat. Nortmannis quoque usque ad effectum suasit, adeo ut regi fidem spondere, eique ut juberet militare vellent. Qui cum regi militaturi occurrere pararent, a Gallis intercurrentibus inhibiti sunt. Unde et eorum suppetiis rex privatus est.

XLVII. — Rodulfi * regis promotio * ac Karoli * captio.

Galli a pertinatia nullatenus quiescentes, Rodulfum Richardi Burgundionis filium accitum, apud urbem Suessonicam, eo licet satis reclamante, regem sibi præfecerunt, virum strenuum, ac litteris liberalibus non mediocriter instructum. Quod Heribertus tantorum malorum incentor sese velle dissimulans, Karolum regem per legatos accersit, tantis flagiciis se reniti voluisse mandans, sed conjuratorum a multitudine vehementissime suppressum; tunc nullum consilii locum patuisse, nunc vero remedii partem optimam sese reperisse. Unde et maturius accedat, quo ei ipse obvenire valeat; cum paucis tamen, ne, si cum multis adveniant, dissidentium animositate in bellum

* i, otio, i et conjectura.
¹ r. in Gallias t. I.

fut saisi et jeté dans une prison pour le reste de sa vie. Charles préparait une expédition militaire, et se disposait à faire marcher contre les Gaules une nombreuse armée; les Gaulois, grandement effrayés, commencèrent à concevoir des sentiments plus pacifiques, et Charles soupçonnant ces dispositions, chercha par des émissaires et par toute espèce de raisonnements à les ramener à lui. Les Normands se laissèrent convaincre, et consentirent à promettre fidélité au roi et à combattre pour lui dès qu'il l'ordonnerait. Mais comme ils se préparaient à aller se ranger sous ses drapeaux, ils en furent empêchés par les Gaulois, qui leur barrèrent le chemin, en sorte que le roi fut privé de leur secours.

XLVII. — Élection du roi Raoul et captivité de Charles.

Les Gaulois persistant dans leur opiniâtreté appelèrent à Soissons Raoul, fils de Richard de Bourgogne [1], et le prirent pour roi, malgré ses refus. C'était un homme courageux et très-versé dans les lettres. Herbert, auteur de bien des maux, feignant de voir cette élection à regret, envoya des députés au roi Charles pour lui dire qu'il avait voulu s'opposer à de si grands forfaits; mais qu'il avait échoué devant la violence de nombreux conjurés; alors, ajoutait-il, ses desseins n'avaient pu se faire jour, mais il a trouvé maintenant un excellent moyen de remédier au mal. Que le roi vienne donc promptement, pour qu'il puisse aller lui-même à sa rencontre; mais qu'ils aient peu de monde avec eux, car s'ils menaient une nombreuse suite, la mésintelligence de leurs gens pourrait les forcer à la guerre. Si le roi désire des garanties de sûreté pour ce voyage, il

---

[1] Voir *Notes et dissertations*, sect. II, § 1, art. 1.

cogantur. Et pro itineris securitate, si sibi placeat, ab ipsis legatis jurisjurandi fidem accipiat. Rex horum credulus, ab legatis jusjurandum pro fide accepit, ac, sine suorum deliberatione, proditori obvenire non distulit. Et proditor dolos dissimulans, cum paucis æque obvenit. Datisque osculis excepti, familiaribus colloquiis cousi sunt. Et inter loquendum cohortem armatorum ab abditis evocat, regique incauto inducit. Qui multitudini reniti non valens, a cohorte captus est; aliquibus cum eo captis, quibusdam etiam interemptis, reliquis quoque fugatis. Ductusque Peronam, carcerali custodiæ deputatur. Germani, rege amisso, in deversa feruntur. Quorum alii de reditu domini elaborant, alii vero a spe dejecti, Rodulfo regi favent, nec tamen in ejus fidem penitus concedunt. Quorum priores exspectatione diutina domini libertatem operientes, Heribertum proditorem de fidei violatione sepe convenerunt, ac inde plurimum apud male conscios conquesti sunt. Quibus persuadere non valentes, de perjurii reatu nihil ruboris incusserunt, cum ira Dei eis immineret.

XLVIII — Exactio⁴ pecuniæ* publicæ² piratis dandæ.

Hæc dum agerentur, pyratæ¹ Gallias irruperunt, pecudum armentorumque abductione, multarumque opum exhaustu, cum plurimorum captivitate terram depopulantes. Quorum impetum rex dolens, suorum usus consilio exactionem pecuniæ collatitiæ fieri exactoribus indixit, quæ hostibus in pacis pacto conferretur. Et collata, ad votum commune paciscuntur,

* E, e, c. ex conject.
¹ nortmanni 1.

peut exiger des envoyés eux-mêmes serment de fidélité. Charles, confiant dans ces paroles, reçut le serment de fidélité des envoyés, et, sans prendre conseil de personne, ne balança pas à venir au-devant du traître. Celui-ci, dissimulant sa trahison, s'avança de même vers le roi suivi de peu de monde. Ils s'embrassèrent mutuellement et se mirent à causer avec familiarité. Mais pendant l'entretien, Herbert fit sortir de lieux cachés une troupe de gens armés et les dirigea contre le roi, qui, attaqué à l'improviste, ne put résister au nombre et fut pris par les assaillants. Quelques-uns des siens furent pris de même, quelques autres tués, le reste mis en fuite. Le roi fut conduit à Péronne et confié aux murs d'une prison. Les Germains [1], privés de leur roi, prirent différents partis : les uns travaillèrent à le ramener parmi eux, les autres, perdant tout espoir, s'attachèrent au roi Raoul, mais sans cependant lui vouer une absolue fidélité. Les premiers, se flattant toujours de voir enfin leur maître en liberté, reprochèrent souvent au traître Herbert d'avoir violé sa foi, souvent aussi se plaignirent à ses complices. Mais il fut impossible d'en rien tirer, ni de les faire rougir de leur parjure, bien qu'ils fussent menacés de la colère de Dieu.

XLVIII. — Levée de deniers publics destinés aux pirates (924).

Dans le même temps, les pirates se jetèrent sur les Gaules et ravagèrent le pays, emmenant gros et petit bétail, enlevant des richesses considérables, réduisant en captivité de nombreuses populations; désolé de cette agression, le roi, sur l'avis de ses conseillers, donna ordre aux collecteurs de faire une levée de deniers publics pour acheter la paix. L'argent levé désarma en effet l'ennemi, à la satisfaction générale, et il se retira. Bien que vivement affecté,

---

[1] C'est-à-dire les Belges (P.)

atque in sua concedunt. Rex vero licet merens ad alia se contulit, exercitum itaque in Aquitaniam adversus ejus principem Wilelmum parat, eo quod subdi sibi contempneret. Et tempore opportuno cum exercitu super Ligerim affuit. At Wilelmus militum copiam non patiens, obruenti per legatos occurrit¹. Illisque fluvio interfluente, in legatorum suasionibus dies tota consumpta est. Tandem die altera fidem utrimque pacti, a se discesserunt.

XLIX. — Congressus ᵃ Rodulfi ¹ regis cum piratis ², cornuaque fusio ³.

Rex inde regressus, febre acuta apud urbem Senonicam corripitur. Qui cum die cretica convaluisset, vi recidiva rursus opprimitur. Ac de salute desperans, Remos ad Sanctum Remigium sese deferri fecit. Cui dona plurima largitus, elapso mense utiliter convaluit, urbemque Suessonicam alia curaturus expetiit. Ubi cum apud principes rem publicam consuleret, legati adsistunt, qui pyratas² fide violata interiores Burgundiae³ partes irrupisse asserunt; congressosque cum Manasse ac Varnero comitibus, Iozselmo atque Ansegiso episcopis, adeo defecisse, ut eorum 960 apud montem Calaum sternerentur, nonnulli capti tenerentur; reliqua vero minorum manus, lapsa profugio sit; Warnerus vero equo occiso, quo vectus ferebatur, decem vulneribus perfossus interierit. His rex motus, diem alteram in partibus deliberationis totam consumpsit. Et die tertia, edicto regio tirones ex citeriori Gallia intra dies quindecim collegit; collectosque cum aliquot

---

ᵃ Co, R, r, f. *ex conject.*
¹ o. dolose tamen I.
² nortmannos I.
³ galliarum I.

le roi s'occupa d'autres affaires : il rassembla une armée destinée à marcher contre Guillaume, prince d'Aquitaine [1], qui refusait de se soumettre à l'autorité royale; il se trouva au temps voulu sur la Loire, à la tête de cette armée [2]. Guillaume, effrayé du nombre, envoya des messagers au-devant du roi, et tout le jour se passa en pourparlers d'un côté du fleuve à l'autre ; enfin, le jour suivant on se lia par des serments réciproques et l'on se sépara.

XLIX. — Combat entre le roi Raoul et les pirates; dispersion de ceux-ci (925).

A son retour, le roi fut pris d'une fièvre aiguë dans la ville de Sens [3]. Quand arriva le jour critique, il éprouva du mieux; mais la maladie reprit une nouvelle force. Désespérant alors de sa guérison, il se fit porter au monastère de Saint-Remi de Reims et lui fit de nombreuses donations. Au bout d'un mois, il se trouva tout à fait rétabli et se rendit à Soissons pour s'y livrer à d'autres soins. Pendant qu'il y traitait des affaires publiques avec les princes, des envoyés vinrent lui annoncer que les pirates [4], infidèles à leurs promesses, avaient fait irruption dans l'intérieur de la Bourgogne [5]; mais qu'en étant venus aux mains avec les comtes Manassé et Garnier, avec les évêques Jozselme et Ansegise [6], ils avaient été tellement maltraités, que neuf cent soixante d'entre eux étaient restés sur la place au mont de Chelles; qu'on en avait pris et retenu quelques-uns,

---

[1] Guillaume Ier, duc d'Aquitaine. Voir *Notes et dissertations*, sect. II, § 1, art. 1.
[2] Dans l'Autunois, selon Flodoard.
[3] Cette maladie est de l'an 924, selon Flodoard.
[4] Sous la conduite de Ragenold leur duc.
[5] Ils ravagèrent en cette même année plusieurs provinces de la Gaule.
[6] Manassé, comte de Dijon, Garnier, comte ou vicomte de Sens; Jozselme, ou, suivant Flodoard, Goscelin, évêque de Langres; Ansegise, évêque de Tongres. Ce dernier, au rapport de Flodoard (ann. 925), fut blessé en combattant contre les Normands. Il devint chancelier sous le roi Raoul. La bataille eut lieu le 6 décembre. Il resta sur la place plus de huit cents Normands, selon Flodoard.

magnatibus super fluvium Sequanam adversariis inducit. At pyratæ[1] renisuri obvenientes, a Gallis in sua castra redire coacti sunt. Galli fugientes insecuti, castris ignem inmittunt, congressique vehementi conamine, victos sternunt. At alii fuga pedestri, alii profugio navali elapsi sunt, alii cum castris succensi, alii ferro ad tria milia interfecti sunt. Quos vero fuga exagitavit, post collecti, quodam suo oppido secus mare sito collecti sunt. Cui etiam Augæ nomen erat.

L. — Rollonis pyratæ interitus suorumque ruina.

Quorum princeps Rollo sufficientibus copiis oppidum implens, bello sese manifeste paravit. Rex inde digressus, exercitum provocanti infert, congredi non differens. Oppidum aggressus est. Et obsidione disposita, vallum quo cingebatur, irrumpit. Atque sic tirones peribolum conscendentes, adversarios pervadunt, oppidoque potiti[2], mares omnes trucidant, feminis intactis parcunt, oppidum diruunt atque comburunt. Cujus incendiis aere densato ac denigrato, in tetra caligine nonnulli evadentes, finitimam quandam occupant insulam. Quos sine dilatione exercitus aggressus appetit, ac navali pugna victos opprimit. Pyratæ, vitæ spem amit-

[1] nortmanni 1.
[2] p. Rollonem oculis effossis suggillant *hæc jam*, *linea subducta*, *deleta sunt*.

que le reste, composé des moins considérables, avaient pris la fuite ; cependant Garnier ayant eu son cheval tué sous lui, avait reçu dix blessures et perdu la vie. Le roi, ému de ces nouvelles, donna tout le jour suivant aux délibérations, et le surlendemain, il porta un édit pour rassembler sous quinze jours la jeunesse de la Gaule citérieure [1] ; il la réunit sur la Seine avec quelques seigneurs, et la dirigea contre l'ennemi. Les pirates s'avancèrent de leur côté, décidés à résister ; mais les Gaulois les forcèrent à rentrer dans leurs retranchements, les poursuivirent dans leur fuite, incendièrent leur camp, se précipitèrent sur eux et les écrasèrent. Les uns s'enfuirent à pied, les autres se sauvèrent à la faveur de leurs barques ; ceux-ci périrent dans les flammes de leur camp, ceux-là tombèrent sous le fer au nombre de trois mille. Tous ceux qui étaient parvenus à fuir [2] se réunirent ensuite et se retirèrent dans une de leurs places, voisine de la mer, qu'on appelait Eu.

L. — Mort du pirate Rollon et ruine des siens.

Leur prince Rollon [3], remplissant la place de forces suffisantes, se prépara ouvertement à la guerre. Le roi quitta la Bourgogne, et sans balancer un instant, dirigea son armée contre le provocateur. Il arriva devant la place, en régla le siège et se jeta dans le fossé qui l'entourait [4]. Les soldats

---

[1] Qu'entend Richer par *Gaule citérieure*? Nous nous sommes déjà, dans un autre ouvrage, rangé à l'avis de ceux qui veulent qu'il n'y ait point eu de Gaule ultérieure ou citérieure prises d'une manière absolue, mais que la partie que chacun habitait fût pour lui Gaule citérieure, l'autre partie Gaule ultérieure.

[2] Le lecteur observera que tout ce récit diffère grandement de celui de Flodoard (P.).

[3] Il s'agit ici du fameux Rollon, premier duc de Normandie. Rollon vivait donc encore en 925 ; c'est donc à tort qu'Orderic Vital le fait mourir cinq ans après son baptême, c'est-à-dire l'an 917. Bouq. sur la *Chron. de Flod.* Voir ce qu'a dit, à cet égard, M. A. Le Prevost sur Orderic Vital, t. II, p. 8 et 9. Du reste, remarquons qu'il n'est question de la mort de Rollon que dans le titre, mais non dans le texte de Richer ; voir ci-dessus chap. IV, IX, XXXI, not. et plus bas ch. LIII.

[4] On voit par Flodoard que c'était un mur (P.). Flodoard dit que les Français entourèrent la place, attaquèrent le rempart qui la ceignait

tentes, alii sese fluctibus immergunt ac enecantur, alii enatantes ab observatoribus jugulati sunt, alii nimia formidine tacti telis propriis sese appetunt. Et sic, omnibus ademptis prædaque direpta non modica, rex Belvacum rediit, ibique resedit.

LI. — Item piratarum * interitus *.

Inde audito Atrabatensium regionem a piratis aliis vexari, assumpto exercitu ab his qui loca maritima incolebant, repentinus in eos fertur. Piratæ comminus congredi non ferentes, ab exercitu cedere coacti sunt, ac coarctati, saltu quodam vitam tueri nitebantur. At exercitus circumquaque eos obsidens, adeo urgebat. Illi vero noctu eruptione facta, in castra regis feruntur. Et circumvallante exercitu penitus inclusi, miserabili fortunæ succubuere: octo namque eorum milia, ibi cesa referuntur. Quo tumultu rex inter humeros ' sauciatus, Hildegaudus vero, clarissimi generis comes, interemptus est, aliique nonnulli nec tamen aliquo nomine clari. Rex victoria potitus, Laudunum rediit.

* ira, inte *ex conject.*
' rex a tergo sauciatus I.

franchirent le rempart et tombèrent sur l'ennemi ; maîtres de la place, ils tuèrent tous les mâles, respectèrent les femmes, saccagèrent et incendièrent la ville. L'air fut épaissi, et la terre couverte d'une intense et noire fumée, qui permit à quelques-uns de s'échapper et de se retirer dans une île voisine. Mais à l'instant même l'armée se mit à leur poursuite et les extermina dans un combat naval. Les pirates perdant tout espoir de salut, ou se précipitent dans les flots et y périssent, ou s'efforcent de nager, mais sont atteints et égorgés; d'autres, enfin, cédant à l'excès de la peur, se percent de leurs propres armes. C'est ainsi qu'après les avoir tous détruits et avoir fait un grand butin, le roi revint à Beauvais, où il fixa sa résidence.

LI. — Les pirates exterminés de nouveau (926).

Le roi apprit bientôt que d'autres pirates désolaient l'Artois. Il composa une armée d'hommes appartenant aux contrées maritimes et se mit aussitôt en marche. Les pirates n'osèrent livrer combat et commencèrent à fuir devant l'armée qui, les serrant de près, les obligea à chercher dans une forêt un refuge contre la mort. Ils y furent assaillis et pressés de tous côtés; pendant la nuit ils se jetèrent à l'improviste sur le camp du roi; mais enveloppés par l'armée royale, ils succombèrent misérablement : on dit que huit mille d'entre eux [1] périrent là. Dans la mêlée, le roi reçut une blessure entre les deux épaules, et le comte Helgaud [2], homme de race illustre, fut tué, de même que quelques autres de moindre renom. Après cette victoire, le roi revint à Laon.

comme un boulevard, brisèrent les murs, les escaladèrent, etc. *Franci, vallum, quo pro antemurali cingebatur (Juga), irrumpunt, murumque infringentes conscendunt* (*Chr. ann.* 925). On voit, par le même auteur, qu' Herbert avec les hommes d'armes de l'église de Reims, le comte Arnoul et les autres Français du littoral prirent part à cette expédition.

[1] Onze cents selon Flodoard.

[2] Les terres du comte Helgaud confinaient, comme on le voit par Flodoard, à celle des Normands.

LII. — Lunæ defectio *.

Tunc etiam luna quartadecima terræ objectu obscurata, visibus intuentium defecit. Acies quoque igneæ Remis in celo visæ sunt. Quibus præsagientibus signis, febrium ac tussicularum morbus e vestigio irrepsit; unde nonnulli lœtaliter affecti, occubuere. Cum his quoque et litium tumultuatio inter regem ac Heribertum qui Karolum sub custodia detinebat, non modica subsecuta atque exagitata [1] est, eo quod Heribertus ab rege nimia expetebat, rex vero utpote insatiabili nihil accommodabat.

LIII. — Karolus ** liberatur ** ab Heriberto **.

Regi ergo minas Heribertus intendens, Karolum regem a carcere eductum in pagum Veromandensem deduxit, non ut regno fidelis eum restitueret, at ut ex ejus eductione aliquam suspectis formidinem incuteret. Nortmannis itaque accersitis atque apud oppidum Augam collectis eum [2] deducit; ibique filius Rollonis pyratæ, de cujus interfectione jam relatum est, regis manibus sese militaturum committit, fidemque spondet, ac sacramento firmat.

LIV. — Sententia *** papæ in *** Rodulfum *** petita, ab Heriberto *** rejecta ***.

Exinde Heribertus Rodulfo regi invidens, admodum insidiabatur. Unde et cum Karolo Remos deveniens,

* de, io *ex conject.*
** rolus, eratur ab, berto *ex conject.*
*** nten, papæ in, dulfum, Heriberto reje *ex conject.*
[1] modica exorta est I.
[2] Karolum. I.

LII. — Éclipse de lune (927).

Vers le même temps, la lune arrivée à son quatorzième jour fut obscurcie par l'interposition de la terre, et dérobée aux regards des hommes [1]. A Reims, on vit dans le ciel des armées de feu. Ces présages furent suivis d'une maladie mêlée de fièvre et de toux; quelques personnes en furent mortellement atteintes et succombèrent. Alors aussi s'éleva un différend grave entre le roi Raoul et le comte Herbert, qui retenait Charles captif; parce que Herbert demandait trop au roi, et que le roi voyant le comte insatiable ne lui accordait rien [2].

LIII. — Charles mis en liberté par Herbert.

Herbert donc, pour effrayer le roi, fit sortir le roi Charles de prison et l'amena dans le Vermandois; non qu'il voulût, en sujet fidèle, le remettre en possession du royaume, mais pour jeter la crainte parmi ceux qui s'étaient prononcés contre ce prince. Il le présenta aussi aux Normands qu'il appela et rassembla dans la place d'Eu. Là le fils du pirate Rollon [3], dont nous avons fait connaître la mort, prêta entre les mains du roi le serment de combattre, et lui jura fidélité.

LIV. — Herbert demande au pape une sentence contre Raoul, puis change de résolution (928).

Herbert, toujours hostile au roi Raoul, ne cessait de comploter contre lui. Étant donc venu à Reims avec Charles, il

---

[1] Richer se faisait, comme on voit, une idée exacte de la cause des éclipses de lune.
[2] Ce différend s'éleva à l'occasion du comté de Laon, qu'Herbert demandait pour son fils Eudes, et que le roi avait accordé à Roger fils du comte Roger. *Flod.*
[3] Guillaume surnommé Longue-Épée, duc de Normandie. Voir *Notes et dissertations*, sect. II, § 1, art. 1.

pro eo Romam legatos dirigit, ac Johanni papæ epistolam mittit, per quam significabat, contra Karolum nec sese conjurasse, nec conjurationis conscium fuisse, conjuratis tantum invitum cessisse. Unde et se velle plurimum ut Karolus regno restituatur, qui innocens sine causa abjectus sit. Nec solum se in hac esse sententia, at optimorum quosque¹ præter hos qui donis multiplicibus corrupti sint²; quapropter et ipse auctoritate apostolica regno restitui regem abjectum jubeat; quicumque ejus præcepto refragari nisus fuerit, anathemate perpetuæ maledictionis condempnet; ac pro hac re episcopis atque principibus Galliarum et Germaniæ epistolam dirigat, continentem et bonorum benedictionem et contradictorum maledictionem. Legati ergo Romam properant negotium³ peracturi, sed consumpto itineris labore, nihil mandatorum peragunt: namque a præfecto captus papa, eo quod a se plurimum dissideret, ab eo carcerali custodia detinebatur. Unde et sine legationis effectu digressi, in Gallias remearunt. Heribertus vero ad alia sese conferens, apud Hugonem⁴ Rotberti filium de fide inter sese habenda adeo satagebat. Quem et suasionibus efficaciter allicuit, ac fide pacti sibi annexuit. Hugonis itaque efficacia persuasus, ad Rodulfum redit, eique reconciliatus aliquandiu hesit. Cujus in multa gratia susceptus, ut se fidelitatis exsecutorem monstraret, Karolum mox Peronæ in carcerem retrusit.

¹ nonnullos I.
² st. *codex*.
³ negiu *deletum*.
⁴ H. *codex*.

envoya à Rome en faveur de ce prince des ambassadeurs, porteurs pour le pape Jean d'une lettre dans laquelle il exposait que non-seulement il n'avait pas conspiré contre Charles, mais qu'il n'avait été en rien complice de la conjuration ; qu'il n'avait fait que céder malgré lui aux conjurés ; qu'il désirait donc ardemment que Charles fût rendu au trône d'où il avait été précipité innocent et sans motif. Du reste, ces sentiments n'étaient pas seulement les siens, disait-il, mais ceux de tous les gens de bien ; ils ne sont étrangers qu'à ceux qu'on a corrompus à force de présents. Que le pape, usant de l'autorité apostolique, ordonne donc le rétablissement du roi détrôné, et qu'il frappe de l'anathème d'une éternelle malédiction quiconque chercherait à repousser sa sentence ; qu'il écrive à ce sujet aux évêques et aux princes des Gaules et de Germanie, leur envoyant des bénédictions pour les bons, des malédictions pour les opposants. Les envoyés se rendirent donc à Rome pour négocier l'affaire ; mais arrivés au terme du voyage, ils ne purent remplir en rien leur mandat, car le pape était alors retenu en prison par un gouverneur [1], à la suite de grandes mésintelligences survenues entre eux ; les envoyés repartirent donc sans avoir rien fait, et revinrent dans les Gaules. Herbert alors tourna ses idées d'un autre côté, et chercha à faire alliance avec Hugues, fils de Robert ; il finit par y réussir, car ils se jurèrent une fidélité réciproque. Comptant donc sur l'influence de Hugues, Herbert revint à Raoul, fit sa paix, et passa quelque temps près du roi. Se voyant comblé de faveurs, il voulut donner une marque de fidélité, et réintégra Charles sans retard dans la prison de Péronne.

[1] Gui, marquis de Toscane, frère de Hugues, roi d'Italie.

LV. — Heribertus a rege Remense episcopium accepit.

Unde et ab rege donari petens, episcopium Remense sub obtentu filii sui adhuc pueri ab eo accepit; nam et tunc hac vita divæ memoriæ Seulfus metropolitanus decesserat. At quia ætas tenerior puerum sacris officiis prohibebat, Odelrico cuidam, ab Aquensi episcopio pyratarum insectatione pulso, pro eo ministrare concessum est. Cui etiam abbatiam Sancti Timothei martiris ad usus proprios attribuit, et insuper canonicorum victum simul impertivit. Rodulfus interea rex quanta foret æquitas suæ vitæ demonstrare cupiens, ad Karolum ubi servabatur accessit. Apud quem multa de ejus miseriis conquestus, sermone multiplici si offenderat suppliciter veniam postulabat; et quoniam suscepti regiminis apicem penitus amittere non valebat, quod ratio conferebat ei restituit, sedes videlicet regias, hoc est Attiniacum et Pontionem; sicque Suessionum remeavit.

LVI. — Karoli obitus.

Karolus post hæc tedio et angore deficiens, in machronosiam decidit; humoribusque noxiis vexatus, post multum languorem vita privatus est. Rodulfus vero rex, pyratas Galliam Aquitanicam irrupisse per legatos comperiens, eamque hostiliter debacchantes infestasse, vim inferre cogitabat.

---

² Her, a r, mense, acc ex *conject.*
¹ piæ l. d. 2.

LV. — Herbert reçoit du roi l'évêché de Reims.

Par suite de cette réconciliation, il demanda au roi et obtint de lui l'épiscopat de Reims, qui fut censé donné à son fils encore enfant. Ce siége vaquait alors par la mort de Seulfe de sainte mémoire. Et comme l'enfant était trop jeune encore pour remplir les fonctions épiscopales, il fut permis à un nommé Odelric, que les brigandages des pirates avaient forcé de quitter le diocèse d'Acqs, de régir à sa place l'épiscopat. Odelric reçut pour ses besoins particuliers l'abbaye de saint Timothée, martyr, et de plus, la mense canoniale [1]. Cependant le roi Raoul voulant donner une haute idée de ses sentiments d'équité, se rendit à la prison de Charles [2], plaignit beaucoup le malheureux prince et le supplia plusieurs fois de pardonner s'il avait pu lui faire quelque offense. Raoul ne pouvait résigner entièrement le pouvoir suprême dont il était revêtu; mais il restitua du moins à Charles tout ce que la raison comportait, c'est-à-dire les résidences royales d'Attigny [3] et de Ponthion, puis il s'en retourna à Soissons.

LVI. — Mort de Charles (929).

Accablé d'ennui et de chagrin Charles contracta une maladie de consomption, et envahi par des humeurs malfaisantes, il languit longtemps et mourut [4]. Le roi Raoul, informé par des envoyés que les pirates s'étaient jetés sur la Gaule Aquitanique et qu'ils y promenaient le ravage et la fureur, se disposa à envoyer des forces contre eux.

---

[1] *Cum unius tantum prœbenda clerici.* Flod., *hist. et chron.* Odelric avait été évêque d'Acqs en Gascogne, et non d'Aix en Provence, comme certains auteurs l'ont écrit. Il quitta son évêché à cause des Sarrasins d'Espagne, qui désolaient toutes les églises situées entre la Garonne et les Pyrénées. Bouq. sur Flodoard.

[2] A Reims où Charles était retenu prisonnier selon Flodoard. Il mourut cependant à Péronne, selon le même auteur, l'année suivante.

[3] Sur Attigny, voir plus haut, chap. XIV et n. Ponthion-sur-l'Ornain près Vitry-le-Brûlé en Pertois.

[4] A Péronne, le 7 octobre 929 (P.).

LVII. — Regis [1] ac pyratarum [1] conflictio [1], eorumque [1] fusio [1].

Edicto ergo regio, omnibus qui de militari ordine valebant accitis ex Gallia Celtica, cum multis Belgarum, duodecim cohortes ordinat. Cum quibus iter arripiens, usque Lemovicas procedit. Ibique legionibus dispositis, cum pyratæ regium equitatum non sustinentes, profugio eripi niterentur, ab Aquitanorum legione repulsi sunt. Rex vero cum cohortibus prosecutus, gravi cede pene omnes fudit, paucis fuga lapsis. Suorum vero nonnulli sauciati, ex vulnere convaluere; aliqui etiam interfecti. Itaque factum est, ut Aquitani gratias regi reddentes, multa ei benivolentia subdi voluerint, ac jure sacramenti in fidem firmissimam concesserint. Quibus utiliter patratis, rex exercitum reduxit, procinctumque solvit.

LVIII. — Heriberti et [**] Hugonis dissensio.

Dum hæc gererentur, inter Hugonem [1] et Heribertum de prælaturæ dignitate lites agitantur; efferatique sese prædis et incendiis graviter afficiunt. Rex in Heribertum indignans, eo quod perfidiæ promtum esse cognosceret, Hugonis [2] partibus [2] stabat [2], unde [2] et Heriberti [2] oppidum [3] Donincum nomine, Hugone ascito, aggressus expugnat, ac captum diruit. Nec minus et Atrabatum obsidione adhibita cepit, civesque victos ac juratos sibi annexuit. Rex inde digressus, cum quietum sese arbitraretur, Heribertus, Germanis

[1] R, pyra, flic, que f ex conject.
[**] Heriberti et ex conject.
[1] Hem codex.
[2] Hugonis, pa, stab, un, He ex conject.
[3] castrum I.

LVII. — Combat entre le roi et les pirates; dispersion de ceux-ci (930).

Le roi, par un édit, appela de la Gaule Celtique tous les hommes d'armes valides, il en fit venir beaucoup aussi de la Belgique, et forma douze cohortes [1]; il se mit en marche avec ces forces et arriva devant Limoges, où il disposa ses légions. Les pirates ne pouvant résister à sa cavalerie cherchèrent à lui échapper par la fuite, mais ils furent arrêtés par la légion des Aquitains, et le roi les poursuivant avec ses cohortes, les tailla en pièces et les extermina presque tous, un très-petit nombre étant parvenu à s'enfuir. Du côté du roi quelques hommes furent blessés, mais se rétablirent; il y en eut aussi quelques-uns de tués. Les Aquitains, reconnaissants envers le roi, voulurent lui témoigner leur vive gratitude et lui jurèrent une inviolable fidélité. Les choses donc heureusement terminées, le roi emmena son armée et la licencia.

LVIII. — Dissensions entre Herbert et Hugues (931).

Pendant que tout cela se passait, il s'éleva entre Hugues et Herbert des rivalités qui produisirent des dissensions; la fureur s'en mêla et ils recoururent au pillage et à l'incendie. Le roi se déclara contre Herbert, qu'il savait disposé à la trahison, et prit parti pour Hugues. Aidé du duc il alla assiéger, prendre et détruire une place d'Herbert appelée Doulens. Il assiégea de même et prit Arras, dont il s'attacha par serment les citoyens vaincus. Il s'éloigna ensuite; mais lorsqu'il croyait pouvoir se reposer tranquille, Herbert fit venir les Germains qui habitent les bords du Rhin [2], marcha contre lui et porta partout, avec une exécrable fureur, l'incendie et le pillage. Il prit aussi et détruisit une

---

[1] Voir *Notes et dissertations*, sect. IV.
[2] C'est-à-dire les Lorrains. *Flod. Chron.* ann. 931.

qui Rheni litora incolunt eductis, in regem fertur, ac execrabili furore incendia rapinasque exercuit. Insuper et Hugonis oppidum quod secus torrentem Vitulam situm Braina dicitur, occupat, capit ac diruit.

LIX. — Heriberti præparatio * contra * regem.

Hujus vero contumeliæ causam rex se constituisse intelligens, ejus potentiam minuere quærebat. Remensibus ergo civibus legatos mittit, ac ut pontificem eligant præcipit. Quod etiam ni faciant, alium præter eorum velle eis sese impositurum mandat. At cives, regiæ legationis mandatum excipientes, quid ipsi inde velint ac sentiant per suos legatos referunt ; sese videlicet regio jussu Heriberti filium licet adhuc puerum suscepisse, atque pontificem elegisse, inde etiam fidem ei jam factam accommodasse; quapropter impossibile esse ut, fide inviolata, ab eo sic deficere possint. Rex partibus Heriberti cives favere intelligens, collecto exercitu, urbem repentinus aggreditur. Ingredique prohibitus, obsidionem applicat, ac urbanos resistentes fervidus adurget. Qui multa expugnatione vexati, tertia tandem ebdomada portas victi et supplices aperuere.

LX. — Oratio Rodulfi regis ad " cives Remenses " pro se suasoria ".

Ingressusque urbem rex, post nonnulla disposita, collato cum suis consilio cives accersit [1]. Coramque sic contionatus ait : « Quantum, inquiens, cædis, quan« tum etiam rapinarum, res publica [2] factione malo-

* Heriberti præpa, contra ex conject.
** d, ses, ria ex conject.
[1] cuocat I.
[2] r. p. codex.

place de Hugues appelée Braine, située près du torrent de Vesle [1].

LIX. — *Préparatifs d'Herbert contre le roi.*

Le roi, comprenant bien qu'il était la cause de cette représaille, chercha à ruiner la puissance d'Herbert. Il envoya donc des députés aux Rémois pour leur ordonner de se choisir un évêque, leur faisant dire qu'autrement il leur en imposera un lui-même sans attendre leur choix. Mais en réponse à la notification du roi les citoyens lui notifient aussi par des députés ce qu'ils veulent et ce qu'ils pensent. C'est par son ordre, lui disent-ils, qu'ils ont élu et reçu comme évêque le fils d'Herbert encore enfant, et que par suite ils lui ont prêté serment de fidélité; il est donc impossible qu'ils puissent l'abandonner sans violer leur foi. Le roi, comprenant que les citoyens étaient dans les intérêts d'Herbert, rassembla une armée et marcha aussitôt contre la ville. Et comme l'entrée lui en était refusée, il en fit le siége et pressa les citoyens avec vigueur. Ceux-ci résistèrent, mais enfin fatigués de la longueur du siége, ils ouvrirent leurs portes la troisième semaine, vaincus et suppliants.

LX. — *Discours du roi Raoul pour gagner les citoyens de Reims.*

Lorsqu'il fut entré dans la ville, le roi prit quelques dispositions, puis il tint conseil avec les siens et fit venir les citoyens, auxquels ils tint le discours suivant : « Vous savez
« très-bien, je pense, à combien de carnage, à combien de
« rapines le pays a depuis peu été en proie par le fait des
« méchants; car il est impossible que vous ayez été entière-

---

[1] Le fond de toute cette guerre est dans Flodoard, mais Richer y a ajouté des détails curieux.

« rum nuper passa sit, optime, ut puto, nostis. Non
« enim fieri potuit, ut, tot malis ubique grassantibus,
« intacti penitusque immunes relinqueremini. Nam cum
« vestra necessaria sepe direpta, sepe combusta sint,
« eorum calamitatem tolerastis. Et non solum publica
« exterius, at hic privata bona intrinsecus a sevissimo
« exactore Heriberto cotidie imminuuntur. Unde et
« vobis consulendum arbitror, ut pastorem vobis com-
« modum conibentia communi eligatis, cum ille ti-
« ranni filius adhuc infantulus vobis idoneus non sit,
« ac canonica auctoritas vacare æcclesiam pastore tanto
« tempore non permittat. Nec dedecoris quicquam in
« vos redundabit, cum militari violentia victos et cap-
« tos, alia sequi necessitas vos adurgeat. Nec vos fateor
« tantum, quantum ego in hoc negotio oberravi; ita-
« que fecisse me penitet. Peniteat et vos vestrarum
« rerum dispendium peregisse. Reducite in mentem,
« quanta vos calamitas affecerit; considerate etiam,
« quanto secundarum rerum successu provehi possitis,
« si bono pastore regamini. »

LXI. — Electio Artoldi [1].

Cives ab rege suasi, jussis regiis concedunt. Artoldus itaque monachus, rege jubente, ex cœnobio sancti Remigii omnium consensu mox assumptus, per impositionem manuum episcoporum, tempore constituto, regali donatione, consecratur episcopus. Qui prudenter ac strenue omnia gerens, satis suis profuit, atque ex benefactis, omnium et maxime suorum benivolentiam habuit.

[1] i *absc.*

« ment à l'abri de tant de maux qui se répandaient en tous
« lieux; puisque, en effet, les choses nécessaires à votre
« existence ont souvent été pillées, souvent incendiées,
« vous avez eu votre part de ces calamités. Et ce ne sont pas
« seulement les biens publics et étrangers à chacun, mais
« vos biens particuliers, rassemblés chez vous, qui chaque
« jour vous sont enlevés par Herbert, cet impitoyable pil-
« lard. Je crois donc devoir vous conseiller d'élire d'un
« commun accord un évêque qui puisse vous protéger, car
« le fils du tyran, jeune enfant encore, ne vous convient
« pas, et les décrets canoniques ne permettent pas qu'une
« église soit pendant si longtemps privée de pasteur. Aucun
« blâme en cela ne pourra vous atteindre, puisque, vaincus
« et soumis par la force des armes, vous subissez la né-
« cessité du changement. Du reste, je l'avoue, le tort de
« cette affaire est à moi plus qu'à vous, aussi je me repens
« de ce que j'ai fait. Vous devez être fâchés aussi d'avoir
« perdu vos biens. Rappelez-vous quels malheurs vous ont
« accablés; considérez aussi à quelle prospérité vous pou-
« vez parvenir, si vous êtes gouvernés par un bon pasteur. »

LXI. — Élection d'Artauld.

Les citoyens, persuadés, cèdent aux volontés du roi. Par ordre de Raoul et du consentement de tous, le moine Artauld fut donc appelé sans retard du monastère de Saint-Remi [1]; au temps fixé les prélats lui imposèrent les mains et il fut sacré évêque. Artauld administra toutes choses avec prudence et vigueur, et fut très-utile à ses concitoyens;

[1] Artaud fut ordonné, en 932, par dix-huit évêques, tant de France que de Bourgogne; il fut chancelier de Louis d'Outre-Mer et de Lothaire; il mourut en 961. On a de lui une relation de ce qui se passa de plus mémorable dans sa grande affaire avec Hugues, au sujet du siège de Reims, depuis l'ordination de Seulfe jusqu'en 948. Flodoard l'a insérée mot à mot dans son Histoire de l'église de Reims; voir D. Rivet, *Hist. litt. de la France*, VI, 295 et suiv.

LXII. — Captio Bovonis * Catalaunici ' episcopi Laudunique * castri '.

Quæ dum gererentur, Bovo Catalaunensium episcopus, fortuita peragratione a regiis stipatoribus captus, eo quod et ipse desertor ab rege defecerat, regi oblatus est. Qui apud regem, prodentibus sui facti consciis, convictus ', ergastulo mancipatur. Quo peracto, a pernicie Heriberti non desistens, Hugone ascito, cum octo milibus Laudunum appetit. Ubi cum Heribertus multa obsidione urgeretur, egrediendi locum ab rege postulat, eo quòd copias militum ciborumque sufficientes non haberet. Quo ab rege obtento, cum suis ab urbe exivit; uxorem in arce quam exstruxerat relinquens, cum copiis sese subventurum in proximo ratus. Rex vacuam urbem ingressus, dolosque penitus advertens, arcem diuturna expugnatione vexat, eamque circumquaque vallat, ac omnem egrediendi aditum obcludit; pugnam diutina congressione adhibens. At tanto certamine vires resistentium impares, armis depositis cedunt, ac pro vita supplicant. Tiranni vero uxor simul victa, pro se petitura, ad regem cum suis properat, arcem reddens, ac egrediendi tantum locum petens. Rex vero feminam retinere dedignans, cum suis digredi permisit, ac arcem exinde cum urbe obtinuit.

* Bo, uni, Lau, castri *ex conject.*
' rationabiliter convictus I.

par ses bienfaits il s'attira la bienveillance générale, et plus particulièrement celle des personnes qui l'entouraient.

LXII. — Captivité de Bovon évêque de Châlons-sur-Marne; prise du château de Laon.

Sur ces entrefaites, Bovon, évêque de Châlons, fut arrêté en voyage, par les gens du roi, dont il avait, lui aussi, déserté la cause, et fut amené devant le prince. Des témoins vinrent déposer contre lui, il fut condamné et renfermé dans une prison [1]. Ensuite le roi, pensant toujours à châtier Herbert, fit venir Hugues et marcha sur Laon avec huit mille hommes. Dès que Herbert se vit pressé par de vigoureux assauts, il demanda passage au roi, parce qu'il n'avait ni assez de troupes ni assez de vivres. Le roi le laissa passer, et il sortit de la ville avec les siens; mais il laissa sa femme dans la forteresse qu'il avait élevée, pensant revenir bientôt avec des forces. Le roi étant entré dans la ville abandonnée, s'aperçut de la ruse, fit un siége en règle de la citadelle, qu'il enveloppa de toutes parts, pour couper tout moyen de sortie, et en même temps livra des assauts continus. Les assiégés, trop faibles pour résister à de tels efforts, posèrent les armes et demandèrent la vie. La femme du tyran, vaincue comme les autres, s'avança vers le roi en suppliante et rendit la forteresse, ne demandant que la faculté de se retirer. Le roi, dédaignant de retenir une femme, lui permit de s'éloigner avec les siens, et se mit ensuite en possession du fort comme il l'était de la ville.

[1] Son évêché fut donné à un clerc nommé Milon (Flod.), mais il lui fut rendu l'année suivante, *ibid.*

LXIII. — Interfectio [*] Adelelmi comitis [*] a quodam clerico [*] episcopium Noviomense [*] expetente [*] seducto [*].

Ubi postquam urbi tuendæ necessaria ordinavit [1], de episcopio etiam Noviomensi cui esset dandum deliberabat, cum tunc Ayrardus episcopus obisset. Nam Walbertus Corbeiensium abbas ei succedere petebatur, vir strenuus ac liberalis, et cui totius honesti decus admodum placuit. Nec minus et prædictæ urbis quidam clericus ab rege sese fieri successorem postulabat, vir barbarus, manu atque audatia nimius, et cui solitum erat rerum alienarum surreptionibus lætari. Hic ab rege civibusque abjectus, cor ad dolos convertit. Adelelmum itaque Atrabatensium comitem, cujus casus merorem multis incussit, seducturus petit, ejus auxilium suppliciter petens, ac suum [2] pollicens, sese ab rege contemptum penitus supprimens : « Si, inquit, per te « episcopatus dignitate potiar, per me efficaciter comi- « tatus honorem consequeris. Quod etiam sic fieri vale- « bit, si nocturnus urbis muros conscendas et, me inte- « rius procurante, tuos introducas; ego etiam cum pluri- « bus adero; collectique in agmine, urbem pervademus. « Itaque fiet ut cives aut capiamus aut propulsemus. » Horum Adelelmus credulus, dictis suadentis favet. Scelus ergo attemptaturus, urbem nocturnus cum ingentibus copiis petit. Clericus nulli in urbe male credulus, facinus patrandum in loco opperiebatur. Quo Adelelmus accedens, ab eo cum suis exceptus est; den-

[*] ctio, comi, cleri, vio, peten, to *ex conject.*
[1] Ubi cum rex urbi tuendæ necessaria ordinaret, ac in prædicti tiranni labem alia apud Hugonem disponeret, ac de episcopio e. N. c. e. d. deliberaret, *etc.* 1.
[2] p. illi etiam s. p. 1.

LXIII. — *Mort du comte Adelelme séduit par un clerc qui convoitait l'évêché de Noyon (932)* [1].

Lorsque le roi eut fait les dispositions nécessaires à la défense de la ville, il chercha à qui il convenait de donner l'évêché de Noyon, car l'évêque Airard était mort. On demandait pour lui succéder Walbert, abbé de Corbie, homme ferme, éclairé, ardent ami de la vertu. Un certain clerc de la ville n'en sollicita pas moins le roi pour se faire nommer évêque : c'était un homme barbare, entreprenant, haut à la main, et qui s'appropriait très-volontiers le bien d'autrui. Repoussé par le roi et par les citoyens, il résolut d'employer des moyens frauduleux. Dans l'espoir de le séduire, il alla donc trouver Adelelme, comte d'Arras, dont le triste sort causa des regrets à bien du monde, et lui demanda instamment son appui ; il lui promit de le servir à son tour, et lui cacha absolument que le roi l'eût déjà rejeté : « Si par tes soins, lui dit-il, j'obtiens la dignité épiscopale, « de mon côté, je t'assure la possession irrévocable de ton « comté. Tout cela pourra se faire si tu escalades de nuit les « murs de la ville, pendant que de l'intérieur je te facili- « terai les moyens d'y introduire les tiens. Moi aussi j'au- « rai là des forces, et, réunis ensemble, nous envahirons la « ville, en sorte que nous prendrons ou chasserons les « citoyens. » Confiant dans ces paroles, Adelelme entra dans les desseins du clerc ; pendant la nuit donc il s'avança sur la ville avec des forces considérables, décidé à consommer le crime. Le clerc, dont personne ne se défiait dans la ville, attendait au lieu convenu le moment de consommer le forfait. Lorsque arriva Adelelme, il le reçut lui et les siens, et tous ensemble, dans l'obscurité de la nuit, consternent la

---

[1] Par fidélité au texte établi par M. Perty, nous avons conservé dans le latin *seducto*, bien qu'il nous semblât qu'on devait lire *seducti*; mais nous avons mis notre traduction en harmonie avec le récit, comme s'il y avait *seducti* dans le texte.

satique in unum, tubis ac clamore atque armorum strepitu in noctis caligine urbem exturbant. Unde cives excitati, cum sese dolo pervasos advertissent, fuga ab hostibus erepti sunt. Nullus captus, eo quod hostes, in unum juncti, per urbem dispergi formidaverint : unde et omnibus profugium patuit. Cives itaque abducti, a vicinis arma ac reliquas suppecias accipiunt, et die quinta magnanimes in urbem feruntur. Suburbani etiam feliciter subveniunt. Pugnam ergo promptissime adhibent; Adelelmus vero clericusque cum suis acerrime renituntur; at vulgus, qui in urbe remanserat, eisque fidem sacramento fecerat, fidem abrumpit, ac a tergo duriter eos cedit. Facti autem hostium medii, in æcclesiam fugere coacti sunt. Urbani vero, ab interioribus recepti, Adelelmum ac clericum persequi non desistebant; portisque æcclesiæ concisis, hostes appetunt, ac secus altare utrosque cum pluribus aliis crudeliter trucidaverunt. Urbemque possidentes, sua recepere. Quibus patratis, ac legali repurgio æcclesia emundata, Walbertus Corbeiensis monachus et abbas, ab rege donatus, per metropolitanum Artoldum Noviomensium consecratur episcopus.

LXIV. — Aquitaniæ * atque Vasconiæ * principes * regi Rotberto militaturi * occurrunt *.

Interea Gothorum principes Ragemundus et Ermingaudus super Ligerim fluvium regi obvenienti militatum occurrunt, ejusque manibus suas inserunt; militiam spondent, ac inde fidem prout rex jubet concedunt. Rex inde digressus, in Aquitaniæ exteriora se contulit. Quo etiam et Lupus Acinarius Vasco, qui

* Aquitaniæ co, pe, m, oc ex conject.

ville par le bruit des trompettes, par leurs cris et par le cliquetis de leurs armes. Les citoyens se réveillant voient qu'ils ont été trahis et échappent par la fuite à l'ennemi. Aucun ne fut saisi, parce que les assaillants se tenaient réunis, craignant de se répandre dans la ville. Tous les citoyens s'étant donc sauvés, ils reçoivent de leurs voisins des armes et d'autres secours, et, le cinquième jour, ils se portent courageusement sur leur ville. Ils sont utilement appuyés par les faubourgs et livrent combat sans retard. Adelelme, le clerc et ceux de leur parti opposent une vive résistance; mais le bas peuple, qui était resté dans la ville et qui leur avait fait serment de fidélité, les abandonna et tomba vigoureusement sur leurs derrières. Pris des deux côtés, ils furent obligés de se réfugier dans l'église; mais les citoyens, accueillis par ceux de l'intérieur, ne cessèrent de poursuivre Adelelme et le clerc; ils brisèrent les portes de l'église, atteignirent leurs ennemis, et massacrèrent impitoyablement les deux chefs et plusieurs des leurs au pied même de l'autel [1]. Enfin, maîtres de la ville, ils rentrèrent en possession de leurs biens. Cela fait, et l'église ayant été régulièrement purifiée, Walbert, moine et abbé de Corbie, fut pourvu par le roi et sacré évêque de Noyon, par le métropolitain Artauld.

LXIV. — Les princes d'Aquitaine et de Gascogne viennent offrir à Robert de combattre pour lui.

Sur ces entrefaites, les princes des Goths, Ragemond et Ermingaud [2] vinrent sur la Loire au devant du roi, lui of-

[1] Selon Flodoard, c'est la garnison qui fut chassée de la ville par Adelelme, et qui vint le matin, appuyée par quelques habitants des faubourgs, attaquer la ville dont les citoyens restés dans l'intérieur leur facilitèrent l'entrée.

[2] Ragemond ou Raimond et Ermingaud étaient des comtes de Septimanie selon Catel (*Hist. des comtes de Tolose*, ch. XIII); Raimond possédait le comté de Toulouse, Ermingaud celui de Rodez, et ils étaient en commun marquis de Gothie et comtes d'Alby et de Cahors. D. Bouq., *Chron. Flod.*, ann. 932. Voir *Notes et dissertations*, sect. II, § 1.

equum ferebatur habere annorum plus quam centum et adhuc toto corpore validissimum, regi militaturus occurrit, ac provinciæ procuratione reddita, rex liberaliter reddidit, atque a se principari concessit.

LXV. — Turma malorum [a] prodigia.

Hac quoque tempestate, igneæ Remis in cœlo acies visæ, et flammæ sanguineæ, quasi jacula aut serpentes, discurrere. Mox quoque subiit [1] et pestis, papulis erysipilatis innumeros enecans. Nec multo post et regis defectus subsecutus. Nam cum autumnali tempore melancolia in patientibus redundaret, cacocexia, quod Latini malam corporis habitudinem dicunt, toto autumno detentus est. Victusque humoris superfluitate, defecit, hominemque exivit. In basilica sanctæ Columbæ virginis apud Senonas multa amicorum attritione, suorumque obsequio tumulatur. De regni amministratione nihil disposuit; at primatibus eam reliquit, eo quod filios non habuerit, qui regnorum rerum potirentur.

[a] Io *abscis*.
[1] subsecuta est 1.

frirent de combattre pour lui, et se reconnurent ses hommes [1]. Ils promirent de le servir à la guerre et lui prêtèrent le serment de fidélité, tel qu'il lui plut de l'exiger. Le roi partit ensuite et s'éloigna de l'Aquitaine. Là aussi vint s'offrir à combattre pour le roi, le Gascon Loup Acinaire, qui avait, dit-on, un cheval âgé de plus de cent ans [2] et encore plein de force dans toutes les parties de son corps. Il déposa entre les mains du roi l'administration de sa province, mais le roi la lui rendit libéralement, et voulut qu'il en tînt de lui le gouvernement.

LXV. — Grand nombre de présages funestes (931-936).

A Reims, dans le même temps (934), on vit dans le ciel des armées de feu ; on y vit aussi des flammes de sang qui couraient comme des flèches ou des serpents. Aussi il survint bientôt une maladie contagieuse dont les bubons érysipélateux firent mourir une quantité innombrables de personnes. La mort du roi suivit de près ; car une affection hypocondriaque s'étant au printemps emparée des malades, le roi fut pendant tout l'automne pris d'une cachexie ou mauvaise disposition du corps ; et enfin il succomba [3] accablé par l'excès des humeurs. Il fut, par le soin de ses serviteurs, enterré à Sens dans la basilique de Sainte-Colombe, vivement regretté de ses amis. Il ne fit aucune disposition touchant le gouvernement du royaume, qu'il laissa aux grands, car il n'avait point eu de fils qui pussent prendre les rênes de l'État.

[1] Voir *Notes et dissertations*, sect. v.
[2] La circonstance du cheval, âgé de plus de cent ans, est empruntée à Flodoard dont Richer a copié les propres expressions. Loup est appelé par quelques auteurs comte des Gascons, *comes Vasconum*. D. Bouq. VIII, 301, B, 319 C. Voir *Notes et dissertations*, sect. II, § 1.
[3] Richer, qui jusqu'ici a longuement développé les faits, passe avec une extrême rapidité sur les dernières années du règne de Raoul. Ce roi mourut le 14 ou le 15 janvier 936 d'une maladie pédiculaire. Voir *Ann. S. Colombæ*, § 1, 105.

LIBER SECUNDUS.

1. — Gallorum* deliberatio* de rege* creando*.

Post cujus exequias, principes in diversa ducebantur, finemque petebant varium : Galli namque Celtæ cum Aquitanis, Hugonem Rotberti regis filium, Belgæ vero Ludovicum Karoli sequebantur. Quorum neutri commoditas aderat regnandi, cum Hugo patrem ob insolentiam periisse reminiscebatur, et ob hoc regnare formidaret, et Ludovicus in partibus Anglicæ moraretur, eo quod illuc delatus infans ad avunculum Adelstanum regem fuerit, ob Hugonis et Heriberti insectationem, eo quod ipsi patrem ejus comprehendissent, ac carceri trusissent. Galli itaque in regis promotione liberiores videri laborantes, sub Hugone duce deliberaturi de rege creando collecti sunt.

II. — Oratio Hugonis** ducis** ad Gallos** pro Ludovico**.

Quorum medius dux post multam consultationem ad multam benivolentiam animum intendens, sic prælocutus ait : « Karolo rege miserabili fortuna defuncto, « sive id eo promerente, sive nostris flagiciis ipsa Di- « vinitate indignante, si quid a patribus et nobis ipsis « admissum est quo Divinitatis majestas læsa sit,

* orum, rat, ge, do ex conject.
** Hu, cis, os, ovico ex conject.

LIVRE SECOND.

I. — Les Gaulois délibèrent sur le choix d'un roi (936).

Après les funérailles du roi Raoul, les grands se divisèrent et portèrent leurs vœux de divers côtés. Les Celtes et les Aquitains tenaient pour Hugues, fils du roi Robert; les Belges[1] pour Louis, fils de Charles. Mais ni Hugues, ni Louis n'avaient lieu de rechercher le trône, car Hugues se rappelait que son père s'était perdu par trop de présomption, et ce souvenir lui faisait redouter de régner. Louis, de son côté, habitait alors l'Angleterre, où il avait été porté encore enfant près du roi Adelstan, son oncle[2]; poursuivi qu'il était par Hugues et Herbert, qui avaient saisi et emprisonné son père. Les Gaulois donc, voulant paraître entièrement libres dans l'élection de leur roi, se réunirent pour en élire un sous la présidence du duc Hugues.

II. — Discours de Hugues aux Gaulois en faveur de Louis.

Après longue délibération, le duc, inspiré par des sentiments de bienveillance, se plaça au milieu de l'assemblée et parla en ces termes : « Le roi Charles est mort dans le

---

[1] Voir *Notes et dissert.*, sect. I, § I.

[2] Adelstan, Aldestan, Athelstan ou même Ethelstan. Sa sœur Ogive, femme de Charles le Simple, vivait près de lui avec Louis son fils, depuis l'emprisonnement de Charles. Voir *Notes et dissert.*, section II, § I.

Quoique le récit qui remplit les chapitres I-IV de Richer paraisse être une amplification de quelques lignes de Flodoard, cependant on y trouve des détails de mœurs très-curieux.

« multo conatu inprimis id erit abolendum, atque ab
« oculis amovendum. Discordiarum itaque molimina
« absint, et communi omnium conibentia de præfe-
« rendo principe deliberemus. Pater meus, vestra quon-
« dam omnium voluntate rex creatus, non sine magno
« regnavit facinore, cum is cui soli jura regnandi debe-
« bantur viveret, et vivens carcere clauderetur. Quod
« credite Deo non acceptum fuisse. Unde et absit, ut
« ego patris loco restituar. Nec vero alieni generis
« quemquam, post divæ memoriæ [1] Rodulfum, arbitror
« promovendum, cum ejus tempore visum sit quid
« nunc innasci possit, contemptus videlicet regis, ac
« per hoc principum dissensus. Repetatur ergo inter-
« rupta paululum regiæ generationis linea, ac Karoli
« filium Ludovicum a transmarinis partibus revocan-
« tes, regem vobis decenter create. Sicque fiet, ut, et
« antiqua nobilitas regiæ stirpis servetur et fautores [2]
« a querimoniis quiescant. Jam quod potius est se-
« quentes, a maritimis horis [3] adolescentem revoce-
« mus. » Quibus dictis Gallorum principes mira benivolentia cedunt. Dux itaque legatos oratores trans mare
ad accersiendum [3*] Ludovicum dirigit, qui ei a duce
Galliarum aliisque principibus reditum suadeant, ac
de itineris securitate fidem sacramenti jure faciant,
principum adventum usque ad ipsas litoreas arenas
denuntient. Qui mox digressi Morinum [4] devenerunt.
Cujus in portu naves ingressi, velis tumentibus pros-

[1] d. m. codex, quod dominum meum haud esse legendum, caput 3. monstrat.
[2] multi I.
[3] i. e. oris.
[3*] c. ac ludovicum accersiendum conclamant. deleta.
[4] bononiam I.

« malheur, soit qu'il y ait eu de sa faute, soit que notre
« conduite ait mérité la colère de Dieu. Si nos pères ou
« nous, avons offensé la Majesté Divine par nos actions,
« employons, avant tout, nos efforts pour en effacer la
« trace et la dérober aux yeux. Que tout sentiment de dis-
« corde disparaisse donc et délibérons d'un commun accord
« sur le choix d'un chef.[1]. Mon père, jadis créé roi par
« votre volonté unanime, ne put régner sans crime, puis-
« que celui qui seul avait des droits au trône vivait, et vi-
« vait enfermé dans une prison, ce qui, bien certainement,
« ne pouvait être agréable au ciel[2]. A Dieu ne plaise donc
« que j'occupe la place qu'eut mon père! Je ne pense pas
« non plus qu'après Raoul, de sainte mémoire, on doive
« porter au trône un homme de race étrangère, car ce
« qu'on a vu de son temps pourrait se reproduire encore:
« savoir, le mépris du roi, et, par suite, les dissensions
« des grands. Rappelez donc la lignée quelque temps
« interrompue de la famille royale; rappelez d'outre-mer
« Louis, fils de Charles, et ne craignez pas de vous le don-
« ner pour roi. Par là sera conservée l'antique noblesse de
« la race royale; par là cesseront les plaintes de ses parti-
« sans. Faisons donc ce qu'il y a de mieux à faire et rappe-
« lons le jeune homme d'au delà des mers. » Les princes
gaulois accueillirent ces paroles avec la plus grande faveur.
Le duc expédia alors à Louis des envoyés éloquents[3] pour
l'engager, au nom du duc des Gaules et des autres grands, à
revenir parmi eux; pour lui garantir, sous serment, sûreté
pendant le voyage et lui annoncer que les princes viendront
au devant de lui jusqu'au bord de la mer. Les envoyés étant
partis se rendirent à Boulogne; ils s'embarquèrent dans

---

[1] Voir *Notes et dissert.*, § 1. sect. III.
[2] Il est peu probable que Hugues ait tenu le langage que lui prête ici Richer.
[3] Guillaume, archevêque de Sens, selon les Chroniques de Clarc et de Hugues.

peris ventis, raptim ad terram devecti sunt. Adelstanus rex in urbem quæ dicitur Eurvich, regnorum negotia cum nepote Ludovico apud suos disponebat. Huc legati devenientes, regem adeunt, ac a duce magnatibusque Gallorum decenter salutantur[1].

III. — Legatio * Gallorum * ad Adelstanum * regem pro Ludovico *.

Legationem etiam promulgantes : « Ducis, inquiunt, « benivolentia, atque omnium qui in Galliis potiores « sunt, huc per undas ignoti maris devenimus : tanta « est omnium voluntas, omniumque consensus. Divæ « memoriæ[2] Rodulfo orbi subtracto, dux Ludovicum « succedere procuravit, cum id multi inviti concede« rent eo quod de patris captione filium adeo suspec« tum haberent. Attamen duci elaboranti id ab omni« bus jocundissime concessum est. Ludovico ergo « omnes bene per omnia optant; nec sibi quicquam « majus aut carius est ejus salute. Illum itaque omnes « reddi petunt, quem in Galliis utiliter regnare cupiunt. « Tempus constitui volunt, quo regnaturo ad ipsa ma« ris litora dux cum principibus occurrat. » Adelstanus rex, acsi barbaris non satis credens, ab eis fidem per sacramenta super hoc quærit, et ad votum accipit; tempus quoque colloquii habendi statuitur. Legati ab rege munerati atque digressi, in Gallias mari remenso redeunt, ab rege gracias duci referentes, ac pro regis creandi advocatione multam ejus amicitiam pollicentes. Dux itaque cum Galliarum principibus domnum regem excepturi, Bononiam veniunt, ac secus ipsas litoreas

---

* io, rum, anum, dovico *et conject.*
[1] salutant *corr.*
[2] D M. *codex.*

ce port, un vent favorable enfla leurs voiles et ils touchèrent promptement la terre. Le roi Adelstan était au milieu des siens dans la ville nommée Eurvich [1], où il s'occupait, avec son neveu Louis, des affaires du royaume. Les envoyés s'y étant rendus abordèrent le roi et le saluèrent honorablement de la part du duc et des seigneurs des Gaules [2].

III. — Ambassade des Gaulois au roi Adelstan pour lui demander Louis.

Les envoyés, faisant connaître au roi leur mission, lui dirent : « Les bonnes dispositions du duc et des plus puis-
« sants d'entre les Gaulois nous amènent ici à travers les
« eaux d'une mer inconnue, tant sont grands et unanimes
« la volonté et le consentement de tous. Raoul, de sainte
« mémoire, ayant été enlevé au monde, le duc a fait re-
« connaître Louis pour son successeur, bien que plusieurs
« n'aient donné leur assentiment qu'avec peine, parce que,
« complices de l'arrestation du père, ils se méfiaient du fils.
« Cependant les efforts du duc les ont tous amenés à con-
« sentir avec joie. Tous désirent donc, par-dessus tout, pos-
« séder Louis, et ils n'ont rien de plus cher au monde que
« sa conservation ; tous vous demandent de leur rendre ce-
« lui qu'ils désirent voir régner dans les Gaules pour le bien
« commun. Ils demandent qu'on fixe le moment où le duc
« et les princes pourront venir jusqu'au bord de la mer au
« devant de leur roi futur. » Adelstan, n'ayant peut-être pas assez de confiance dans des étrangers, leur demanda d'engager leur foi par serment; ils se rendirent à ses désirs, et l'on fixa un jour pour s'entendre. Les envoyés quittèrent le roi, chargés de présents, se remirent en mer et revinrent dans les Gaules, apportant au duc les remercîments d'Adelstan et l'assurant d'une vive amitié de la part de ce roi pour avoir rappelé Louis au trône. Le duc et les princes

---

[1] Ou Evervich, l'ancien *Eboracum*, York. P.
[2] Voir *Notes et dissert.*, section 1. § 1.

arenas collecti, tuguriorum incendio presentiam suam [1] iis qui in altero litore erant ostendebant [2]. Ibi enim Adelstanus rex cum regio equitatu nepotem præstolantibus Gallis missurus aderat. Cujus [3] jussu domus aliquot succensæ, sese advenisse trans positis demonstrabant.

IV. Hugo [*] et reliqui Galliarum [*] principes Ludovicum [*] ab exilio [*] revocant [*], ejusque fiunt, eumque regem [*] creant.

Rex ergo Odonem episcopum [1], post Canthorbricensium metropolitanum, Gallis ex adverso positis legatum dirigit, magnæ æquitatis ac eloquentiæ virum, Ludovicum sese libenter missurum mandans, si tanto illum in Galliis honore proveant, quanto ipse a suis provectus est, cum illi etiam non minus id facere valeant; idque jurejurando se facturos confirment. Quod si nolint, sese ei daturum suorum aliquod regnorum, quo contentus et suis gaudeat, et alienis non sollicitetur. Dux cum reliquis Galliarum magnatibus id sese facturum asserit, si rex creatus a suis consiliis non absistat; prosecutusque jurisjurandi sacramentum non abnuit. Legatus itaque rediens, regi præstolanti hæc omnia refert. Unde et securus nepotem cum iis qui apud se potiores erant, multa insignium ambitione, navibus dirigit. Velisque aura commoda turgentibus pelagus ingressi, per quietum spumantibus remis ad terram feruntur. Firmatis vero tergo arenæ navibus Ludovicus egreditur,

---

[*] Hu, Gal, L, ab e, ea, eumque *ex conject.*
[1] s. etiam iis 1.
[2] ostendebat *codex.*
[3] C. etiam i 1.
[1] ergo legatum Odonem abbatem 1.

des Gaules vinrent donc à Boulogne pour y attendre le roi,
leur seigneur. Ils se réunirent sur le bord de la mer et mirent
le feu à des cabanes pour annoncer leur présence à
ceux qui étaient sur le rivage opposé. Le roi Adelstan s'y
trouvait avec sa cavalerie royale, disposé à envoyer son
neveu aux Gaulois, qui l'attendaient ; quelques maisons incendiées
par son ordre montrèrent aux nôtres qu'il était
arrivé.

IV. — Hugues et les autres princes des Gaules rappellent Louis de l'exil,
se reconnaissent ses hommes et le créent roi.

Adelstan envoie donc en ambassade aux Gaulois placés
à l'opposite l'évêque Odon, qui fut plus tard archevêque
de Cantorbéry [1], homme juste et éloquent ; il leur faisait
dire qu'il leur accorderait Louis volontiers, si l'on devait
lui rendre, dans les Gaules, autant d'honneur que lui-
même en avait reçu chez lui, les Gaulois ne pouvant moins
faire en effet ; et il demandait qu'on s'y engageât par serment ;
que si l'on s'y refusait, Louis recevrait de lui une
partie de ses royaumes, où il vivrait content au milieu de
ses sujets sans être importuné de sollicitations étrangères.
Le duc promit, ainsi que les autres seigneurs des Gaules,
qu'il ferait ce qu'on demandait, si Louis, devenu roi, consentait
à suivre ses conseils ; en conséquence, il ne refusa
point le serment. L'envoyé s'en retourna vers le roi, qui
l'attendait et lui rapporta tout cela. Adelstan, rassuré, fit
embarquer, avec un grand déploiement de pompe, son neveu
Louis, accompagné des hommes les plus puissants du pays.
Ils se mirent en mer, par un vent propice qui enfla les
voiles, et les rames écumeuses les conduisirent paisiblement à
terre. Les vaisseaux étant bien attachés au rivage, Louis en
sortit, et, faisant accueil au duc et aux autres personnes ve-

[1] M. Pertz écrit qu'Odon fut fait archevêque de Cantorbéry en 933 ;
c'est une erreur : il n'était encore qu'évêque de Wilton en 936, et ne
devint archevêque de Cantorbéry qu'en 942. Richer est donc ici dans la
vérité.

ac ducem cum reliquis occurrentibus excipiens, jure sacramenti sibi adcopulat. Dux inde accelerans, equum insignibus regiis adornatum adducit. Quem cum ascensui aptare vellet, et ille impatiens in diversa sese tolleret, Ludovicus agili exilitione prosiliens, equo strepenti neglecta stapha repentinus insedit. Quod etiam fuit omnibus gratum, ac multæ gratulationis provocatio. Cujus arma dux suscipiens, armiger præcedebat, donec jussus ¹ magnatibus Galliarum contulit. Quibus militantibus cum multa ambitione et obsequio Laudunum deductus est. Ubi etiam et regnandi jufa quindennis accipiens, omnibus faventibus per domnum metropolitanum Artoldum cum episcopis viginti rex creatus est. Inde quoque deductus, in vicinis urbibus gratulanter excipitur. Universi ei applaudunt; omnes letantur; tanta omnium fuit et eadem mens.

V. — Rex * cum duce Burgundiam * petit *, ac urbem Lingonicam * bello repetit * capitque *.

Nec minus et Burgundiam petere, ac urbes sedesque regias lustrare a duce monetur. Rex hortanti consentiens, Burgundiam duce comitante ingreditur. Ad quem urbium principes benigniter confluentes, magnifice exceperunt, ac rogati fidem jure sacramenti dederunt. Hugo tantum Rodulfi regis frater Lingonicam urbem possidens, regi occurrere distulit, qui occurrerunt admodum iratus. Rex dum per aliquot ebdomadas sua lustraret, inimici invidiam advertit. Proponens itaque ante discessum nullam præterire urbem, legatos Hu-

---

* Re, B, pe, Li, repet, ca *ex conject*.
¹ i. heriberto comiti dedit ille quoque tamdiu armigeravit, donec et ipse jussus arnulfo comiti redderet. Sic quoque magnatibus 1.

nues au devant de lui, il se les attacha par les liens du serment. Le duc s'empressa de lui amener un cheval couvert des insignes royaux ; mais lorsqu'il voulut le disposer à se laisser monter, le cheval impatient commença à se jeter de côté et d'autre ; alors Louis s'élance avec agilité, et, sans employer l'étrier, se place d'un seul bond sur le coursier hennissant, ce qui lui valut des applaudissements et des éloges de la part de tous. Le duc, prenant alors les armes du roi, lui servit d'écuyer jusqu'au moment où il reçut ordre de transmettre ces mêmes armes aux grands des Gaules. C'est ainsi que Louis fut conduit à Laon, entouré de guerriers se disputant l'honneur de le servir. Là, quinze seigneurs l'investirent de l'autorité royale ; et, à la satisfaction générale, il fut créé roi par le métropolitain Artaud, assisté de vingt évêques[1]. Il fut ensuite conduit dans les villes voisines, où il reçut un favorable accueil ; tout le monde s'applaudissait, tout le monde se montrait joyeux, tous les cœurs étaient unanimes.

V. — Le roi va en Bourgogne avec le duc, attaque et prend la ville de Langres.

Le duc engagea Louis à aller aussi en Bourgogne et à y visiter les villes et les résidences royales. Le roi goûta ce conseil et entra dans le pays, accompagné du duc. Les commandants des villes[2] accoururent avec empressement à sa rencontre, le reçurent avec magnificence, et à sa demande lui jurèrent fidélité. Hugues, frère du roi Raoul[3], qui tenait la ville de Langres, s'abstint seul de se rendre au-devant du roi et se montra même fort irrité contre ceux qui le faisaient. Le roi, pendant quelques semaines qu'il mit à parcourir le pays, remarqua le mauvais vouloir de son ennemi ; et, se

[1] Louis fut sacré à Laon, le 19 juin 936, à l'âge de 16 ans, par Guillaume, archevêque de Sens, puis une seconde fois à Reims par l'archevêque Artaud.
[2] Voir *Notes et dissertations*, sect. III.
[3] Fils de Richard, duc ou roi de Bourgogne. Voir *Notes et dissertations*, sect. II.

goni dirigit, qui a pertinatia eum revocent, ac ei de fide sibi servanda persuadeant. Qui apud eum perorantes, nihil pacis, nihil regii honoris acceperunt. Unde et digressi, audita regi referunt. Hugo præter jus se egisse dinoscens, urbi copias deputat. Ipse in partes regni exteriores usque ad tempus secedens. Rex vero pertinaci indignans, exercitum urbi applicat, a parte qua planiciem præfert, pugnam acriter ingerens. Altera enim parte, latere montis educto, pene inaccessibilis est. In parte ergo quæ obsidioni aptior est, milites urbi rex cum duce adhibet. Quibus impugnantibus hostes vehementissime resistunt, telisque ac lapidibus aerem densant, atque impetentes atterunt. Non tamen usque ad effectum repulsionis perstare potuerunt. Nam regii equitatus infestationem non ferentes, a parte prærupta, quæ obsidione non premebatur, nocte egressi aufugerunt. Cives vero qui remanserunt, regi mox portas aperuere, eum cum suis absque refragratione in urbe gratulabundi excipientes. Qua rex potitus, ab ejus episcopo aliisque regni proceribus obsides accepit, atque sic cum duce Parisium iter retorsit.

VI. — Rex ducis * procurationem * a se amovit *.

Rex felicium rerum successu elatus, præter ducis procurationem res suas ordinari posse cogitabat. Unde et rei militaris administrationem absque eo jam disponebat. Laudunum itaque tendit, ibique matrem suam Ethgivam reginam ad urbis custodiam deputat. Ac exinde quæcumque præter ducem adoriebatur. Quod etiam fuit non minimæ [1] labis seminarium. Dux etenim

* is , ra , m , it *ex conject.*
[1] fuit magnæ l. l.

proposant de visiter avant son départ toutes les villes sans exception, il envoya des députés à Hugues pour fléchir son opiniâtreté et l'engager à rester fidèle. Les envoyés le haranguèrent en vain, ils n'obtinrent de lui aucune parole de paix, aucune déférence pour la majesté royale. Ils partirent donc et rapportèrent au roi ce qu'on leur avait dit. Hugues, sachant bien qu'il avait agi contre tout droit, garnit la ville de troupes, et se retira lui-même pour un temps hors du royaume. Mais le roi, indigné contre le rebelle, fit avancer son armée devant la ville qu'il attaqua vigoureusement du côté du plateau ; car l'autre côté, présentant le flanc d'une montagne, est presque inaccessible. Il poste donc, du côté le plus favorable à l'attaque, des troupes commandées par le duc [1]. L'ennemi soutient les assauts avec la plus grande vigueur ; l'air est épaissi par les traits et les pierres dont il accable les assaillants, mais sans parvenir à les éloigner de la ville [2]. Ne pouvant résister à l'attaque de la cavalerie royale, la garnison sortit pendant la nuit par une brèche non surveillée, et prit la fuite. Les citoyens restés dans la ville en ouvrirent bientôt les portes au roi, et le reçurent volontiers lui et les siens, lui prodiguant même des félicitations. Louis, maître de Langres, reçut des otages de l'évêque et des autres grands du royaume, et prit avec le duc son chemin vers Paris.

VI. — Le roi s'affranchit de la tutelle du duc (937).

Le roi, encouragé par l'heureux succès de ses affaires, pensa qu'il pouvait très-bien gouverner sans le concours du duc. Il commença donc par régler seul tout ce qui a rapport à la guerre ; il se rendit à Laon, et confia la garde de la ville à sa mère Ethgive [3] ; dès lors le duc fut étranger à

---

[1] Flodoard dit, en effet, que le duc Hugues prit part à ce siége.
[2] Flodoard dit que le roi et Hugues s'emparèrent de la ville sans combat, *sine bello recipiunt*, les assiégés ayant pris la fuite.
[3] Et mieux Ogive. Voir la note de la page 121 et *Notes et dissertations*, sect. II.

regem suæ procurationis dispositionem repulisse advertens, Heribertum comitem sibi asciscit, plurima apud eum in regis contumeliam pertractans. Amicitiam inter sese mutuam conditionibus utrimque confirmant.

VII. — Heribertus castrum Teodericium dolo capit, ac proditorem in vincula conjicit.

Heribertus itaque Walonem, regis fidelem, qui castro quod Theoderici dicitur præerat, in dolo adiit, ac de transfugio illum alloquitur. Nec diu moratus, decepto [1] persuadet, majora pollicens, ac plura promittens. Ille mox de pollicitis jusjurandum postulat, postulata a sese sic facturum spondens. Tirannus libenter annuit. Nec minus et transfuga juratus, tempus patrando facinori demonstrat. Immo et tiranni manibus sese exinde militaturum committit, ac ex militia fidem accommodat. Quo peracto in sua discedunt. Tempus advenit; Walo, simulatis negotiis, milites regios qui secum præerant in diversa, acsi regis causam facturos, disponit; ipse castro evacuato solus cum famulis relinquitur. Nec defuit cum cohorte tirannus. Qui a transfuga susceptus, castrum ingreditur atque occupat; intuitusque transfugam : « Putasne, » inquit, « tuæ curæ oppidum hoc reservandum ? » Captumque mox in vincula conjicit, suisque castri custodiam donat. Et nocte diei succedente, cæli pars prodigiose flammis erumpentibus in septentrione ardere visa est. Qua etiam mox prosequitur et Hungarorum per Gallias repentina persecutio. Qui nimium sævientes [2], municipia aliquot, villasque et agros de-

---

[1] pusillanimo 1.
[2] s. ob principum dissidentiam 1.

tout ce qu'entreprit le roi. Ce fut une source de grands maux ; car le duc, voyant que Louis l'écartait des affaires, appela le comte Herbert, et concerta avec lui plusieurs projets dirigés contre le prince. Ils scellèrent leur amitié par des engagements réciproques.

VII. — Herbert s'empare de Château-Thierry par la trahison du commandant, qu'il jette dans les fers.

Herbert alla traîtreusement trouver Walon, fidèle de Louis, qui commandait dans Château-Thierry, et l'engagea à quitter le parti du roi. Peu de temps lui suffit pour entraîner cet homme crédule, qui céda à la promesse d'une position meilleure et à l'espoir de grands avantages. Walon demanda que les promesses lui fussent garanties sous serment, offrant de jurer de même qu'il ferait ce qu'on lui demandait. Le tyran consentit volontiers. Le transfuge n'hésita pas davantage à faire serment, et fixa le temps où devrait se consommer le crime. Bien plus, il s'engagea dans les mains du tyran à combattre dès lors pour lui, et lui prêta le serment militaire[1]. Les choses ainsi réglées, ils se séparèrent. Au temps convenu, Walon, inventant un prétexte, dirigea sur des points divers, et comme si elles marchaient pour le service du roi, les troupes royales qu'il avait avec lui, et resta seul avec ses serviteurs dans le château évacué. Le tyran ne manqua pas d'arriver avec une cohorte[2] ; il fut reçu par le traître, entra dans le château et en prit possession ; puis, regardant Walon, il lui dit : « Penses-tu que « cette place doive être laissée à ta garde? » Et il le fit prendre aussitôt et jeter dans les fers, puis il confia aux siens la garde du château. Quand le jour eut fait place à la nuit, des flammes s'élancèrent du nord, et une partie du

---

[1] Voir *Notes et dissertations*, sect. v.
[2] Voir *Notes et dissertations*, sect. iv.

populati sunt; basilicas quoque quamplures combusserunt; ac indempnes redire ob principum dissidentiam permissi sunt, cum magna captivorum multitudine. Rex enim copias non habens, ignominiam pertulit, et utpote a suis desertus, sevientibus cessit.

VIII. — Oppidum Montiniacum rex per cohortem expugnat * ejusque principem * capit.

Quibus digressis rex ad oppidum Montiniacum cohortem mittit, quæ illud occupet, captumque diruat, eo quod Serlus quidam latrocinia exercens, illic receptui sese habebat. Cohors ergo oppidum appetens, latrones impugnat. Nec morata vi capit, comburit ac subruit. Latronem principem comprehensum, dimissis minoribus, regi deducit. Qui cum jussu regio gladiatori decollandus traderetur, Artoldi Remorum metropolitani interventu, gratiam ab rege obtinuit, ac sese ulterius non latrocinaturum juratus, abire permissus est. His ita gestis, rex in partes Belgicæ mari contiguas concessit, oppidum in ipso maris portu exstruere nisus. Cui etiam loco Guiso est nomen. Exceptusque ab Arnulfo regionis illius principe, apud eum de oppidi erectione agebat. Ubi dum in agendo moras faceret, castrum Remensis æcclesiæ, nomine Causostem, secus fluvium Matronam situm ab Artoldo præsule editum, Heribertus proditione ingreditur ac capit. Castrensesque invadens, eorum potiores abducit. Rura circumquaque depopulatur, ac ingentibus prædis oppidum

* at, em *abscisa*.

ciel parut en feu. Du même côté sortirent bientôt les Hongrois, qui portèrent tout à coup la désolation dans les Gaules. Dans leur fureur, ils ravagèrent quelques villes municipales[1], des villages, des champs; ils brûlèrent aussi un grand nombre d'églises, et, à cause des divisions des princes, ils purent s'en retourner tranquillement chez eux, emmenant une multitude de captifs. Le roi, privé de troupes, subit l'insulte, et ne put, abandonné des siens, s'opposer aux ravages.

VIII. — Le roi fait attaquer la place de Montigny et s'empare de celui qui y commande (938).

Après le départ des Hongrois, le roi fit marcher une cohorte sur la place de Montigny[2], avec ordre de s'en emparer, et de la détruire, parce qu'elle servait de retraite à un brigand nommé Serlus. Arrivé devant la place, les soldats attaquent les brigands, s'emparent aussitôt de leur refuge, le brûlent et le détruisent; ils dispersent la troupe des malfaiteurs, et prennent le chef qu'ils amènent au roi. Par ordre du prince, on le livrait à l'exécuteur pour être décollé, lorsque Artaud, archevêque de Reims, intervint et obtint sa grâce : Serlus promit sous serment de ne plus se livrer au brigandage, et il lui fut permis de s'éloigner. Le roi se rendit ensuite dans les contrées maritimes de la Belgique, voulant construire une forteresse dans le port même appelé Wissant[3]. Il fut reçu par Arnoul, prince de ce pays, et s'occupa avec lui de la construction de la forteresse. Pendant qu'il s'amusait là, Herbert envahit et prit

---

[1] Qu'il y eut au x⁰ siècle des villes municipales dans la Gaule, personne n'en doute, je crois. Le seul point qui fasse question, c'est leur organisation intérieure et le mode de leur administration.

[2] Dans le Soissonnais.

[3] Visan ou Vitsan, à l'ouest de Calais, près d'Ambleteuse; ce port est maintenant comblé. Flodoard ne parle pas de construction, mais de restauration : *Castrum supra mare, quod dicunt Guisum, restaurare nisus est.*

implet, et cum armis milites ibi deponit, aliorsum ipse se cedens.

IX. — Rex Lauduni arcem capit.

Interea regi ab metropolitano per legatos ista suggeruntur. Qui mox cœptum negotium intermittens, suo auxiliaturus regreditur. Milites colligit, ac exercitum parat. Cum quo Laudunum veniens, arcem ab Heriberto nuper ibi exstructam et a suis adhuc detentam obsidet. At qui in arce erant, rebellioni sese parant. Rex ergo circumcirca sagittarios adhibens, missilibus evincere instabat. In quo tumultu hinc inde quam plures sauciati fuere, cum non minus qui in arce erant, sagittis aliisque missilibus uterentur. Rex ergo cum finem oppugnandi viribus non fecisset, ingeniose eos capere cogitabat.

X. — Machinæ compositio *.

Fecit itaque ex vehementissimis lignis compactis, machinam, instar longilateræ domus, duodecim virorum capacem, humani corporis staturæ in alto æqualem. Cujus parietes de ingenti lignorum robore, tectum vero de duris ac intextis cratibus exstruxit. Cui etiam intrinsecus rotas quatuor adhibuit, unde machina ab iis qui intrinsecus laterent, usque ad arcem impelleretur. At tectum non æque stratum fuit, verum ab acumine dextra levaque dependebat, ut jactis lapidibus facilius lapsum præberet. Quæ exstructa, tiro-

* eo abscisum.

par trahison [1] un château de l'église de Reims nommé Causoste [2], que l'archevêque Artaud avait bâti près du fleuve de Marne. Il s'empara aussi des habitants, et emmena les principaux d'entre eux; il ravagea les champs tout à l'entour, remplit la place d'un grand butin, y mit des troupes et des armes, et se porta lui-même d'un autre côté.

IX. — Le roi prend la citadelle de Laon.

Cependant le roi apprit ce qui se passait par des envoyés du métropolitain. Il ajourna aussitôt son entreprise, et vint secourir son fidèle sujet. Il rassembla des troupes, disposa une armée, se rendit à Laon avec elle, et assiégea la citadelle qu'Herbert avait élevée depuis peu, et que les siens occupaient encore. Ceux-ci se disposant à la défense, le roi entoura la place d'archers, et essaya de la réduire à coups de flèches. Des deux côtés, un grand nombre d'hommes furent blessés en combattant, car les assiégés ne laissaient pas non plus d'employer les flèches et les autres projectiles. Le roi ne pouvant arriver à prendre la place de force, chercha à s'en rendre maître par adresse.

X. — Construction d'une machine.

Il fit donc, avec de fortes pièces de bois liées ensemble, une machine capable de contenir douze hommes, ayant la forme d'une longue maison, et la hauteur de la stature humaine; les parois en furent formées de bois très-fort, le toit de poutres dures, attachées les unes aux autres. Elle reçut intérieurement quatre roues, en sorte qu'elle put être poussée jusque sous la citadelle par ceux qu'elle recélait. Le toit n'en fut pas plat; mais du sommet il s'abaissa à droite et à gauche, afin que les pierres lancées dessus pussent retomber plus

---

[1] Par la trahison d'un certain Wicpert. La forteresse était commandée par un cousin de l'évêque nommé Ragenbert. *Flodoard Hist.*
[2] La chaussée? P. Ce château se trouvait sur la Marne même, selon Flodoard. *Hist. Rem.*

nibus mox impleta est, ac ad arcem rotis mobilibus impulsa. Quam cum a superioribus hostes rupibus opprimere conarentur, a sagittariis undique dispositis, contumeliose repulsi sunt. Ad arcem itaque machina deducta, murus ex parte suffosus atque eversus est. Hostes multitudinem armatorum per hunc hiatum possibile introduci formidantes, arma deponunt, ac regiam clementiam implorant. Rex ergo amplius tumultuari prohibens, intactos pene comprehendit, præter hos qui in militari tumultu sauciati fuere, suosque ad urbis tutelam in arce deposuit.

XI. — Dolus Arnulfi atque * oppidi Monasterioli * captio.

Hæc dum gererentur, Arnulfus prædictus Morinorum princeps, Erluini oppidum secus mare situm, Monasteriolum nomine, suæ parti addere cogitans, eo quod ex navium advectationibus inde plures questus proveniant, adipiscendi insidias componebat. Dirigit itaque quosdam suorum callidos in veste abjecta, dolos dissimulans, ad quendam ejusdem oppidi custodem, quem etiam in proditione non diffidebat facillimum. Qui ingressi, cum a domino salutant, ac loquendi opportunitatem petunt. Secedunt ergo. Illi tantum esse negotium propter quod venerant simulantes, ut a quo exordiri possent, penitus ignorarent, aliquantisper herebant. Et tandem suspirantes : « Eia te », inquiunt, « Rotberte! eia te Rotberte! » — sic enim vocabatur — « quantis malis elapsus, quantis periculis exemptus es, « et quanti insuper secundarum rerum tibi debentur « successus! » Et statim protulerunt duos anulos, alter

* a, M, 1 *abscisa*.

facilement[1]. A peine construite, la machine fut remplie de combattants, et poussée vers la citadelle sur ses roues mobiles. L'ennemi, du haut de ses rochers, s'efforçait de la briser, mais il fut honteusement repoussé par les archers répartis de tous côtés. Enfin la machine fut approchée de la forteresse, et le mur miné et renversé en partie. L'ennemi, voyant alors avec effroi qu'il était possible d'introduire par la brèche une multitude de combattants, déposa les armes, et implora la clémence royale. Le roi fit cesser le combat, s'empara des assiégés à peu près sains et saufs, si l'on excepte ceux qui avaient été blessés dans la mêlée, et, pour la garde de la ville, il établit les siens dans la citadelle.

XI. — Ruse d'Arnoul et prise de Montreuil (939).

Dans le même temps, le prince des Morins, dont il a déjà été question, Arnoul[2], cherchait à s'approprier une place d'Erluin[3] nommée Montreuil[4], parce que cette place étant située près de la mer, il s'y levait des droits considérables sur les objets transportés par navires. Il s'efforça de s'en emparer par la ruse. Pour cela il choisit, parmi ses gens, des hommes adroits qui, se couvrant d'habits grossiers pour cacher leur stratagème, vinrent trouver le commandant de la place, qu'Arnoul supposait facile à entraîner à la trahison. Ils s'introduisirent près de lui, le saluèrent de la part de leur maître, et lui demandèrent un entretien. Ils se retirèrent ensemble à l'écart; puis les envoyés, comme si l'affaire qui les amenait était si importante qu'ils ne sussent par où commencer, hésitent un moment; mais enfin, ils dirent en

---

[1] Flodoard ne fait pas connaître les détails de cette machine vraiment curieuse.
[2] Comte de Flandre. Voir *Notes et dissertations*, sect. II.
[3] Ou Herluin, fils du comte Helgaud.
[4] Toute cette histoire de la prise et de la reprise de Montreuil est racontée en quelques lignes par Flodoard; les circonstances dont l'entoure Richer sont très-curieuses, et il n'est guère probable qu'elles soient de son invention.

aureum, alter vero ferreum. « Et vide », inquiunt, « quid in his perpendi valeat. » Quo quid esset ignorante, illi prosecuntur : « In auro dona egregia, in « ferro vincula carceris puta. Instat etenim tempus, « quo et oppidum hoc in jus alterius concedat. Tacenda « hæc tuæ fidei committimus. Res vobis nesciis disposita est. Nos quoque id ipsum penitus ignoramus. At « rei summam scire non negamus. Mortem loquimur « aut exilium. Unde et tibi Arnulfus comes consulens, « futuræ cladis calamitatem per sua indicia significavit; « hortans ut ad sese transeas, et ab eo auri et argenti « insignia, terrarumque copiam ac militum multitudinem accipias, cum dono regis. In manus Nortmanno« rum, qua arte nescimus, in proximo sitis deventuri. « Et quid super his tibi visum fuerit, amico per nos « respondere ne differas. » Ille cupiditate ductus, proditionem [1] addubitat. Herebat ergo stupens. Proponit sibi tandem proditionis dedecus, ea posse necessitate purgari, quod omnes oppidanos in proximo aut exulaturos aut morituros sibi innotuit. Proditionem ergo spondet, ac juratus fidem dat. Nec minus et illi de pollicitis jurant. Tempus facinori datur, ac sacramento firmatur. Legati digressi, sese persuasisse referunt.

XII. — Ingressus* Arnulfi in Monasteriolum*.

Arnulfus itaque militum electorum copiam colligit, facinus quæsitum patraturus. Iterque carpens cum dua-

---

* sus, na *abscisa*.
[1] p. spondet ac juratus fidem dat I.

soupirant : « Ah Robert! ah Robert! (c'était le nom du
« commandant), à quels maux, à quels périls tu as échappé,
« et que de prospérités t'attendent maintenant! ». En même
temps ils lui présentaient deux anneaux, l'un d'or, l'autre
de fer. « Cherche, lui disent-ils, cherche ce qu'ils peuvent
« signifier; » et comme il ne comprenait pas, ils poursuivirent : « Vois, dans l'or, des dons magnifiques, dans le fer,
« les chaînes d'une prison; car le temps n'est pas loin où
« cette place tombera au pouvoir d'un autre. Nous confions
« ce secret à ta fidélité. La chose a été arrêtée à votre insu ;
« à nous aussi elle a été cachée; nous ne dissimulons pas
« cependant que nous savons le fait en gros, et nous t'an-
« nonçons la mort ou l'exil. Le comte Arnoul, par intérêt
« pour toi, a voulu te faire connaître l'étendue de ton mal-
« heur futur, t'engageant à passer dans son parti, et à rece-
« voir de lui, avec confirmation du roi, de grandes sommes
« d'or et d'argent, de vastes terres et de nombreux soldats.
« Bientôt vous devez tomber, par quel moyen ? nous l'igno-
« rons, entre les mains des Normands. Ne diffère donc pas
« de nous donner pour ton ami une réponse qui lui dise ce
« que tu penses là-dessus. » Robert, entraîné par la cupidité,
délibère s'il trahira, et balance, irrésolu. Il se représente,
enfin, que la honte de la trahison peut être effacée par cette
considération que tous les habitants de la place, selon ce
qu'on lui a dit, doivent bientôt être exilés ou mis à mort.
Il s'engage donc à trahir, et scelle sa promesse par serment.
Les autres jurent de même que leurs promesses s'accom-
pliront. Le temps est fixé pour l'exécution du crime, et ga-
ranti aussi par serment. Les envoyés s'éloignent, et viennent
annoncer leur succès.

XII. — Arnoul entre dans Montreuil.

Arnoul rassembla donc une troupe d'hommes choisis,
afin d'exécuter le crime qu'il méditait. Il se mit en route
avec deux cohortes[1], et arriva tout près de la place. Le so-

[1] Voir *Notes et dissertations*, sect. IV.

bus cohortibus, usque¹ oppidum pene devenit. Sol jam occiderat. Proditor per portam quosdam emiserat, acsi aliqua utilia curaturos. Unde et ipse in muro stans, facem ardentissimam prætendebat, veluti famulis emissis lumen ministraturus, quo etiam luminis signo per legatos aditum significaverat. Huc Arnulfus cum equitatu irruens, per portam patentem oppidum ingressus est. Eoque potitus, Erluini uxorem cum filiis capit, ac ejus thesauros diripit. Erluinus vero habitu immutato, e medio hostium elapsus est. Arnulfus quoque omnibus pervasis, oppido suos deputat, Erluini uxorem cum natis Ædelstano regi Anglorum servandos trans mare deportat. Sicque ad sua oppido suis munito rediit.

XIII. — Conquestio * Erluini * apud Wilelmum * ducem de castri uxorisque* et natorum * amissione *.

Erluinus vero vix mortis periculo liber, ad Wilelmum principem Normannorum sese contulit, plurimam de suis casibus quærimoniam apud eum agitans, sese inquiens infeliciorem, cum oppido et militibus privatus, ac uxore filiisque orbatus, nihil præter corpus possideat. De oppidi amissione non se adeo affici, cum id sine spe aliqua recuperandi non sit, eo quod terra immobilis, ac oppidum intransitivum sit. Uxoris vero ac filiorum privatio, calamitatem interminabilem prætendere videntur, cum, illis consumptis, ipse doloribus assiduis urgeatur, et non consumptis, at sub aliena dominatione detentis, ipse vana seducatur exspectatione. Quare quoque ad petenda solatia se venisse memorabat, ac gemebundus hæc indesinenter petebat.

* st, ini, il, ux, na, ssi *abscisa.*
¹ ad I.

leil était déjà couché. Le traître avait fait sortir quelques hommes par la porte, comme s'ils avaient quelque chose à faire; lui-même, placé sur le mur, tendait en avant une torche enflammée, comme pour éclairer ses émissaires. C'était le signal dont il était convenu avec les envoyés. Arnoul accourut donc avec sa cavalerie, et, par la porte ouverte, s'introduisit dans la place dont il se rendit maître; il s'empara ensuite de la femme et des enfants d'Erluin, et pilla ses trésors. Pour Erluin lui-même, à la faveur d'un déguisement, il s'échappa du milieu des ennemis. Après avoir tout envahi, Arnoul confia la ville aux siens, et déporta au delà de la mer la femme et les enfants d'Erluin, dont il donna la garde au roi des Anglais, Adelstan. Il remplit la place de ses troupes, et s'en revint chez lui.

XIII. — Erluin se plaint au duc Guillaume d'avoir perdu son château, sa femme et ses enfants.

Erluin, à peine hors de danger pour sa vie, alla trouver Guillaume, prince des Normands, et lui peignit vivement ses infortunes, lui disant combien il était malheureux, privé de son château et de ses soldats, séparé de sa femme et de ses enfants, ne possédant plus rien que son corps. Ce n'est pas la perte de sa forteresse qui l'afflige, car il n'a pas abandonné tout espoir de la reprendre; la terre, en effet, ne s'emporte pas, et une place peut bien passer de l'un à l'autre; mais la privation de sa femme et de ses enfants semble lui préparer des malheurs sans fin, car s'ils périssent, il sera lui-même accablé d'incessants chagrins, et s'ils vivent retenus sous une domination étrangère, il deviendra le jouet d'une vaine attente. C'est pourquoi il était venu, disait-il, chercher du secours, et il ne cessait d'en demander en gémissant.

XIV. — Erluinus oppidum expugnat ac capit.

Princeps his quærimoniis motus, auxilium annuit, ac militum copiam ei committit. Erluinus itaque ad oppidum properat, ac tempestivius cum copiis appetit, circumque vallat terra marique. Instat itaque atque acriter adurget. Tandem vero multa expugnatione attritum, ingreditur, totumque pervadit. Arnulfi milites omnes comprehendit; quorum alios gladio enecat, alios uxori natisque repetendis conservat.

XV. — Congressus* Erluini cum* militibus Arnulfi.

Arnulfus tanta suorum calamitate confectus, milites colligit, eosque in Erluinum mittit, qui ejus terram usque ad oppidum depopulentur. Directique, incendiis circumquaque ac rapinis admodum deseviunt, multaque rerum præda abducta, festinabant, cum legati ab Erluino affuerunt, qui indicarent, quod nisi totam prædam sine mora redderent, sine mora eis esse congrediendum. Hostes legationem spernentes, capta abducere accelerabant. Legati regressi, sese abjectos referunt. Erluinus cum quadringentis armatorum mox processit, ac festinantibus supervenit. Illi vero præda relicta conversi, irruentibus obvertuntur. Signisque collatis, acriter dimicatum est. Prædones fere omnes gladio occubuere, præter hos quos fuga belli violentiæ exemit. Et tamen ii, cum fuga eos exagitaret, ab Erluino post insectante atrociter fusi sunt. Erluinus prædis receptis cum ingentibus hostium manubiis ad sua feliciter remeavit.

* sus, um *abscisa*.

XIV. — Erluin assiége et reprend Montreuil.

Guillaume, touché de ces plaintes, accorde à Erluin du secours, et lui confie des troupes. Celui-ci s'approche donc de la place, y applique ses forces à propos, et l'entoure de tous côtés par terre et par mer. Il la serre, il la presse vigoureusement; enfin elle cède à ses rudes assauts; il s'y introduit, et l'envahit tout entière; il s'empare de tous les soldats d'Arnoul, passe les uns au fil de l'épée, et conserve les autres pour racheter sa femme et ses enfants [1].

XV. — Combat entre Erluin et les troupes d'Arnoul.

Arnoul, désolé du malheur qui venait de frapper les siens, leva des troupes, et les envoya contre Erluin, avec ordre de ravager ses terres jusqu'au pied de la place. Ces troupes portèrent partout l'incendie et le pillage; elles se retiraient traînant avec elles un grand butin, lorsque des envoyés d'Erluin vinrent leur signifier que, si tout ce butin n'était rendu sans retard, sans retard aussi il fallait se préparer à combattre. Mais, s'inquiétant peu de l'ambassade, elles se hâtèrent d'emporter ce qu'elles avaient pris. Les envoyés, de retour, racontent qu'on n'a tenu compte de leurs paroles; Erluin alors s'avance avec quatre cents hommes armés, et tombe sur les fuyards. Ceux-ci abandonnent leur butin, font volte-face, et se présentent aux assaillants. Les bannières se dressent, et l'on combat avec acharnement. Presque tous les pillards tombent sous le fer, excepté ceux que la fuite arrache à la fureur du combat; encore ceux-ci furent-ils poursuivis dans leur déroute, et impitoyablement traités par Erluin qui, ayant repris le butin, s'en retourna heureusement chez lui, chargé des dépouilles de l'ennemi.

[1] Ce récit est conforme à celui de Flodoard; selon Guillaume de Jumiège, ce serait le duc de Normandie lui-même qui serait allé reprendre Montreuil.

XVI. — Belgicorum * querimonia * ad regem super ejus levitate *.

Quo tempore Belgicorum principes ad regem conveniunt, ac Lauduni apud eum gravissime conqueruntur, eo quod inconsultus omnia appetat. Si eorum quoque consiliis adquiescat, in bonum exitum res suas deventuras memorant ; ad hoc etiam sese convenisse, ut quid ¹ velit eis injungat, quod ² cupit ingerat. Si velit, consilio et armis, terra marique, contra hostes sese congressuros. Rex ab eis fide suscepta, cum multa benivolentia redire permisit, si fortuna quandoque postulet, redire jubens. Nec multo post et ab Ædelstano Anglorum rege classis regi cum copiis missa est. Audierat enim, illum ab iis qui maritima incolebant loca, exagitari ; contra quos classis dimicaret, regique nepoti auxilium ferret. Comperto vero contra regem, illorum neminem stare, ipsumque regem in partes Germaniæ prosperum secessisse, mari remenso ad propria remeat.

XVII. — Rex ** in Belgica ** suos sibi sociat ** et Ottonis fautores ** ultra Rhenum ** fugat.

Rex ³ in pago Elisatio cum Hugone Cisalpino principe locutus, Belgicos exteriores qui ad se nondum venerant, sibi asciscebat. Et qui partibus Ottonis fave-

* B, que, le *abscisa*.
** Re, ca, at, fau, Rhe *ex conj*.
¹ q̇d.
² qd̈.
³ Rex namque in 1. Quæ sequuntur, *Ekkehardus satis libere in suum usum convertit ; in codice stilo continuo exarata, nec ut magna libri primi pars corrigendo turbata sunt.*

XVI. — Remontrances des Belges au roi sur sa conduite inconsidérée.

Dans ce temps-là, les principaux d'entre les Belges vinrent à Laon trouver le roi, et lui firent entendre des plaintes sévères sur ce qu'il décidait de toutes choses sans prendre avis de personne. S'il veut suivre leurs conseils, lui disent-ils, ses affaires obtiendront un heureux succès; ils se sont réunis près de lui pour qu'il leur commande ce qu'il veut, et leur fasse connaître ce qu'il désire; s'il l'ordonne, ils combattront ses ennemis sur terre et sur mer par leurs conseils et par leurs armes. Le roi reçut leur serment de fidélité, et leur permit gracieusement de s'en retourner, leur ordonnant de revenir si quelque jour son intérêt le demandait. Peu de temps après, le roi reçut une flotte avec des troupes du roi des Anglais, Adelstan, auquel on l'avait point comme inquiété par les habitants des parties maritimes du royaume; Adelstan destinait cette flotte à secourir le roi son neveu, et à combattre ses adversaires. Mais, comme on vit que personne ne songeait à attaquer Louis, lequel parcourait tranquillement alors les provinces de Germanie [1], la flotte se remit en mer, et retourna en Angleterre.

XVII. — Le roi s'attache ses sujets belges et force les partisans d'Otton à fuir au delà du Rhin.

Le roi ayant eu avec Hugues, prince cisalpin [2], une conférence en Alsace, attira dans son parti les Belges étrangers à cette province [3], qui ne s'étaient pas encore ralliés à

---

[1] C'est-à-dire de Lorraine. Du reste, la flotte ne fit pas une simple apparition comme le veut Richer. On lit dans Flodoard qu'elle pilla le pays des Morins, c'est-à-dire les environs de Thérouanne.

[2] Il s'agit ici de Hugues surnommé le Noir, fils de Richard duc de Bourgogne, frère de Raoul, qui fut roi de France. Sur le titre de prince cisalpin voir *Notes et dissertations*, sect. 1.

[3] Par *Belges extérieurs*, par opposition à l'Alsace, où se trouvait le roi, il faut entendre les Lorrains; on voit, en effet, par Flodoard que c'est des Lorrains qu'il s'agit ici. On sait, du reste, que dans Richer la

bant, ultra Rhenum fugere compulit. Presenserat enim Ottonem velle in suum jus Belgicam transfundere; unde et equo ei non ferebatur animo. Truculentius ergo contra illum agitans, suos de regno [1] exturbavit. Qui vero sibi consentiebant [2] asciscens, Gislebertum videlicet Belgicorum ducem, Theodericum quoque atque Isaac comites, cum eis consilium confert, ac pro fide habenda jusjurandum ab eis accipit, post hæc Laudunum rediens. Ibique ejusdem urbis episcopum Rodulfum, proditionis evidentissime insimulatum, ab urbe pellit, suosque simul ejicit; quorum etiam res suis contulit.

XVIII. — Otto Belgicam * devastat.

Otto interea Belgicos comperiens regis partes sustentare, et a se penitus defecisse, Rheno transmisso Belgicam ingressus [3], ejus loca plurima incendiis ac ingentibus prædis devastat [4], eo quod ex collatione paterna princeps [5] fieri Belgicis dedignantibus contenderet, cum ejus pater Saxoniæ solum propter Sclavorum improbitatem rex creatus sit, eo quod Karolus cui rerum summa debebatur, adhuc in cunis vagiebat [6]. Multam itaque prædam abducens, Rhenum transmeat.

* eam *ex conject.*
[1] a. quicumque illius videbantur a Belgica ext. *Ekk.*
[2] c. consilio Giselberti ducis Belgicæ et Theoderici comitis sacramento sibi astringebat. Otto vero Belgas comperiens a se defecisse et ad Ludewicum confluxisse Rheno. *Ekk.*
[3] B. cum exercitu ingreditur. *Ekk.*
[4] d. Nitebatur enim acsi ex paterna traditione princeps fieri Belgicæ. Id vero contra jus agere calumpniabatur, cum ejus pater propter Sclavorum infestationem Saxoniæ tantum, quæ est pars Germaniæ, dux constitutus sit. *Ekk.*
[5] rex I.
[6] d. tunc a. in c. vagiret. *Ekk.*

lui, et obligea les partisans d'Otton [1] à fuir au delà du Rhin ; il avait compris qu'Otton voulait faire passer la Belgique sous sa domination, en sorte qu'il était irrité contre lui. Il le traita donc avec rigueur, et rejeta tous ses partisans hors du royaume. Puis il tint conseil avec ceux qui lui étaient acquis à lui-même, savoir : Gislebert, duc des Belges [2], et les comtes Théodéric et Isaac [3], reçut leurs serments de fidélité, et ensuite s'en retourna à Laon [4]. Il chassa de la ville l'évêque Raoul, fortement suspect de trahison ; il chassa aussi tous ceux qui tenaient à l'évêque, et distribua leurs biens à ses amis.

XVIII. — Otton dévaste la Belgique.

Cependant Otton voyant que les Belges [5] tiennent le parti du roi, et l'ont entièrement abandonné lui-même, traverse le Rhin, entre en Belgique, et livre plusieurs lieux à l'incendie et au pillage. Il prétendait qu'il avait été fait par son père prince des Belges, de ces Belges qui le repoussent maintenant, dans le temps où les excursions des Slaves forcèrent son père à ne garder que le royaume de Saxe [6], et cela parce que Charles, à qui revenait le pouvoir suprême, était encore au berceau. Il repassa le fleuve, chargé d'un grand butin.

dénomination de *Belges* s'applique à tous les habitants des contrées situées entre le Rhin et la Marne. Voir *Notes et dissertations*, sect. 1.

[1] Otton II dit le Grand, qui fut fait duc de Saxe et roi de Germanie en 936, puis empereur. Voir *Notes et dissertations*, sect. II, § 2.

[2] Voir *Notes et dissertations*, sect. II, § 1.

[3] Comte de Cambrai. Voir *Notes et dissertations*, sect. II, § 1.

[4] Flodoard nomme, outre les trois seigneurs Gislebert, Théodéric et Isaac, Otton fils de Ricuin, duc de Lorraine.

[5] Flodoard dit que le roi Otton rentra en Lorraine, et força presque tous les Lorrains à revenir à lui.

[6] Sous Henri Ier ou l'Oiseleur, les peuples slaves qui habitaient sur la Saal et entre l'Elbe et la Baltique furent châtiés et rendus de nouveau tributaires, mais on ne voit pas que Henri ait alors abandonné ses autres possessions pour ne conserver que la Saxe.

XIX. — Impetus[a] Gisleberti[a] in Germaniam[a], ejusque ac[a] suorum fusio.

At Gislebertus dux dedecoris injuriam ultum ire volens[1], omnem Belgicam lustrat, ac tirones lectissimos in unum cogit, senes tantum emeritos patriæ linquens. Factoque exercitu, Rhenum transmeat, ac patriam solotenus incendiis ingentibus vastat. Armentorum etiam pecudumque prædam nimiam exercitus congregat abducitque. Jam vero flumen ingredi parabat, cum[2] Otto exercitum accelerantibus induxit. Belgici[3] renitentes, cum Germanis secus fluvium[4] congressi sunt, atque[5] in parte utraque nimium fusi. Qua die Germanorum victoria ægre sustentata est, et licet innumerabilibus suorum stratis[6] tamen enituit. Nam[7] Gislebertus dux suorum fusione exercitum defecisse advertens, fuga periculum evadere nitebatur. In fluentum itaque cum equo prosilit. Qui cum fluminis pelagus enatare non posset, vi undarum victus periit[8], atque sessorem immersit. Belgicorum[9] vero alii fluvio enecati, alii ferro

[a] Im, be, m, a *ex conject.*
[1] ire festinans, collecto exercitu post hostem accelerat transiensque Rhenum terram illam solotenus. *Ekk.*
[2] parabant et ecce Otto ex tota Saxonia collectas copias a. i. *Ekk.*
[3] Belgæ itaque cum duce suo indubitanter renitentes. *Ekk.*
[4] flumen signis infestis. *Ekk.*
[5] et ex utraque parte multi funduntur. *Ekk.*
[6] est—stratis *desunt apud Ekk.*
[7] Nam cum duæ terciæ eorum fusæ jacerent et Giselbertus suos defecisse adeo adversarios autem illesos arbitraretur, in tanta confusione rerum fuga. *Ekk.*
[8] occubuit 1.
[9] At Belgæ interitum ducis ignorantes, totis viribus decertabant, tantoque egerunt robore, donec post execrabilem innumerabilemque interitum eorum qui relicti fuerant alii caperentur alii in fluvium demergerentur. L. autem rex *Ekk.*

XIX. — Irruption de Gislebert en Germanie ; lui et les siens sont mis en déroute.

Le duc Gislebert, voulant aller venger son injure, parcourut la Belgique entière, et rassembla une jeunesse choisie, ne laissant dans le pays que les vieillards qui avaient fait leur temps. Après avoir composé son armée, il traversa le Rhin, et livra tout aux flammes, ne laissant du pays que le sol. L'armée fit aussi, et emmena avec elle un immense butin en bestiaux et en troupeaux de toute espèce. Déjà elle se disposait à repasser le fleuve, lorsque Otton mit une armée à sa poursuite. Les Belges se défendirent et combattirent les Germains sur le bord même du fleuve ; des deux côtés, il y eut un grand nombre de morts, et dans cette journée la victoire coûta cher aux Germains ; quoiqu'ils y aient perdu une quantité innombrable des leurs, elle leur fut acquise cependant, car le duc Gislebert, voyant son armée en déroute, tâcha de se soustraire au péril par la fuite, et se précipita, à cheval, au milieu des flots ; il ne put dompter les eaux du fleuve, et cédant à leur violence, il y fut englouti. Quant aux Belges, les uns périrent dans les flots, d'autres par le fer, d'autres furent pris, quelques-uns parvinrent à s'enfuir [1]. Le roi Louis, apprenant la mort de Gislebert, donna de grands regrets à sa perte ; il se rendit en Belgique, épousa Gerberge, femme du duc et sœur d'Otton [2], et partagea avec elle la couronne royale.

[1] Ici encore Richer pourrait bien n'avoir fait autre chose que broder sur le texte de Flodoard. Celui-ci dit seulement que Gislebert, duc de Lorraine, ayant passé le Rhin pour piller, fut poursuivi à son retour par les Saxons, qu'il tomba dans le Rhin avec son cheval, à ce qu'on rapporte, et qu'il s'y noya.

[2] Gerberge et Otton étaient nés du second mariage de Henri Ier dit l'Oiseleur avec Mathilde, qui descendait du fameux duc Witikind. Du même lit sortit Hatwin ou Hatwide, qui fut mariée à Hugues le Grand, duc de France, et qui devint mère de Hugues Capet. Voir *Notes et dissertations*, sect. II.

cæsi, alii capti, nonnulli vero profugio erepti [1] sunt. Ludovicus rex Gislebertum extinctum comperiens, multam in ejus casu commiserationem habuit. Atque in Belgicam profectus, ejus uxorem Gerbergam, Ottonis sororem, conjugio duxit, eamque secum reginam in regnum coronavit.

XX. — Wilelmus [a] dux piratarum [a] regi contra [a] omnes fidem jurat [a].

Dum hæc Lauduni gererentur, Wilelmus piratarum dux, legatos regi dirigit, qui sese satis ei fidelem indicent : quo rex jubeat, sese occursurum, fidemque contra omnes polliciturum. Quorum legationem rex multa benivolentia excipiens, in pagum Ambianensem sibi occurrendum constituit, eo quod ibi specialiter utilia quædam per illos determinanda [2] forent. Legatis itaque abductis, rex ad locum condictum tempore statuto devenit. Cui etiam dux prædictus obvius venit, exceptusque a rege decenter, provinciam quam ei pater Karolus rex contulerat, ab eo etiam accepit. Unde et regis factus, tanto ei consensu alligatus est, ut jam jamque aut sese moriturum, aut regi imperii summam restituturum proponeret.

XXI. — Artoldus archiepiscopus Causostem munitionem expugnat et capit.

Hujusque rei negotio utiliter peracto, rex in Burgundiam secessit. In cujus absentia Artoldus metropolitanus, ne suæ rei putaretur inopia, absque regiis copiis Causostem munitionem appetit, eique obsidionem

---

[a] mus, ta, ntra, jurat *ex conject.*
[1] exempti 1.
[2] determinandæ *corr.*

XX. — Guillaume, duc des pirates, jure fidélité au roi envers et contre tous (940).

Tandis que ces choses se passaient à Laon, Guillaume, duc des Normands¹, envoya des députés au roi, pour l'assurer de sa fidélité, pour lui dire qu'il se porterait partout où il plairait au roi, et pour lui engager sa foi envers et contre tous. Le roi fit grand accueil aux envoyés, et donna à Guillaume rendez-vous en Picardie, parce que, là surtout, ils avaient besoin de traiter ensemble certaines affaires. Les envoyés se retirèrent, et, au temps fixé, le roi se rendit au lieu indiqué. Le duc y vint au-devant de lui, et fut très-bien reçu : le roi lui abandonna la province que le roi Charles son père lui avait octroyée². Guillaume, devenu l'homme du roi, s'attacha tellement à lui que, dès lors, il résolut ou de mourir, ou de lui rendre le pouvoir suprême³.

XXI. — L'archevêque Artaud assiège et prend le fort de Causoste.

Ces choses heureusement terminées, le roi s'en alla en Bourgogne. Pendant son absence, et pour que ses affaires

---

[1] Guillaume Iᵉʳ, duc de Normandie, fils de Rollon. Voir *Notes et dissertations*, sect. II.
[2] C'est à Rollon et non à Guillaume que la Normandie avait été concédée par Charles le Simple en 911 ; voir, du reste, plus bas chap. XXXIV, et la note 2 qui s'y rapporte.
[3] On sait que la même année Guillaume fit cause commune avec les seigneurs hostiles au roi Louis.

circumquaque adhibet. Quam continua oppugnatione [1] exagitans, quinto tandem die ingreditur, capitque. Illos quoque qui sibi surripuerant comprehendit. Sed utpote vir bonus, nulliusque vitæ æmulus, indempnes abire permisit. Oppidum etiam funditus subruit, sicque ad sua rediit.

XXII. — *Heribertus et Hugo Remos obsident et capiunt, præsulemque pellunt.*

Heribertus malorum [2] occasionem nactus, acsi suorum oppidum dirutum dolens, apud Hugonem ducem qualiter Remos invadat, atque episcopum expungat, vehementissime agit. Cui mox Hugo utpote tiranno tirannus consentiens, sese auxiliaturum pollicetur. Collecto itaque agmine, ambo in urbem feruntur, multa eam circum obsidione vallantes. Urbani Heriberto faventes, eo quod regio jussu ejus filium ante Artoldum delegissent, bello cedunt, præsulemque relinquunt, atque, ad suæ pœnæ cumulum, desertores ad tirannos transeunt. Apertis vero portis, sexta obsidionis die, tirannos in urbem excipiunt. Artoldus pulsus, ad cœnobium sancti Remigii proficiscitur, suam ibi Deo conspectori omnium querimoniam fundens. Ubi [3] mox episcoporum aliquibus ac quibusdam magnatibus stipatus, rogabatur ut Avenniacensi abbatia sanctique Basoli rebus contentus, episcopii dignitate sese abdicaret. Atque multis minarum terroribus affectus con-

---

[1] expugnatione 1.
[2] mali 1.
[3] Qui 1.

ne parussent pas abandonnées, l'archevêque Artaud marcha, sans le secours de troupes royales, contre le fort de Causoste, et l'enveloppa de toutes parts; il lui livra des assauts incessants, et enfin, au bout de cinq jours, il y fit son entrée, et s'en empara[1]. Il s'empara aussi de ceux qui s'étaient soustraits à son autorité; toutefois, comme il était bon, et n'en voulait à la vie de personne, il leur permit de s'en aller sains et saufs; mais il détruisit la place de fond en comble, et s'en revint chez lui.

XXII. — Herbert et Hugues assiégent et prennent Reims et chassent l'évêque de la ville.

Herbert, trouvant l'occasion de faire du mal, affecte de voir avec douleur une place amie détruite, et se donne de grands mouvements auprès de Hugues pour arriver à s'emparer de Reims, et à expulser l'évêque de la ville. Hugues (un tyran favorise un tyran) lui promet aussitôt son appui. Ils réunissent donc leurs deux armées, et marchent sur Reims, qu'ils enveloppent et pressent de toutes parts[2]. Les habitants, favorables à Herbert, dont, par ordre du roi, ils avaient élu le fils évêque avant Artaud, n'opposèrent aucune résistance, abandonnèrent le prélat, et, pour mettre le comble à leur crime, passèrent en déserteurs du côté des tyrans : le dixième jour du siége, ils leur ouvrirent leurs portes, et les reçurent dans leurs murs. Artaud, chassé de Reims, se retira au monastère de Saint-Remi, où il adressa ses plaintes au Dieu qui voit tout. Il y fut bientôt entouré d'évêques et de seigneurs, qui vinrent le solliciter de se contenter de l'abbaye d'Avenay et des biens de Saint-Basle, et

[1] Voir ci-dessus, chap. VIII. Le fort ne fut pris, selon Flodoard, qu'après l'arrivée du roi.
[2] La ville fut assiégée par Hugues, aidé d'Herbert et du duc Guillaume de Normandie, ainsi que de quelques évêques tant de France que de Bourgogne. Ce n'est pas sans dessein que Richer supprime ici le nom de Guillaume, qui se trouve dans Flodoard. Voir ci-dessus, chap. XX.

sentit, juratus etiam ut fertur repudiavit ¹; et tandem canibus satisfaciens, ad sanctum Basolum ibi moraturus abscessit.

XXIII. — Hugo ac Heribertus in regis absentia Laudunum inpugnant.

Hugone ergo diacono, tiranni filio, Remis relicto, jampridem etiam ad episcopatum urbis ipsius evocato, ipse Heribertus atque Hugo, Laudunum cum copiis aggrediuntur, obsidionem undique adhibentes, urbem militibus vacuam rati, eo quod rex in partibus Burgundiæ exterioribus alia curaret, et qua poterant oppugnantes, ingredi conabantur. At montis eminentia superioribus impares, non semel cedere coacti sunt. Instabant tamen, ac regi ingressum præripere conabantur.

XXIV. — Rege * adveniente * obsidio solvitur *.

Jamque ebdomadas septem obpugnaverant, cum rex hujus rei accitus nuntio, in Campania Remensi tempestivus affuit. Et licet cum paucis, fluvium tamen Axonam permeat, et sic in hostes fertur. Quo comperto tiranni ², regis quoque animum simulque et æquitatem perpendentes, ab obsidione discedunt. Rex vero ingressus, victus, necessaria suis paravit, ac quæque commoda ordinavit. Sicque alia dispositurus, Burgundiam repetit. In cujus discessu, Wido Suessorum episcopus a desertoribus suasus, eo quod et ipse eorum partes latenter tueretur, Remos veniens, Heriberti

* R, ni, s *abscisa*.
¹ repudivit *codex*.
² Heribertus et Hugo 1.

de renoncer à la dignité épiscopale. Il y consentit, effrayé par les menaces, mais il rétracta, dit-on, le serment qu'il avait fait. Cédant enfin à ces chiens[1], il se retira à Saint-Basle pour y fixer sa demeure.

XXIII. — Hugues et Herbert assiégent Laon en l'absence du roi.

Herbert et Hugues laissèrent à Reims le diacre Hugues, fils d'Herbert, qui, depuis longtemps, avait été appelé à l'évêché de la ville, marchèrent sur Laon avec des troupes, et en firent le siége, croyant la place dénuée de soldats, attendu que le roi était occupé d'autres soins en Bourgogne. Ils battirent la ville de toutes parts, firent tous leurs efforts pour pénétrer dans ses murs, mais ne pouvant lutter contre ses défenseurs protégés par leur position au sommet d'une montagne, ils furent plus d'une fois obligés de reculer. Ils persistèrent cependant, voulant prévenir l'entrée du roi dans la place.

XXIV. — L'arrivée du roi fait lever le siége.

Le siége durait déjà depuis sept semaines, lorsque le roi, averti de ce qui se passait, arrive tout à coup dans la Champagne rémoise. Quoiqu'il eût peu de monde avec lui, il ne laissa pas de traverser l'Aisne, et de marcher sur l'ennemi. Les tyrans, voyant cela et considérant la résolution du roi et la justice de sa cause, s'éloignèrent de la ville[2]. Le roi y fit son entrée, la munit de vivres et des autres choses nécessaires, pourvut à tout, et retourna en Bourgogne où l'appelaient d'autres affaires. Après son départ, Gui,

---

[1] L'énergie de cette expression outrageante montre les passions de l'époque. Flodoard dit seulement qu'Artaud fut cité à Saint-Remi par les grands et les évêques, que, soit persuadé, soit forcé, il abdiqua son pouvoir et sa charge, et qu'on lui accorda l'abbaye de Saint-Basle et le monastère d'Avenay.

[2] Dans tout ce qui suit, Richer cache, à dessein sans doute, l'appui que le roi Otton donna aux adversaires de Louis. Voir Flodoard, *Chron.*, ann. 940.

filium Hugonem, presbiterum ordinavit. Unde et eum pater sacerdotali dignitate ampliare cupiens, ut Artoldus pontificatus apice legaliter privaretur, instanter quærebat. Cujus rei rationem cum Hugone duce contulit, ac in effectum redigi admodum petiit.

XXV. — Artoldus * a comprovincialibus * episcopis * repudiatur et *
pro eo Hugo eligitur.

Disposita ergo rationum summa, Remensis dioceseos episcopos convocant, qui inter Artoldum et Hugonem, controversiam determinent, objectorumque finem constituant. Collecti ergo apud urbem Suessonicam, in basilica sanctorum martirum Crispini et Crispiniani, civium Remensium querelam excipiunt, dicentium sese diutissime pastore destitutos; cui subdantur et obsequantur, suppliciter expetere. Artoldum jam se nolle, eo quod sacramento episcopium repudiaverit; at Hugonem, quod omnium unione electus, omnibusque acceptissimus sit. Quorum quærimoniis episcopi annuentes, sacerdotio dignum Hugonem asserunt, eo quod non solum carnis nobilitas, sed et animi mores pudici plurimum eum commendarent; ratum etiam fore, si tanti honoris culmen, personæ nobilitate adornetur. Hugonem itaque pene omnium conibentia attollunt, ac Remos deductum, in cœnobio monachorum sancti Remigii metropolitanum sollempniter consecrant, atque in urbe decenter exceptum, multo obsequio ac reverentia honorant. Rex in partibus Burgundiæ viatorum relatu, patratum negotium advertens, mox Laudunum rediit. Arnoldum quoque ac ejus fra-

* A, c, e, et ex conject.

évêque de Soissons, entraîné par les rebelles qu'il favorisait secrètement, vint à Reims, et ordonna prêtre Hugues, fils d'Herbert. Et comme Herbert désirait procurer à son fils la dignité épiscopale, il demanda instamment qu'Artaud fût privé, dans les formes, du pouvoir pontifical. Il en conféra avec le duc Hugues, et insista fortement pour que la chose se fît.

XXV. — Artaud est déclaré déchu par les évêques suffragants de Reims, qui élisent Hugues à sa place (941).

Les choses ainsi préparées, ils convoquèrent les évêques de la province ecclésiastique de Reims pour faire décider le différend existant entre Artaud et Hugues, et mettre fin par là aux discussions. Les évêques se rassemblèrent à Soissons, dans la basilique des saints martyrs Crépin et Crépinien; ils entendirent les citoyens de Reims venant se plaindre que, depuis très-longtemps, ils étaient privés de pasteur, et demandant instamment à qui ils devaient se soumettre, à qui ils devaient obéir : ils ne veulent plus d'Artaud, disent-ils, parce qu'il a, sous serment, résigné son évêché; mais, puisque Hugues a été élu d'une volonté unanime, qu'il soit le bienvenu de tous[1]. Les évêques accueillirent ces plaintes, et déclarèrent Hugues digne du sacerdoce; non-seulement la noblesse de son extraction, mais encore la pureté de ses mœurs, disent-ils, le recommandent éminemment, et c'est une chose heureuse qu'une aussi haute dignité soit encore relevée par la noblesse de la personne. Ils l'élèvent donc à l'épiscopat d'un consentement presque unanime, et l'ayant conduit à Reims, ils le sacrent solennellement métropolitain dans le monastère des moines de Saint-Remi. Hugues fut bien reçu dans la ville, et

[1] Les évêques, dit Flodoard, traitent des affaires de l'église de Reims; et sur les plaintes des clercs et des nobles laïques que cette église a longtemps manqué de pasteur, ils décident que puisque Artaud a juré que jamais il ne reprendrait cet évêché, il ne doit plus venir le gouverner; mais que Hugues, qui y a déjà été appelé sur la demande des clercs et du peuple, doit être sacré évêque.

trem Landricum proditionis insimulatos, nec tamen penitus convictos, cum in hac re promptissimi viderentur, ab urbe expulit.

XXVI. — Rex in partibus Burgundiæ exercitum contra tirannos colligit.

Rex cum rei militaris inopia contra tirannos nihil moliri valeret, Burgundiam repetiit, ut exercitum inde sumeret, Remisque induceret. Admodum etenim id attemptabat, ut Heribertum ab urbe pervasa pelleret. Dum ergo in colligendis militibus moram faceret, tiranni [1] multo equitatu Laudunum appetunt, atque circumdant, spem proditionis in quibusdam habentes. Hæc dum aguntur, ad regis aures tempestive feruntur, qui sumptis quos undecumque colligere [2] valuit, in pagum Porcensem devenit. Ubi cum rem militarem ordinaret, ac hostibus bellum inferre pararet, tiranni Lauduni [3] obsidione relicta, in regem vadunt, ac insperatum invadentes ejus exercitum, nonnullos sternunt, reliquos vero in fugam cogunt. Rex a suis eductus, vix cum duobus comitibus, vim mortis evasit, oppido quod Altus-mons dicitur sese recipiens. Tiranni spe proditionis frustrati, obsidionem solvunt, atque in sua concedunt.

XXVII. — Tiranni a papa monentur, ne regem suum persequantur.

Interea a domno Stephano papa vir clarus, nomine Damasus, legatus in Gallias directus est, apostolicæ

[1] Hugo ac Heribertus 1.
[2] collige *codex*.
[3] Remorum 1.

honoré des prévenances et des respects des évêques. Le roi
apprit, en Bourgogne, par des voyageurs, ce qui s'était fait;
il revint aussitôt à Laon, et chassa de la ville Arnaud et
son frère Landri, suspects de trahison ; non qu'on pût cependant les en convaincre, mais parce qu'ils paraissaient
avoir été les plus ardents promoteurs de toute cette affaire.

XXVI. — Le roi lève une armée en Bourgogne pour marcher contre
les tyrans.

Le roi, ne pouvant rien entreprendre contre les tyrans,
faute de troupes, retourna en Bourgogne pour y lever une
armée qu'il devait conduire à Reims. Il avait fortement à
cœur d'expulser Herbert qui avait envahi la ville; mais,
comme il tardait à rassembler ses forces, les tyrans marchèrent sur Laon avec une nombreuse cavalerie, et
entourèrent la place, comptant y trouver quelques traîtres.
Heureusement leurs menées parvinrent à temps aux oreilles
du roi, qui prit tout ce qu'il put réunir çà et là, et s'en vint
dans le Porcien[1]. Tandis qu'il y dispose son monde pour
marcher sur l'ennemi, les tyrans quittent le siége de Laon,
se portent vers lui, tombent à l'improviste sur son armée,
tuent quelques hommes, et mettent les autres en fuite. Le
roi, entraîné par les siens, put à peine échapper à une
mort imminente avec deux de ses comtes[2], en se retirant
dans la place appelée Omont. Les tyrans, trompés dans leur
espoir de trahison, levèrent le siége, et s'en retournèrent
chez eux.

XXVII. — Le pape ordonne aux tyrans de cesser leurs hostilités contre
le roi (942).

Vers ce temps-là, le pape Étienne[3] envoya dans les Gaules
un légat nommé Damase, chargé de lettres apostoliques,

---

[1] Pays de Porcéau ou Porcien en Champagne.
[2] L'évêque Artaud et le comte Roger, selon Flodoard. Hugues et Herbert, après avoir conféré avec Guillaume, recommencèrent le siége, persuadés qu'on leur livrerait le château par trahison. (Flodoard, *Chron.
ann.* 941). Roger était comte de Laon. Voir *Notes et dissertations*, sect. II.
[3] Le pape Étienne VIII. J. P.

sedis litteras afferens, jussionem apostolicam continentes, ut principes provinciarum¹ regem suum Ludovicum recipere non differrent, nec gladio ultra hostili eum insectarentur; et ni cessent, anathematis telo omnes esse figendos. Quo episcopi cognito Remorum dioceseos, in unum mox coacti, de anathemate in sese habendo nisi resipiscant vehementer² pertractant. Mittendum enim ad Heribertum disponunt, et ab eo suppliciter petendum, quatinus ipse ducem adeat, atque apud eum pro regis receptione agat, ostendentes anathematis periculum, et quanta iis debeatur ruina³, qui dominorum contemptores ac persecutores esse non formidant. Quæ suasio nullum effectum habuit⁴. A prædicto etiam papa mox alia legatio directa est, per Remensis ecclesiæ legatos, qui a papa eodem sacerdotale pallium Hugoni metropolitano detulere, dicentes apostolicæ jussionis hanc esse sententiam, ut Galliarum principes, regem suum persequi parcant, et insuper illum magnifice attollant. Quod nisi intra præscriptum diem efficiant, horribili anathemate hujus factionis auctores ac cooperatores sive fautores gravissime esse multandos. Si vero apostolicæ jussioni gratanter obœdiant, legatos Romam dirigant, qui suam benivolentiam erga regem suum papæ referant. Et nec sic quidem tirannis quicquam persuasum est. A quibus cum regi incessanter quæreretur ruina, in contrarium res eorum tota relapsa est.

¹ regnorum 1.
² utiliter 1.
³ q. labe afficiantur 1.
⁴ s. cum n. e haberet 1.

qui ordonnaient aux gouverneurs des provinces [1] de reconnaître sans retard l'autorité du roi Louis, et de cesser de le poursuivre à main armée, les menaçant, s'ils n'obéissaient, du glaive de l'excommunication. Dès que les évêques de la province ecclésiastique de Reims l'eurent appris, ils se rassemblèrent pour se concerter; inquiets sur les suites de l'anathème qui les menaçait s'ils ne changeaient de conduite. Ils résolurent donc d'envoyer vers Herbert, pour lui demander instamment d'aller trouver le duc, et de l'engager à reconnaître le roi, lui représentant le danger de l'excommunication, et la ruine infaillible qui attend ceux qui ne craignent pas de repousser et de poursuivre leur maître; mais leurs efforts n'obtinrent aucun résultat. Bientôt après, des envoyés de l'église de Reims reçurent du même pape, avec le *Pallium* qu'ils durent apporter à l'archevêque Hugues, la mission de proclamer l'injonction apostolique, qui ordonnait aux grands de la Gaule de cesser toute hostilité envers le roi, et de lui rendre les honneurs suprêmes [2]; et s'ils ne le font dans le temps prescrit, y était-il dit, les auteurs, complices et fauteurs du complot seront frappés d'un horrible anathème; que s'ils sont disposés à se soumettre à la jussion apostolique, ils aient à envoyer à Rome des députés pour certifier au pape leurs bonnes dispositions envers le roi. Tout cela encore ne put rien faire auprès des tyrans; mais, pendant qu'ils travaillaient sans relâche à la ruine du roi, ce furent leurs affaires, au contraire, qui se trouvèrent entièrement ruinées.

---

[1] Voir *Notes et dissertations*, sect. III, sur le titre de *Princeps*.
[2] Dans Flodoard, ce ne sont pas les envoyés de l'église de Reims qui rapportent l'injonction du pape, mais des légats venus avec eux; ce qui est beaucoup plus probable.

XXVIII. — *Rex per Rotgerum comitem Wilelmum ducem sibi conciliat.*

Etenim rex bonorum usus consilio, Rotgarium, virum clarum, Wilelmo pyratarum principi pro se locuturum direxit. Qui apud eum pro rege optime functus legatione, ibi rebus humanis excessit. Ante tamen principi usque ad effectum suasit. Nam non multo post suorum legatione regem fideliter accersit, exceptumque Rodomi, ingentibus donis dignissime [1] accumulat. Unde et factum est, ut alii hinc formidantes, ad regem tempestivius sese contulerint. Wilelmus itaque Aquitanorum dux, Brittannorumque Alanus, piratas regiam rem curare comperientes, accessum maturant, regem adeunt, atque fide pacti miliciam jurant. His itaque rex collectis, prædictis tirannis [2] secus fluvium Isara locuturus procedit. Tiranni regium equitatum suspectum habentes, prævenerunt, atque pontes præcipitaverunt, naves circumquaque in aliud litus abducentes; sicque cum suis in adverso fluminis litore consederunt. Duabus tantum naviculis hinc inde cursitantibus, per internuntios controversia inter illos agitata est. Tandem sub pace sequestra obsidum jure a sese discedunt.

XXIX. — *Ludovicus et Otto reges in amiciciam conveniunt, ac per Ottonem Hugo.*

Rex principibus in pace dimissis, cum paucis iter in Belgicam retorquet, Ottoni cujus sororem conjugem sibi addixerat, ad loquendum obveniens. Quorum consilio multa concordia firmato, amicitiam mutuo condicionibus statuunt. Ac fine negotii facto, rex Laudunum

[1] humanissime f.
[2] Hugoni et Heriberto *glossa*.

XXVIII. — Le roi, par l'entremise du comte Roger, se concilie le duc Guillaume.

Le roi, suivant le conseil de quelques gens de bien, envoya vers Guillaume, prince des pirates, Roger, homme illustre[1], porteur de ses paroles royales; Roger remplit parfaitement sa mission; il mourut sur les lieux, mais ses discours avaient produit un tel effet, que le duc envoya bientôt des députés au roi pour l'engager à venir à Rouen, où il le combla de présents. Il arriva de là que les autres grands commencèrent à craindre, et se hâtèrent de se rallier à Louis. C'est ainsi que Guillaume, duc des Aquitains, et Alain, duc des Bretons[2], apprenant que les pirates agissaient dans l'intérêt du roi, se hâtèrent de venir le trouver, et s'engagèrent par serment à combattre pour lui. Le roi, les ayant ainsi ralliés, s'avança vers l'Oise pour conférer avec les tyrans dont on a déjà parlé[3]. Ceux-ci, redoutant la cavalerie royale, la prévinrent, détruisirent les ponts, ramassèrent tous les bateaux des environs qu'ils emmenèrent de l'autre côté de la rivière, et campèrent sur ce même bord. Les pourparlers s'établirent par des envoyés, que deux petits bateaux seulement transportaient d'une rive à l'autre. Enfin, une trêve fut conclue[4], des otages furent donnés, et l'on se sépara.

XXIX. — Les rois Louis et Otton se lient d'amitié; Otton réconcilie Hugues et Louis.

Le roi, après avoir renvoyé les princes en paix, reprit avec peu de monde le chemin de la Belgique, et alla, afin

---

[1] Roger était comte de Laon, comme il a été dit ci-dessus, p. 161, note 2. Voir *Notes et dissertations*, sect. III, § 2.
[2] Flodoard dit : Guillaume de Poitiers et les Bretons avec leurs chefs. (*Chron. ann.*, 942.) Voir *Notes et dissertations*, sect. II.
[3] Hugues et Herbert en compagnie d'Otton, comme on le voit par Flodoard. Voir aussi la note ci-contre.
[4] Une trêve de la mi-septembre à la mi-novembre selon Flodoard.

rediit. Otto vero Hugonem in regis gratiam reducere satagebat. Quem multis verborum stimulis familiariter ac levi furore redarguens, eo quod regi suo contrairet, dominumque insectari non formidaret, ad regem redire effecit. Et tempore oportuno, prudentium legationibus præmissis, regi ducem reducit, sibique conciliat.

XXX. — *Principum apud regem conventus, ac Wilelmi in eorum contione tumultuatio.*

Duce ergo in pristinam gratiam revocato, cum ipse virtute et copiis antecelleret, alii consequenter reducti sunt. Omnibus itaque ad regem reversis, in fisco regio Atiniaco principibus ab rege post dies triginta colloquium habendum indicitur. Et die constituta rex ibi cum provinciarum principibus affuit, Hugone videlicet cognomento Magno, Arnulfo Morinorum, Wilelmo piratarum ducibus, ac Heriberto tiranno. Nec defuit Saxoniæ rex Otto. Ludovicus rex cum in conclavi sese cum Ottone rege ac [1] principibus recepisset, consilio incertum, an fortuitu, solus Wilelmus dux admissus non est. Diutius ergo afforis exspectans, cum non vocaretur, rem animo irato ferebat. Tandem in iram versus, utpote manu et audatia nimius, foribus clausis vim intulit, ac retrorsum vibrabundus [2] adegit. Ingressusque lectum conspicatur gestatorium; [3] in quo etiam a parte

---

[1] cum I.
[2] fervidus I.
[3] g. pulvinaribus ac ceteris necessariis stratum I.

de conférer avec lui, au-devant du roi Otton, dont il avait épousé la sœur[1]. Il régna entre eux un parfait accord, ils scellèrent leur amitié mutuelle par des traités, et, leurs affaires terminées, le roi revint à Laon. Otton fit tous ses efforts pour réconcilier Hugues avec Louis; il le réprimanda souvent dans des conversations familières, lui reprocha même avec vivacité d'agir contre son roi, et d'oser s'armer contre son seigneur. Il le disposa ainsi à revenir à Louis; profitant donc du moment favorable, par l'entremise d'hommes sages, il rapprocha le duc du roi, et se l'attacha lui-même.

XXX. — Assemblées des princes auprès du roi; emportement de Guillaume[2].

Le duc rentra donc dans son ancienne faveur auprès du roi; et comme il était le plus puissant des seigneurs, et par sa valeur personnelle et par ses forces, ceux-ci firent aussi leur soumission. Tous étant donc revenus à Louis, celui-ci décida qu'au bout de trente jours, on se réunirait en conférence dans le fisc royal d'Attigny[3]. Au jour fixé, le roi se trouva au lieu dit avec les gouverneurs des provinces, savoir Hugues, surnommé le Grand, Arnoul, duc des Morins[4], Guillaume duc des pirates et le tyran Herbert. Le roi de Saxe, Otton[5] s'y trouva aussi. Le roi Louis se renferma dans le conclave avec le roi Otton et les princes, et, soit à dessein, soit par hasard (on l'ignore) le duc Guillaume seul n'y fut point admis. Il attendit très-longtemps en dehors; mais, voyant qu'on ne l'appelait pas, il en conçut de l'humeur. Enfin la colère le gagnant, comme il était emporté et prompt à la main, il enfonça les portes, et les

---

[1] Voir ci-dessus, ch. xix.
[2] Ce chapitre et les deux suivants nous paraissent renfermer des détails tout à fait neufs.
[3] Sur l'Aisne, entre Vouziers et Rethel. Voir liv. I, chap. xliv, et ii.
[4] Habitants du territoire de Therouane ou plutôt de Flandre.
[5] Sur tout cela voir *Notes et dissertations*, sect. ii, § 2.

cervicalis Otto editiore, rex vero in parte extrema humilior residebat. In quorum prospectu Hugo et Arnulfus duabus residentes sellis, consilii ordinem exspectabant. Wilelmus regis injuriam non passus : « An, » inquit, « his interesse non debui? Desertorisne dedecore aliquando sordui? » Fervidusque propinquans : «Surge,» inquit, « paululum rex ! » Quo mox surgente, ipse resedit, dixitque indecens esse regem inferiorem, alium vero quemlibet superiorem videri. Quapropter oportere Ottonem inde amoliri, regique cedere. Otto pudore affectus surgit, ac regi cedit. Rex itaque superior, at Wilelmus inferior consederunt.

XXXI. — *Otto injuriam sub specie fidei habendæ dissimulat, ejusque conquestio.*

Otto penitus injuriam dissimulans, baculo innixus cœpto negotio finem dare stando satagebat. Ac rationibus determinatis, rex cum consultoribus surgens egreditur. Otto injuriam [1] Wilelmi vehementissime dissimulans, apud cum de fidei constantia inter sese servanda plurimum consultat. Unde et conceptum facinus, variis verborum coloribus obvelat. Quibus peractis, rex cum Wilelmo ad sua remeat. Otto vero cum Hugone et Arnulfo consilium conferens, de injuria irrogata apud illos amplius conquerebatur ; ultra æquum et jus sese spretum memorans, ac coram amicis a sedibus amotum ; amicos ergo compati oportere, et amici injuriam suam debere arbitrari. Ab eis quoque tantam insolentiam summopere repellendam aie-

[1] benivolentiam f.

referma avec fureur. Étant donc entré, il jette les yeux sur le lit où Otton occupait le côté le plus élevé, celui du chevet, et le roi l'extrémité la plus basse; devant eux, Hugues et Arnoul, placés sur deux siéges, attendaient que les délibérations s'ouvrissent. Guillaume, indigné de l'injure faite au roi : « Est-ce que je dois, dit-il, rester étranger « à ce qui se traite ici? me suis-je donc jamais souillé « par quelque trahison? » Et s'approchant avec colère : « Roi, dit-il, lève-toi un instant. » Le roi se lève, il s'assoit lui-même, et dit qu'il est indécent que le roi paraisse dans une place inférieure, et que qui que ce soit s'élève au-dessus de lui; qu'il faut, par conséquent, qu'Otton quitte sa place, et que le roi la prenne. Otton se leva confus de honte, et céda sa place au roi. Louis et Guillaume se trouvèrent alors assis, le roi dans le haut et Guillaume plus bas.

XXXI. — *Otton dissimule son ressentiment sous prétexte de fidélité; plaintes auxquelles il se livre.*

Otton, debout, appuyé sur un bâton, dissimule l'effet de l'outrage qu'il a reçu, et se hâte de mettre fin à l'affaire entamée. Les résolutions prises, le roi se leva, et sortit avec ses conseillers. Otton, paraissant oublier entièrement l'outrage reçu de Guillaume, chercha tous les moyens possibles de rester en bonne intelligence avec lui, couvrant de paroles diversement colorées le crime qu'il méditait. Toutes choses achevées, le roi s'en revint chez lui avec le duc. Alors Otton, tenant conseil avec Hugues et Arnoul, se plaignit vivement à eux de l'injure qu'il avait subie : il avait été humilié, leur disait-il, au delà de toute justice et de tout droit, lorsque, en présence de ses amis, il avait été enlevé de son siége; ses amis devaient donc souffrir de son injure, et la regarder comme la leur propre; ils devaient d'autant plus fortement repousser une aussi grande insolence, qu'elle pouvait plus facilement arriver jusqu'à eux, car celui qui n'épargna pas un roi, les épargnera bien

bat, cum ea facilius ad eos pervenire valeat; nam qui sibi regi non indulsit, minus illis indulturum. Quæ oratio, plurimam invidiam paravit, ac amicos in odium Wilelmi incitavit, cum et ipsi quamvis latenter ei admodum inviderent. Otto rex ad sua rediit.

XXXII. — *Deliberatio Hugonis et Arnulfi de morte Wilelmi.*

Hugo et Arnulfus quid facturi Wilelmo essent deliberabant. Si eum gladio occidant, ad omnia sese fieri expeditiores aiebant. Regem etiam ad quodcumque volent facilius inflexuros, si is solum pereat, quo rex fretus adquæque flecti nequeat. Si autem non occidant, discordias atque lites sine dubio proventuras, ac his occasione emersa, multorum stragem futuram. At horum utrumque perniciosum censebant, cum in occisione homicidii reatus redundaret, et in reservatione tirannis futura appareret. De occisione tandem persuasi, patraturos facinus accersiunt, vim negotii explicantes, atque in Wilelmum conjurare faciunt. Cujus interfectionis series mox apud conjuratos ita disponitur: ut ab Arnulfo legati mitterentur, qui pro colloquio multa necessitate in proximo habendo apud Wilelmum idonee legatione fungerentur; de tempore quærerent, quando sibi obveniendum foret; locum vero secus fluvium Summam peterent, quo ipse a terra sua egredi et collocuturis obvenire dignaretur. Qui postquam adveniret, et ab amicis exceptus esset, de amicitia plurimum, multum etiam de fide proponerent. Et quia tunc suis stipatus pervadi non posset, ictus differrentur, donec navim repeteret, si forte navigio eum advenisse contingeret. Cumque jam navigaret per pelagus, per conjuratos multo clamore revocaretur, acsi aliquid

moins encore. Ce discours fit naître une grande animosité, et excita contre Guillaume la haine des amis d'Otton, qui déjà étaient secrètement jaloux du duc. Le roi Otton s'en retourna chez lui.

XXXII. — Hugues et Arnoul complotent la mort de Guillaume (943).

Hugues et Arnoul délibérèrent entre eux sur la conduite qu'ils devaient tenir à l'égard de Guillaume ; ils pensaient qu'en le tuant, ils rendraient faciles tous leurs projets, et qu'ils amèneraient plus aisément le roi à faire leur volonté, lorsqu'aurait péri le seul homme qui, par son appui, l'empêchait de plier. S'ils ne tuaient Guillaume, au contraire, il s'élèverait certainement des divisions et des disputes, qui occasionneraient la perte de bien du monde. Mais ils regardaient ces deux extrémités comme très-fâcheuses ; car, en tuant le duc, ils paraissaient coupables d'homicide, et en l'épargnant, ils l'étaient à leurs propres yeux. Ils se décidèrent enfin pour le meurtre. Ils firent venir des gens pour consommer le crime, leur expliquèrent toute l'affaire, et leur firent jurer de tuer Guillaume. Quant aux moyens d'exécution, il fut convenu avec les conjurés qu'Arnoul enverrait des messagers au duc pour lui exposer l'urgente nécessité de prochaines conférences, lui demandant de fixer l'époque de la réunion, et un lieu près de la Somme, où, sortant de ses États, il voudrait bien se réunir à eux. A son arrivée, on le recevrait en ami, on lui ferait de nombreuses propositions de paix et de concorde ; et, comme alors il serait entouré des siens, et qu'on ne pourrait l'atteindre, on attendrait, pour frapper qu'il regagnât son vaisseau, si par hasard il était venu par eau. Lors donc qu'il se serait remis en mer, les conjurés le rappelleraient à grands cris, comme pour lui faire entendre des choses importantes, dont on aurait oublié de lui parler ; et, au moment où il

præcipuum oblivione prætermissum auditurus. Navicula ergo advectus cum paucis, aliis in pelago expectantibus, conjurati gladiis eductis incautum adorirentur. Si vero equester adveniret, post consilii finem Arnulfo digresso, illoque recedente, conjurati identidem eum repeterent, magnum quiddam sese afferre simulantes, quibusdam etiam seriis accitum detinerent, donec cunctis præeuntibus extremus retrorsum incederet. Quem adorsi gladiis non minus transverberarent. Insurgentium vero piratarum vim evaderent, si equis velocibus rapti, ad dominum cum copiis præstolantem transfugere tempestivius accelerarent; piratas etiam tunc nihil aliud quam aut fugam acceleraturos, aut domini exsequias procuraturos. Sicque factum esset, ut Arnulfo ignorante eo quod absens esset, tantum facinus patratum videretur.

XXXIII. — Wilelmi ducis interfectio.

Legati itaque directi, colloquium petunt et optinent. Tempus post dies triginta datur. Locus quoque in pago Ambianensi secus fluvium Summam ubi est insula Pinchinea conceditur. Negotioque peracto, legati redeunt. Tempore ergo constituto, Arnulfus terra, Wilelmus aqua in locum destinatum conveniunt. Ac de amicicia multum, plurimum de fide utrimque servanda collocuti sunt, atque post nonnullos sermones a se soluti. Arnulfus reditum simulans, aliquantisper digreditur. Wilelmus vero ad classem rediit; naviculamque ingressus dum per pelagus navigaret, a conjuratis multo strepitu [1] inclamatus, proram obvertit. Remigansque

[1] clamore f.

s'avancerait sur sa barque avec un petit nombre d'hommes, les autres l'attendant en mer, alors les conjurés tireraient leurs épées, et fondraient sur lui à l'improviste. Que s'il venait à cheval, après la clôture des conférences et le départ d'Arnoul, on attendrait le moment où il se retirerait, et alors les conjurés le rappelleraient de la même façon, feignant de lui apporter quelque objet de grande importance ; puis, après l'avoir attiré à eux, ils le retiendraient par quelques propositions sérieuses jusqu'à ce que tous les siens, s'étant éloignés, il se trouvât tout à fait en arrière. Alors les conjurés le perceraient de même de leurs épées. Ils échapperaient à la fureur des pirates s'ils se hâtaient, montés sur des chevaux agiles, de rejoindre leur maître qui les attendrait avec des forces. Les pirates, du reste, ne pourraient faire autre chose que précipiter leur fuite, ou enlever les dépouilles mortelles de leur maître. Il arriverait de la sorte qu'un si grand crime paraîtrait accompli à l'insu d'Arnoul, puisqu'il serait absent.

XXXIII. — Meurtre du duc Guillaume [1].

Les envoyés demandent donc et obtiennent qu'une conférence ait lieu. On en fixe l'ouverture à trente jours, elle se tiendra dans le territoire d'Amiens, près de la Somme, à l'endroit où se trouve l'île de Picquigni [2]. Les choses convenues, les envoyés s'en revinrent. Au temps fixé, Arnoul et Guillaume se rendirent au lieu dit, l'un par terre, l'autre par mer. Ils se firent de grandes protestations d'amitié, se promirent respectivement de se garder fidélité, et, après s'être entretenus quelque temps, ils se séparèrent. Arnoul,

[1] Nulle part on ne trouve un récit aussi circonstancié du meurtre de Guillaume Longue-épée. Cet événement eut lieu le 16 ou le 17 décembre 943 ; le meurtrier fut un nommé Blason dit Le Court, chancelier d'Arnoul, comte de Flandre (*Chr. de S. Bertin.*)

[2] Guillaume de Jumiège dit : *Determinato loco apud Pinchiniacum... super Somnæ fluvium... Erat quippe insula in medio alvei, in qua libatis osculis ambo duces consederunt.* C'est donc dans l'île même qu'eut lieu la conférence le 16 décembre 943.

ad litus, quid vellent sciscitaturus, redit. Illi mox quiddam præciosissimum se deferre asserunt, quod a domino suo oblivione suppressum fuit. Dux navicula litori apulsa, illos excipit, a quibus etiam mox gladiis eductis [1] interimitur. Duobus quoque puberibus qui cum eo inermes aderant, et nauta sauciatis, a navicula facinorosi exiliunt, ac post conscium dominum in fugam feruntur. Qui autem jam per pelagus navigabant, conversi litus relictum repetunt, ac dominum interemptum, duosque puberes et nautam sauciatos inveniunt. Sumptumque domini corpus lamentabili obsequio sepulturæ deportant.

XXXIV. — Rex filio Wilelmi Richardo terram patris concedit.

Nec multo post et ejus filium de Brittanna concubina, nomine Richardum, regi deducunt, gesti negotii ordinem pandentes. Rex adolescentis elegantiam advertens, liberaliter excipit, provinciam a patre pridem possessam, ei largiens. Potiores quoque qui cum adolescentulo accesserant, per manus et sacramentum regis fiunt. Multaque regis liberalitate jocundati, recedunt Rodomum [2]. Alii vero Nortmannorum, Richardum ad regem transisse indignantes, ad Hugonem ducem concedunt.

[1] strictis 1.
[2] rodomunt *corr.*

feignant de s'en retourner, s'éloigna quelque peu ; Guillaume retourna à sa flotte. Entré dans sa barque, le duc se mettait déjà en mer, lorsqu'il fut rappelé à grands cris par les conjurés; il retourna sa proue, et rama vers le rivage, pour leur demander ce qu'ils voulaient. Ils répondirent qu'ils lui apportaient une chose précieuse, que leur maître avait oublié de lui offrir. Guillaume pousse sa barque au rivage, et reçoit les conjurés près de lui; mais aussitôt ils tirent leurs épées, et le tuent; ils blessent également deux jeunes gens désarmés, qui étaient avec le duc, ainsi que le pilote. Puis ils sortent de la barque, et se réfugient près de leur maître, complice de leur crime. Ceux qui naviguaient déjà sur la mer retournent au rivage, qu'ils venaient de quitter, et y trouvent leur maître mort, les deux jeunes gens et le pilote blessés; ils prennent le corps de Guillaume, et l'emportent en gémissant, afin de lui rendre les tristes devoirs de la sépulture.

XXXIV. — *Le roi concède à Richard fils de Guillaume les terres de son père.*

Peu de temps après, on amena au roi un fils de Guillaume, nommé Richard, que le duc avait eu d'une concubine bretonne[1], et on lui fit connaître ce qui s'était passé. Le roi, remarquant la grâce du jeune homme, le reçut avec distinction, et lui accorda la province qu'avait possédée son père[2]. Les grands, qui avaient accompagné le jeune Richard, se déclarèrent les hommes du roi par les mains et par le serment[3]. Le roi leur fit de grandes libé-

---

[1] Ce fils fut Richard Ier surnommé Sans Peur ; sa mère fut, selon Guillaume de Jumiège, Sprote, fille très-noble que Guillaume avait épousée à la danoise. Voir *Notes et dissertations*, sect. II. Richard Ier avait dix ans lorsque son père fut assassiné.
[2] Flodoard dit de même que le roi donna la Normandie au fils de Guillaume, *terram Nordmannorum dedit*. D'après cela, faut-il supposer que la concession faite à Rollon, et ensuite à Guillaume son fils (ci-dessus ch. XX), n'avait pas le caractère de perpétuité qu'on lui suppose, ou bien que le don fait à Richard n'était qu'une *confirmation*?
[3] Voir *Notes et dissertations*, sect. V.

XXXV. — *Rex a suis Rodomum accersitur, ac cum piratis dimicat.*

Qui autem regis partes tuebantur, per legatos eum accersitum, Rodomi decenter suscipiunt. Ubi cum e referretur, regem piratarum Setrich cum classe copiosa fluvium Sequanam ingressura, ac ejus ducem Thurmodum consequenter navalibus copiis advenisse, u[t] absque regis dono omnia pervadant, atque defuncti ducis filium ad idolatriam suadeant, ritumque gentilem inducant, rex copias unde congrediatur colligit. Deumque propitiaturum confisus, alienigenis cum 800 occurrit. Et quia cum paucis erat, ad hostes concludendos acies in diversa disponere nequivit. Suis itaque stipatus, erectis signis ac densato agmine, procedit. Gentiles quoque ordine pedestri incedebant. Propinquantesque, patrio more, in primo tumultu enses jaciunt, quorum densitate equites territos ac sauciatos rati, cum clipeis et telis prosecuntur. At regius equitatus, ensium nube dilapsa, clipeorum objectione tuti in pedites feruntur, ac densati [1] acies sternendo atque interimendo indivisi penetrant egrediunturque, rursusque regressi penetrant, ac disrumpunt. Regem quoque Setrich cum violentia belli in fugam cogeret, in dumeto mox repertus, tribus lanceis a palantibus transfixus est. Thurmodus vero cum adhuc in certamine totis viribus ageretur, ab Ludovico equi impetentis pectore est dejectus. Quem cum rex impetu

[1] conglobati 1.

ralités, et ils s'en retournèrent à Rouen. Mais d'autres Normands, indignés de ce que Richard s'était donné au roi, embrassèrent le parti de Hugues.

XXXV. — *Le roi est appelé à Rouen par ses partisans et combat contre les pirates.*

Ceux qui tenaient le parti du roi lui envoyèrent des députés pour l'inviter à venir à Rouen, où ils le reçurent honorablement. Il y apprit que le roi des pirates, Setrich, était entré dans la Seine avec une flotte considérable, que son général Thurmod l'y avait joint avec des forces navales, dans le but d'envahir le pays de force, d'amener à l'idolâtrie le fils du duc défunt, et d'introduire dans la province le culte des gentils.¹ Il rassembla alors des troupes pour les combattre, et, confiant dans la protection de Dieu, il marcha contre eux avec huit cents hommes. Comme il avait peu de monde, il ne put étendre son armée sur plusieurs points, de manière à envelopper l'ennemi, mais, entouré des siens il les fit marcher, enseignes hautes, en bataillons serrés. Les gentils, de leur côté, s'avancèrent à pied, en ordre de bataille; dès le premier engagement, ils jetèrent leurs épées en avant, selon leur usage national, et pensant que les pointes serrées allaient effrayer et percer la cavalerie du roi, ils se précipitèrent sur elle avec leurs boucliers et leurs lances. Mais ce nuage d'épées dissipé, la cavalerie royale couverte de ses boucliers, entame et traverse leurs rangs, fond sur les fantassins unis en corps épais, les renverse et les laisse sur la place, puis, revenant sur ses pas, les enfonce de nouveau et les disperse. Le roi Setrich, qui avait été forcé de fuir au fort de la mêlée, fut bientôt découvert dans les broussailles et percé de trois coups de lance par des maraudeurs. Pour Thurmod, il

---

¹ Selon Flodoard, Turmod, qui vivait en Normandie, était revenu à l'idolâtrie et au culte des gentils, et forçait le fils de Guillaume et bien d'autres encore à l'imiter; il complotait contre le roi, de concert avec Sétric, roi païen. Le roi les combattit et tua Turmod.

præteriret, nec eum dinosceret, et ab hostibus impetitus in loco staret, comminusque confligeret, Thurmodus suis stipatus, regem a tergo appetit, factusque ei dexter, per loricæ manicam pene usque ad sinistri lateris ypocundriam, lancea sauciat. Rex, multa cede ab eo impetu paulisper dimotus, sauciantem respicit; ictuque in dextram obliquato, provocantis caput cum humero sinistro obtruncat. Tanta quoque cæde gentiles fusi sunt, ut eorum novem milia [1] cesa ibi referrentur. Reliqui vero, paucissimi tamen, navali profugio erepti sunt. Rex a Deo victoria potitus est, suorum tamen paucis fusis, nonnullis vero sauciatis. Post quorum curam redire disponens, Rodomum Erluino commisit; ipse Compendium rediens.

XXXVI. — Artoldus archiepiscopus tirannos dimittit, et ad regem transit.

Quo cum advenisse dinoscens, Artoldus, qui in cœnobio sancti Basoli confessoris ab urbe pulsus morabatur, mox quicquid a tiranno sibi relictum erat abjiciens, ad regem sese contulit, mallens apud eum parvo contentus morari, quam insaciabilis tiranni beneficiis detineri. Rex metropolitanum, quo ipse rex consecratus fuit, injuste præcipitatum dolens, ne diffidat hortatur, summum sacerdotium sese ei redditurum pollicens.

[1] IIII. præposito .V. et in margine eadem manu VIIII.

combattait encore de toutes ses forces, lorsque le cheval du roi lancé à la charge le frappa de son poitrail et le renversa. Le roi, continuant sa course, passa outre sans le reconnaître ; mais bientôt, assailli par l'ennemi, il s'arrêta pour combattre ; alors Thurmod, appuyé des siens, l'attaque par derrière, et lui enfonce sa lance sous l'épaule droite par le défaut de la cuirasse, presque jusqu'à l'hypocondre gauche. Cette blessure força le roi à s'arrêter un moment au milieu du carnage, il regarde celui qui l'a frappé, et, d'un coup porté obliquement sur le côté droit, il coupe à l'agresseur la tête et l'épaule gauche. Il y eut un tel carnage des gentils, qu'il périt là neuf mille d'entre eux[1], à ce qu'on rapporte. Ceux qui restaient, très-peu nombreux, à vrai dire, se sauvèrent au moyen de leurs barques. Le roi obtint de Dieu la victoire, cependant quelques-uns des siens furent tués, plusieurs autres blessés. Après avoir fait donner des soins à ces derniers, il se disposa à s'en retourner ; confia à Erluin la ville de Rouen, et revint à Compiègne.

XXXVI. — L'archevêque Artaud fuit les tyrans et se rend vers le roi.

Lorsque Artaud, qui, depuis son expulsion de Reims, habitait le monastère du confesseur saint Basle, eut appris l'arrivée du roi à Compiègne, il abandonna aussitôt tout ce qu'on lui avait laissé, et vint le trouver, aimant mieux vivre près de lui dans une humble position, que d'être lié par les bienfaits d'un tyran insatiable[2]. Le roi, affligé de l'injuste expulsion du métropolitain, auquel lui-même devait son sacre, l'engage à ne pas se décourager, et promet de lui rendre le pouvoir sacerdotal.

[1] Flodoard ne fait point connaître les forces respectives des deux armées, forces qui paraissent ici bien disproportionnées. Du reste, ni Flodoard ni Richer ne nous apprennent où eut lieu cette bataille.
[2] Flodoard fait connaître ici des circonstances importantes omises par Richer. (*Chron.*, ann. 943.)

XXXVII. — Interitus Heriberti.

His ita sese habentibus, cum Heribertus quæque pernitiosa pertractaret, ac de quorumdam calamitate multa disponeret, cum inter [1] suos in veste præciosa sederet, atque apud illos extensa manu concionaretur, majore apoplexia ob superfluitatem humorum captus, in ipsa rerum ordinatione, constrictis manibus nervisque contractis, ore etiam in aurem distorto, cum multo horrore et horripilatione coram suis inconsultus exspiravit. Susceptusque a suis, apud sanctum Quintinum sepultus est. Quo sepulto, ejus filii mox regem adeuntes, ab eo benigne excepti sunt. Patris injuriarum nihil sibi reducens. Excipitur et Hugo episcopus, ea tamen conditione, ut tempore congruo ratiocinari pro se de episcopatus adeptione non differat. Cum quibus quoque rex Ambianum digressus est; ubi cum non sine suorum potioribus quæque præcipua disponere vellet, Erluinum Rodomi morantem per legatum accersit.

XXXVIII. — Congressio Arnulfi et Erluini.

Quod cum malivolorum relatione Arnulfus comperisset, insidias prætendit, obvenientique, rege ignorante, cohortem inducit. Quod Erluinus mox dinoscens, signis collatis congreditur. Congressus utrimque non modicus. Arnulfus, suis fusis, profugiens, vix urgentem evasit. Erluinus victoria potitus, alios enecat, alios capit, alios in fugam cogit. In quo etiam certamine, interfectorem Wilelmi, qui cum Arnulfo sibi vim [2] intu-

[1] apud 1.
[2] Copias 1.

XXXVII. — Mort d'Herbert.

Vers le même temps, Herbert roulait dans son esprit de pernicieux desseins, et préparait le malheur de plusieurs personnes. Mais un jour que, revêtu d'un habit précieux, il siégeait au milieu des siens, et qu'il étendait la main en les haranguant, au moment même où il exposait son sujet il fut frappé d'une apoplexie foudroyante, causée par une trop grande abondance d'humeurs : ses doigts se fermèrent, ses nerfs se contractèrent, sa bouche se tordit vers l'oreille, et il expira subitement, entouré des siens, saisis d'horreur et d'effroi [1]. Ils l'enlevèrent et l'ensevelirent à Saint-Quentin. Aussitôt après sa sépulture, ses fils allèrent trouver le roi, qui les reçut avec bonté, oubliant tous les torts de leur père. L'évêque Hugues fut reçu comme les autres, mais à la condition qu'en temps opportun il soumettrait à l'examen sa promotion à l'épiscopat [2]. Le roi partit avec eux pour Amiens; et comme il ne voulait rien régler d'important sans le concours de ses principaux adhérents, il envoya des députés à Erluin, qui habitait Rouen, pour le mander près de lui.

XXXVIII. — Combat entre Arnoul et Erluin.

Des malveillants ayant rapporté tout cela à Arnoul, il prépara des embûches, et, à l'insu du roi, envoya une cohorte [3] à la rencontre d'Erluin. Dès que celui-ci aperçut les

---

[1] On lit dans la chronique de S. Bertin que le roi Louis le fit pendre à un arbre. La leçon de Richer nous paraît bien préférable.

[2] Le duc Hugues sollicita souvent le roi pour qu'il reçût les fils d'Herbert, ses neveux. Le roi reçut d'abord l'évêque Hugues par la médiation d'Otton, duc de Lorraine, de l'évêque Adalberon, et surtout à la prière instante du duc. Les conditions furent qu'on restituerait à l'archevêque Artaud les abbayes qu'il avait perdues en se rendant vers le roi, qu'on lui donnerait un autre évêché, qu'on rendrait à ses frères et à ses parents les bénéfices qu'ils avaient reçus de l'évêché de Reims. Ensuite le roi reçut aussi les autres fils d'Herbert. *Flod., chron.*, ann. 943.

[3] Voir *Notes et dissertations*, sect. IV.

lerat, militari insectatione comprehendit. Cujus manus obtruncans, in ultionem amici Rhodomum misit. Ac cesorum ereptis manubiis, ad regem concessit.

XXXIX.

Quo tempore Hugo dux in magna gratia regi habitus, ejus filiam ex sacro lavacro suscepit. Unde et eum rex [1] omnium Galliarum ducem constituit. Quo duce rex equitatum parans, cum Gerberga regina in Aquitaniam proficiscitur, ac urbem Nivernicam deveniens, Gothorum ducem Ragemundum Aquitanorumque præcipuos illic obvios excepit. Apud quos de provinciarum cura pertractans, ut illorum omnia sui juris viderentur, ab eis provincias recepit. Nec distulit earum administrationem eis credere. Commisit itaque ac suo dono illos principari constituit, regia hilaritate hilares redire permittens. Ac cum duce iter ipse in Galliam retorquens, Lauduni sese recepit.

XL. — *Arnulfus et Erluinus regis suasione* [*] *in amiciciam redeunt* [*].

Ubi suorum præcipuos præter ducem colligens, apud eos agebat quatinus viri illustres Arnulfus atque Erluinus, factarum injuriarum immemores fierent, ac in benivolentia unirentur; suis rebus prosperiorem eventum deberi ratus, suorum concordia. Convocatis

---

[*] asi, de *abscisa*.
[1] rex Franciæ ducem 1.

troupes, il marcha sur elles ; le combat s'engagea et fut soutenu des deux côtés avec vigueur, mais Arnoul, voyant ses forces dispersées, prit la fuite, et à peine put-il échapper à Erluin. Celui-ci, assuré de la victoire, tua les uns, prit les autres, et dispersa le reste. Dans la même rencontre, il s'empara du meurtrier de Guillaume, qui était venu l'attaquer avec Arnoul; il lui coupa les mains, qu'il envoya à Rouen, comme une vengeance due à son ami[1]; puis, après avoir enlevé les dépouilles des morts, il se rendit près du roi.

XXXIX.

Dans le même temps, le duc Hugues, en grande faveur près de Louis, tint sa fille sur les fonts sacrés ; à cause de cela, le roi le fit duc de toutes les Gaules[2]; puis, formant un corps de cavalerie, il lui en donna le commandement, et partit pour l'Aquitaine avec la reine Gerberge (944). Arrivé dans la ville de Nevers, il y reçut Raymond, duc des Goths[3], et les principaux d'entre les Aquitains, qui étaient venus au-devant de lui. Il s'occupa avec eux du gouvernement des provinces, et se les fit remettre, afin qu'ils parussent bien tenir de lui toute leur autorité. Mais il ne refusa point de leur en conférer de nouveau l'administration. Il les constitua donc, et les établit gouverneurs en son nom[4], puis à leur satisfaction, par un acte de son bon plaisir, il leur permit de s'en retourner. Lui-même reprit avec le duc le chemin de la Gaule et s'en revint à Laon.

XL. — Arnoul et Erluin se réconcilient par l'entremise du roi.

Il y réunit les principaux d'entre ses amis, excepté le duc, et chercha avec eux les moyens d'amener les hommes

[1] Flodoard dit qu'il le tua et lui coupa ensuite les mains, *occidit et amputatas manus ipsius Rodomum transmisit*. Le nom du meurtrier de Guillaume était Balson, comme il a été dit ci-dessus, p. 173, n. 1.
[2] Flodoard dit que le roi lui donna le duché de France, et soumit à sa domination toute la Bourgogne. Cette façon de parler est beaucoup plus exacte ; le roi ne pouvait pas le faire duc de toutes les Gaules.
[3] Marquis de Gothie. Voir *Notes et dissertations*, sect. II.
[4] Ce fait est très-curieux et prouve que les gouverneurs reconnaissaient encore l'autorité des rois. Il ne se trouve pas dans Flodoard.

itaque de amicicia suadet; sese inter eos judicem, penitus æquitatem utrique parti facturum pollicens. Concedunt itaque ac jussis regiis parent, datisque vadibus, equitatis jura exsecuntur. Rex cum utrisque faveret, quamlibet utrique liberalitatem conferre meditabatur. Qui cum Arnulfum de recompensatione rerum ereptarum nutare, ac Erluinum instantius amissa repetere adverteret, Arnulfum quoque majora restituturum, eo quod ipse ampliore rerum dispendio Erluinum affecerit, Erluino Ambianum in recompensatione amissorum pro Arnulfo concessit. Sicque factum est, ut Erluino sua restituerentur, et Arnulfo sua non minuerentur. Regis itaque industria in amiciciam revocati, regia negotia exinde curabant.

XLI. — Prodigiosa demonstratio * cladis Brittannorum *.

Quo tempore ferebatur Parisii turbo repente exortus, tanta vi discucurrisse, ut parietes multa lapidum mole fundati, in Monte Martirum funditus eversi fuerint. Demones quoque equitum specie visos, basilicam quandam non procul sitam, evertisse, ejusque trabes memoratis parietibus tam valide incussisse, ut eos subruerint; evulsisse etiam ejusdem montis vineta, ac sata devastasse. Mox viso prodigio, Brittannorum pernicies subsecuta est. Qui Berengarii atque Alani principum dissidentia discordes, a Nortmannis cum quibus pactum egerant, pervasi, multaque cede attriti sunt. Necnon et civitas Namtarum capta est. Cujus

* de, ti, ta *abscisa*.

illustres Arnoul et Erluin à oublier respectivement leurs injures et à se réconcilier, pensant que ses affaires ne pourraient que profiter de l'union de ses sujets. Il les manda donc, et les exhorta à l'amitié, offrit d'être leur juge, leur promettant de rendre pleine justice à chacun. Ils consentirent, et s'en rapportèrent aux décisions du roi. Ils donnèrent des cautions, et se soumirent à l'autorité de la justice. Comme le roi était favorablement disposé pour tous les deux, il chercha à faire à l'un et à l'autre toutes sortes de libéralités; ainsi, voyant qu'Arnoul refusait de tenir compte de ce qu'il avait enlevé, et qu'Erluin revendiquait plus instamment encore ce qu'il avait perdu; qu'Arnoul serait exposé à faire de trop grandes restitutions, parce qu'Erluin, par son fait, avait supporté de très-grandes pertes, il donna à celui-ci, à la décharge d'Arnoul, la ville d'Amiens, pour l'indemniser de ses pertes. De la sorte, Erluin n'eut rien à regretter, et les biens d'Arnoul ne furent pas diminués. Tous deux, ainsi réconciliés par les soins du roi, furent dès lors dévoués à sa cause [1].

XLI. — Prodiges annonçant la ruine des Bretons.

On racontait dans ce temps-là qu'un ouragan s'était élevé tout à coup à Paris, et avait soufflé avec tant de violence, qu'au sommet de Montmartre, des murailles d'une épaisseur extraordinaire en avaient été complétement renversées. On disait aussi qu'on avait vu des démons, sous la forme de cavaliers, détruire une basilique située à peu de distance de là, et, avec ses poutres, frapper si vigoureusement les murs dont on vient de parler, qu'ils les avaient détruits; qu'ils avaient aussi dévasté les vignes et les moissons sur la même montagne. La ruine des Bretons suivit de près l'apparition de ces prodiges. Ces peuples, divisés par les querelles de leurs princes Bérenger et Alain, furent attaqués et taillés en pièces par les Normands, avec lesquels

---

[1] C'est encore ici un chapitre neuf.

episcopus cum supervenientium hostium metu territus, in æcclesiam fugere cogeretur, suorum densitate oppressus ac suffocatus est. Brittanni in ipso impetu viribus resumptis, hostes ab urbe vehementi conamine reppulerunt, illosque adorsi gravi cæde fuderunt. At Brittanni, prosperiore fortunæ successu confortati, tertia itidem die classem pervadunt, congrediunturque. In parte utraque innumeri fusi. Brittanni vero adversariorum copias non passi, in fugam feruntur. Nortmanni autem victoria potiti, Brittannorum alios gladio occidunt, alios in fluctus cogunt, alios vero a Brittanniæ finibus eliminant, præter hos qui servitutis jugo subdi non recusavere.

XLII. — Rex * terram Nortmannorum * pervadit capitque *.

Quo ad regis aures perlato, Arnulfum ac Erluinum comites, simulque et Burgundiæ episcopos aliquot, rex accersit (præsenserat etenim eorum nonnullos a fide defecisse, Hugonique cessisse), ac cum exercitu in eos fertur. Arnulfus cum suis regem præcedens, Nortmannos, qui custodias observabant, utiliter congressus apud Arcas¹ fudit, ac regi incessum expedivit. Rex Rhodomum veniens, ab iis qui fidei servatores fuere exceptus est. Desertores vero mare petentes, amoliti sunt; municipia vero copiis munita reliquere. Rex malorum nimias esse copias considerans, ab Hugone duce suppetias congrediendi per legatos postulat. Et ut ipse cum sufficientibus copiis veniat, Bajocarum urbem ita, si² eam cum reliquis expugnet, accommodat. Dux

---

* R, N, r, c *abscisa.*
¹ archas *corr.* arcas.
² ut *corr.* si.

ils avaient cependant conclu un traité. La ville de Nantes fut prise[1], et comme l'évêque, effrayé de l'arrivée des ennemis, se réfugiait dans l'église, il se trouva tellement serré par la foule qu'il en fut étouffé. Les Bretons reprirent des forces dans l'attaque même, repoussèrent vigoureusement les ennemis de la ville, les attaquèrent à leur tour, et en firent un grand carnage; encouragés par ces succès, ils abordèrent le troisième jour la flotte normande et engagèrent le combat. Des deux côtés périt une quantité innombrable d'hommes; mais enfin les Bretons, ne pouvant résister aux forces de leurs adversaires, prirent la fuite. Alors les Normands victorieux tuent les uns avec le fer, précipitent les autres dans les flots, et chassent le reste hors de la Bretagne, excepté ceux qui consentent à se soumettre au joug de la servitude.

XLII. — Le roi envahit la terre des Normands et s'en empare.

A cette nouvelle, le roi fit venir les comtes Arnoul et Erluin, ainsi que quelques évêques de Bourgogne, et comme il soupçonnait que plusieurs d'entre les Normands lui avaient manqué de foi, et s'étaient donnés à Hugues[2], il marcha contre eux avec une armée. Arnoul, qui précédait le roi à la tête des siens, joignit et dispersa, près d'Arques, les Normands placés en avant-garde, et ouvrit ainsi un passage au prince. Le roi vint à Rouen, où il fut reçu par ceux qui lui étaient restés fidèles[3]; ceux, au contraire, qui l'avaient trahi, gagnèrent la mer, et s'éloignèrent, mais laissant toutefois les villes garnies de troupes. Le roi, ju-

---

[1] Ce chapitre est emprunté presque mot à mot de Flodoard; mais ce qui est dit ici de Nantes, Flodoard l'applique à Dol. Du reste, les deux villes étaient dès lors épiscopales, Dol l'étant devenue vers l'an 844. (Gall. christ., III, 1090; II, 433 verso, et 670 verso, edit. prior.)
Juhel-Bérenger était comte de Rennes; Alain IV, dit Barbe-Torte, fut comte de Nantes, puis de Vannes. Voir Notes et dissertations, sect. II.

[2] Voir ci-dessus, chap. XXXIV. Flodoard, du reste, ne dit rien de cela.

[3] M. Le Prévost pense que la prise de possession de Rouen par Louis doit être rapportée à l'an 945. (Sur Order. Vit., t. II, p. 363.)

donum regium excipiens, suppetias parat, regique subvenit. Cum suis itaque ac quibusdam Cisalpinorum potentibus trans Sequanam fluvium iter faciens, Bajocas pervenit, quam aggressus multa obsidione premit. Inter hæc a regiis stipatoribus persuasi Nortmanni, ad regem redeunt. Dux autem Bajocenses urgebat. Rex duci obsidionem[1] solvere per legatos jubet. Ille autem utpote ab rege datum, amplius oppugnat. Rex quoque iterum mandat, quod nisi cito discedat, sese in eum cum copiis iturum. Dux regiis jussis contraire non valens, ab obsidione coactus discedit. Rex urbem consequenter ingreditur. Cujus ad se civibus revocatis, Ebrocas petit ac, nullo resistente, ingreditur. Nec minus et ab Ebrocensibus acceptis obsidibus, reliqua absque contradictione obtinuit.

XLIII. — Dux * suos in * regis injuriam * hortatur.

Dux apud suos hanc injuriam sepissime memorans, de regis pernicie pertractabat; fideles et amicos hortans, ut hoc ultum iri accelerent. Quod etiam multis querimoniis amplificans, suos in regem provocat. Bernardus itaque Silletensis atque Teutboldus Turonicus conquerenti satisfacientes, Montiniacum, regis oppidum, in ipsis paschæ diebus, pervadentes capiunt diruuntque. Compendium quoque, regiæ sedis aulam,

* D, i, i, *abscisa.*
[1] ab obsidione 1.

geant les forces des rebelles trop considérables pour les combattre, envoya des députés à Hugues, pour lui demander des secours; et afin de décider le duc à venir lui-même avec des troupes suffisantes, il lui donna la ville de Bayeux, à condition qu'il s'en emparerait avec le surplus de ses forces. Le duc accepta le don du roi, envoya les secours, et vint lui-même en aide au prince; il traversa donc la Seine avec ses troupes et avec quelques seigneurs cisalpins[1], et il arriva devant Bayeux, qu'il attaqua et pressa par de nombreux assauts. Pendant ce temps, les Normands, gagnés par les gens du roi, revinrent à lui, et comme le duc pressait toujours Bayeux, le roi lui envoya des députés pour lui ordonner de lever le siége; mais Hugues redoubla ses efforts, la ville lui ayant été donnée par le roi. Celui-ci manda une seconde fois au duc de s'éloigner sans retard, que sinon il marcherait contre lui avec ses troupes. Le duc, n'osant aller contre les ordres du roi, fut obligé d'abandonner le siége et de s'éloigner. Le roi entra alors dans la ville et, ayant reçu en grâce les habitants, il partit pour Evreux, où il fit son entrée sans opposition; il reçut des otages des Ebroiciens, et entra de même en possession du reste du pays sans aucune difficulté[2].

XLIII. — Le duc excite les siens contre le roi (945).

Le duc rappelait très-souvent aux siens l'injure qu'il avait reçue[3], et les animait contre le roi; il poussait ses

---

[1] C'est-à-dire de Bourgogne. Voir Flodoard; voir aussi *Notes et dissertations*, sect. I.

[2] Richer omet ici une circonstance curieuse, rapportée par Flodoard. Le roi et le duc envoyèrent des députés au roi Otton, chacun cherchant à l'attacher à sa cause. Otton accueillit d'abord avec une faveur marquée les envoyés de Louis; mais, ceux du duc rapportèrent au roi de Germanie des injures dont Louis s'était rendu coupable envers lui, et dès lors c'est aux envoyés du duc qu'Otton se montra favorable, défendant même à ses fidèles de communiquer avec Louis, et de lui prêter aucun secours. *Chron.*, ann. 944.

[3] Il reprochait au roi l'ordre qu'il lui avait donné de lever le siége de Bayeux; il lui reprochait aussi d'avoir reçu des otages d'Evreux, qui était

repentini penetrant, ac quaeque regalia insignia diripientes asportant. Nec multo post et idem Bernardus regis venatores canesque capiens, cum equis ac venabulis abduxit.

XLIV. — Rex urbem * Remorum obsidione * premit *.

Rex Rhodomi talia comperiens, Northmannorum exercitum colligit copiosum, ac collecto, redit, pagum Veromandensem ingrediens, penitusque depopulans. Accitis quoque Arnulfo, Erluino, Bernardo alio, Theoderico comitibus, in urbem Remorum fertur; eamque disposita circumquaque obsidione cingit, eo quod Hugo, ejusdem urbis episcopus, quia ducis partibus favebat, regi ingressum negabat. Primo ergo impetu, graviter dimicatum est. Nam sagittariis hinc inde dispositis, qui in muro resistebant missilibus saucianlur. Quibus amotis alii intacti succedunt, vices pugnae ingerentes. Sed et extra telis ac lapidibus jactis, nonnulli afficiuntur, ceduntque. Sepe tumultus reparantur, sepe ad portas, sepe ad murum comminus congressi. Animo utrimque feroces, nullo modo cedere parant; numquam sibi usque ad internetionem cessuri, nisi intercedentium supplicationibus obsidio soluta discessisset.

* bem, obsi, it *abscisa*.

fidèles et ses amis à le venger sans retard; pour mieux exciter ses partisans il exagérait même les torts de Louis. Bernard de Senlis et Thibaut de Tours[1], répondant à ses vœux, attaquèrent, le jour de Pâques même, prirent et détruisirent Montigny, qui était une ville du roi. Ils entrèrent aussi à l'improviste dans la résidence royale de Compiègne, pillèrent et emportèrent tous les insignes royaux. Peu après, ce même Bernard s'empara des chasseurs et des chiens, des chevaux et des épieux du roi, et emmena le tout avec lui.

XLIV. — Le roi assiége la ville de Reims.

Le roi apprit à Rouen ce qui se passait[2]; il rassembla une nombreuse armée de Normands, et, revenant sur ses pas, il entra dans le Vermandois, qu'il ravagea entièrement. Il manda ensuite les comtes Arnoul, Erluin, un autre Bernard et Théodéric, et marcha sur la ville de Reims. Il disposa ses forces tout à l'entour pour en faire le siége, parce que l'évêque Hugues, dévoué au duc, lui refusait l'entrée de la ville. Dès le premier choc, le combat fut meurtrier, car des archers ayant été disposés çà et là, ils atteignirent de leurs flèches les défenseurs des murs; mais à peine ceux-ci étaient-ils écartés, que d'autres tout frais prenaient aussitôt leur place et continuaient à combattre. Du côté des assiégeants, quelques-uns aussi furent frappés

---

une ville à lui. De là naquirent de grandes discordes entre eux. *Flod., Chr.*, ann. 941. — Les historiens normands, Orderic Vital à leur tête, accusent le roi Louis d'avoir enlevé et emmené à Laon le jeune Richard, promettant de le faire élever comme son fils, et de l'avoir emprisonné dans cette ville, d'avoir même eu le dessein de le faire mourir. Puis ils ajoutent que le gouverneur de cet enfant l'enleva furtivement, enveloppé dans un paquet d'herbes; que plusieurs seigneurs français, et entre autres Hugues, prirent de là sujet de se révolter contre Louis. Il nous paraît préférable de s'en tenir à Flodoard et à Richer.

[1] Voir *Notes et dissertations*, sect. II.
[2] Il y avait alors dans la Gaule un très-grand nombre de seigneurs nommés Bernard; celui-ci avait bâti un château dans le Parcian. *Flod.*, ann. 933. — Théodéric était neveu de Bernard. *Flod., Hist. et Chr.*, ann. 945.

Flodoard désigne encore, comme accompagnant le roi, l'évêque Artaud et tous ceux qui avaient été chassés de Reims.

XLV. — *Dux regi* [1] *per legatos suadet* [2] *ut ab* [3] *obsidione* [4] *discedat.*

Dux namque in ipsa obsidione per legatos petiit, ut Ragenaldus comes, sumptis a sese obsidibus, locuturus sibi occurrat. Quod et fieri ab rege concessum est. Directus itaque sub obsidum jure ad ducem venit. Apud quem dux diu deliberans, tandem agit, ut rex ab episcopo et urbanis obsides accipiens, ab urbis oppugnatione discedat, quatinus quocumque et quando rex velit, idem episcopus rationem redditurus accedat. Ragenaldus ducis animum regi perferens, ac consilium approbans, id fieri suadebat. Obsidibusque sumptis idoneis, rex obsidionem decima quinta die solvit, tempusque audiendæ rationis [1] post dies quadraginta, sub ipsa Kalendarum Juliarum die, constituit. Aliis ergo interim curatis, dies habendi colloquii advenit; et dux de superiore negotio locuturus, obvius regi affuit. Declamatis autem eorum causis, vix sibi consentiebant; rationibusque non satis utiliter procedentibus, nihil paci commodum constitutum est, præter quod sub pace sequestra usque ad medium Augusti rationem distulere.

[2] egi, su, ab, ne *abscisa.*
[1] ati *deletum.*

de traits et de pierres lancés de la ville, et mis hors de combat. Souvent les échecs furent réparés, souvent on en vint aux mains devant les portes, ou sous les murs. Des deux côtés la fureur défendait de céder, des deux côtés on eût combattu jusqu'à extinction, si, à la prière de personnes qui s'interposèrent, le siége n'eût été levé[1].

XLV. — *Le duc envoie des députés au roi, et le décide à lever le siége.*

Pendant le siége même, le duc fit demander par des envoyés que le comte Renaud[2], qui recevrait à cet effet des otages, vînt le trouver, afin qu'ils conférassent ensemble. Le roi y accorda son consentement; les otages furent donnés et Renaud vint trouver le duc. Hugues s'entretint longtemps avec lui; enfin il demanda que le roi cessât d'assiéger la ville, moyennant des otages de l'évêque et des citoyens; l'évêque se rendrait près du roi, pour rendre compte de sa conduite, dans le lieu, dans le temps et comme il plairait au roi de fixer. Renaud porta au roi les dispositions du duc, approuva son projet, et engagea le prince à y souscrire. Le roi reçut donc des otages convenables, et leva le siége qui durait depuis quinze jours. Il régla que l'évêque devrait présenter sa justification quarante jours après, le jour même des calendes de juillet[3]. On s'occupa jusque-là d'autres affaires. Enfin le jour du colloque étant arrivé, le duc vint trouver le roi pour l'entretenir de l'affaire en question; chacun défendant ses raisons, on eut de la peine à s'entendre, et les explications n'étant pas satisfaisantes, il ne fut rien réglé dans l'intérêt de la paix, si ce n'est que l'on conclut une trêve, et qu'on remit l'explication jusqu'au quinze d'août.

[1] Le récit de ce siége est une amplification du texte de Flodoard; mais Richer a bien garde de dire avec le chroniqueur que les troupes du roi ravagèrent les moissons, saccagèrent les villes, en brûlèrent quelques-unes et détruisirent quelques églises.
[2] Comte de Reims et de Rouci. Voir *Notes et dissertations*, sect. II.
[3] Selon Flodoard, ce n'est pas devant le roi que l'évêque Hugues devait se disculper, mais devant un plaid. Du reste, ce n'est pas le seul point sur lequel Richer, dans ce chapitre, diffère de Flodoard, dont le récit est beaucoup plus clair que celui de notre auteur.

XLVI. — Obitus Theotilonis * Turonensium * episcopi.

Quo tempore, cum beatæ memoriæ Theotilo, Turonicæ urbis præsul, de renovanda inter principes pace vehementissime certaret, atque his admodum occupatus studiis, Lauduno discederet, peripleumonia in ipso itinere corripitur. Quæ cum pulmonibus tumorem ac fervorem incuteret, die quarta nati morbi, hac vita migravit. Cumque adhuc in noctis tempesta spiritum efflaret, mox luminis globus per aera ut fertur emicans, vigilantibus visus est. Cujus lumine ad noctis depellendas caligines sufficienter usi, qui ejus corpus exanime deferebant, per centum et quinquaginta miliaria usque urbem Turonicam hujus lucis solamine, corpus beatissimum detulere, in basilica sancti Juliani martiris, quod idem vir sanctus summa instruxerat religione, multa reverentia deponentes.

XLVII. — Captio regis ** a Nortmannis **.

Quo sepulto, cum adhuc inter regem ducemque pax nulla composita esset, atque rex dolos simulatorum nondum perpenderet, Erluino suisque aliis sumptis, Rhodomum rediit, nil veritus cum paucis illic immorari, cum idem consueverit. Dolus apud ducem a transfugis paratus, qui ante latuerat, orta oportunitate ex raritate militum, in apertum erupit. Nam dum tempestivus adveniret, ab Hagroldo qui Bajocensibus præerat, per legationem suasoriam accersitus, Bajocas cum paucis ad accersientem, utpote ad fidelem quem in

---

* he, si abscisa.
** re, n abscisa.

XLVI. — Mort de Théotilon, évêque de Tours.

Dans le même temps, l'évêque de la ville de Tours, Théotilon, de sainte mémoire, s'occupait avec ardeur de ramener la paix entre les princes, et il revenait de Laon tout entier à ce projet, lorsqu'il fut pris en chemin d'une péripneumonie, qui occasionna une tumeur et une inflammation aux poumons, et qui l'enleva au bout de quatre jours. Il faisait encore nuit lorsqu'il rendit l'esprit, et ceux qui le gardaient virent presque aussitôt, à ce qu'on rapporte, un globe lumineux courir et briller dans les airs. Cette lumière éclairant suffisamment, au milieu des ténèbres, ceux qui emportaient son corps inanimé, ils firent, guidés par elle, cent cinquante milles[1] pour arriver jusqu'à la ville de Tours, où ils déposèrent respectueusement le corps bienheureux dans la basilique de saint Julien martyr, que le saint évêque avait construite avec la plus grande piété[2].

XLVII. — Le roi est pris par les Normands.

Après la mort de Théotilon, et la paix n'étant pas encore conclue avec le duc, le roi, qui ne se défiait pas assez de la fourberie des traîtres, prit avec lui Erluin et ses autres fidèles, et retourna à Rouen, où il ne craignit pas de séjourner avec un petit nombre d'hommes, comme il en avait l'habitude. Des transfuges avaient préparé avec le duc un

[1] Flodoard dit près de 200 milles. P. Le chiffre de Richer nous paraît préférable, car c'est tout au plus si l'on trouverait 200 milles entre Laon et Tours.
[2] Dans le monastère de Saint-Julien qu'il avait fondé, selon Flodoard. L'archevêque Théotilon, restaurateur du monastère de Saint-Julien, dédia à la sainte Vierge et à saint Julien martyr, sa nouvelle basilique, le 17 août l'an 943, et la dota richement conjointement avec sa sœur Gersende, qui y fut enterrée. Voir Mabill., *Annal. Bened.*, XLIV, 60.. L'an 1301 son corps fut transféré dans le chœur de l'église par l'abbé Guillaume. Mabill., *Annal. Bened.*, XLIV, 74.

nullo suspectum habuerat¹, securus accessit. Barbarus vero militum inopiam intuitus, cum multitudine armatorum regem incautum aggreditur. Cujus satellitum alios saucians, alios interimens, regem in fugam cogit; et forte cepisset, nisi ab ejus armigero resistente, ibi mox interfecto, aliquantisper detentus esset. Qua mora rex equi velocitate per devia raptus, Rhodomum solus pervenit. Urbemque ingressus, a civibus, eo quod cum Bajocensibus conspirassent, captus ac tentus est.

XLVIII. — Rex * a Nortmannis* per obsides * dimittitur, et iterum * dolo a * duce capitur.

Hugo dux regem Rhodomi captum comperiens, Bajocas devenit, pro regis captione gratias redditurus, ac ut sibi captus commitatur² ratiocinaturus. Nortmanni vero³ justis conditionibus id agendum respondent, ut si dux regem excipiat, ipsi regis filios omnes, sub jure obsidum accipiant; nec sub alia lege regem sese dimissuros. Dux captionem dissimulans, acsi regis causa rem ordinaturus, ad reginam Gerbergam, pro filiis regis legatos mittit. At regina rem necessariam

* R, tm, ob, m, it, a d *ex conject.*
¹ habebat I.
² *Sic.*
³ v. duci non satis creduli, *jam deleta.*

complot, qu'ils avaient tenu caché jusque-là, mais que le peu de monde qui entourait alors le roi, donna l'occasion d'exécuter. Louis arrivant donc comme à point nommé, Hagrold[1], qui commandait à Bayeux, lui envoya des députés pour l'engager à venir le trouver. Le roi s'avança plein de confiance, et avec peu de monde, vers Hagrold, comme vers un fidèle qu'il ne soupçonnait en aucune sorte. Mais le barbare, voyant la petite troupe du roi, fond à l'improviste sur lui avec une multitude d'hommes armés, blesse quelques-uns de ses gardes, tue les autres, et force le prince à la fuite; peut-être même se fût-il emparé de sa personne, s'il n'eût été retenu quelques instants par la résistance que lui opposa l'écuyer du prince, lequel perdit la vie dans cette occasion. A la faveur de ce retard, Louis put être emporté à travers champs par un cheval rapide, et il arriva seul à Rouen. Mais, étant entré dans la ville, il fut pris et retenu par les citoyens, complices de la conspiration de Bayeux[2].

XLVIII. — *Le roi est relâché par les Normands, moyennant des otages; puis est retenu artificieusement par le duc.*

Hugues, apprenant que le roi est captif à Rouen, vient à Bayeux pour remercier les citoyens de ce qu'ils ont fait, et pour demander que le roi lui soit remis. Les Normands répondent qu'ils ne le rendront qu'à de bonnes conditions, et que si le roi est livré au duc, ils doivent, eux, recevoir en otage tous les fils du roi; qu'ils ne le remettront qu'à cette condition. Le duc, cachant la captivité du roi, et feignant d'avoir à régler quelque affaire dans son intérêt, envoya

---

[1] Roi des Danois; chassé de son royaume par son fils, il vint trouver le duc Guillaume, qui lui donna le comté de Coutances.
Les historiens normands donnent pour motif à Hagrold ou Haigrold, le désir de venger sur Louis le jeune Richard. (Voir ci-dessus p. 175, chap. XXXIV.) Nous n'admettons pas cette explication.

[2] Selon Flodoard, l'entrevue fut demandée par Haigrold, pendant que le roi était à Rouen. La leçon de Richer est plus satisfaisante. Pourquoi en effet faire sortir le roi de Rouen pour le prendre?

cognoscens, sub sacramento minorem dirigit, majorem mittere evinci non valens : nam duo tantum erant. Minore ergo obside oblato¹, Nortmannis non satis fuit; majorem admodum petentes². Sed quia iis quibus fidelior mens inerat, visum est regiæ stirpis nobilitatem posse penitus absumi, si desertoribus omnes filii cum patre teneantur, id sese non facturos responderunt; minorem tantum daturos, et pro majore ex se ipsis quemcumque petant dimissuros. Widonem ergo Suessorum episcopum, quem inter omnes potissimum videbant, expetunt, ac pro obside cum regis filio recipiunt. Rex itaque dimissus, cum a duce in sua deduci putaretur, ab eodem detentus est, ac Teutboldo Turonico custodiendus deputatur. Unde et manifestatum fuit, regiæ lineæ decus, in absumptione patris et filiorum, penitus abolere tirannum voluisse. Re autem in contrarium ducta, unus tantum³ regis filius a captione superfuit.

XLIX. — Otto *, et Edmundus reges *, Germanorum * et Anglorum *, in ducem pro * rege moventur.

Cujus rei ordinem ⁴ regina mox per legatos oratores Edmundo Anglorum Ottonique Transrhenensium regibus indicat, ac super hoc gravissimam querimoniam litteris habitam mittit. Otto regis ac sororis casum dolens, pro restitutione regis, Hugoni mox legationem

* O, g, n, r, pr *ex conject.*
¹ dato 1.
² quærentes 1.
³ *ita corr.*
⁴ *Quæ sequuntur, passim a Trithemio a 946 exscripta sunt.*

des députés demander ses fils à la reine Gerberge. Celle-ci, instruite de l'état des choses, envoya le plus jeune sous la foi du serment, mais ne consentit jamais à livrer aussi l'aîné, car elle n'avait que deux fils. Le plus jeune, qu'on leur présentait, ne parut pas aux Normands un otage suffisant, et ils réclamèrent l'aîné avec instance. Mais ceux qui étaient restés fidèles à Louis comprirent que la noble race royale pouvait être entièrement détruite, si le père et les deux enfants étaient livrés aux mains des traîtres, et ils répondirent qu'il n'en serait rien ; qu'ils donneraient seulement le plus jeune des enfants, et qu'à la place de l'aîné, ils livreraient celui d'entre eux qu'on voudrait désigner. Les Normands désignèrent Gui, évêque de Soissons[1], qui leur paraissait le plus important de tous, et le reçurent en otage avec le fils du roi[2]. Le roi ayant donc été relâché, s'attendait à être reconduit chez lui par le duc; mais celui-ci le retint et le confia à la garde de Thibaud de Tours[3] ; ce qui prouva que le tyran avait voulu détruire à jamais ce qui brillait encore de la race royale, en anéantissant le père et les enfants. Mais la chose ayant tourné contre ses vues, un fils du roi échappa à la captivité.

XLIX. — Otton, roi des Germains, et Edmond, roi des Anglais, agissent auprès du duc dans l'intérêt du roi (946).

La reine envoya promptement des députés, habiles parleurs, pour exposer ce qui se passait à Edmond, roi des Anglais, et à Otton, roi de Germanie ; et leur fit, par lettres, les plaintes les plus graves. Otton, touché des malheurs de Louis et de la reine sa sœur, envoya bientôt demander à

---

[1] Auquel il faudrait, selon quelques historiens, joindre Hildère ou Hildegaire, évêque de Beauvais.
[2] Ce fils, né en 945, avait reçu le nom de Charles. *Flod.* Il mourut entre les mains des Normands. *Witichind. Corb. Annal.*, ann. 945. Dans D. Bouq., VIII, 218 E.
[3] Voir ci-dessus, chap. XLIII, et *Notes et dissertations*, sect. II.

delegat, plurima postulans, aliqua etiam intentans. Edmundus quoque rex de sobrini miseriis adeo conquestus, eidem duci multam animi indignationem suorum legatione demonstrat; plurimum si non reddat contra illum sese facturum intendens, insuper et hostes ei terra marique inducturum, ac terram ejus penitus depopulaturum. Quod si quolibet claudatur municipio, obsidionem vehementi conamine adhibiturum; atque amplius duce, se a Gallis accepturum suppetias. Et nisi regem in proximo reddat, eum terra marique in proximo appetendum.

L. — Indignatio * ducis in Edmundum * regem *.

Dux gravi legatione confectus, Ottoni pro ¹ parte dissentit, pro parte favet. Regis vero Edmundi legatis, id nec in proximo, nec præter rationem agendum respondet; ob minas Anglorum nil sese facturum; ipsos si veniant, quid in armis Galli valeant, promtissime experturos; quod si formidine tacti non veniant, pro arrogantiæ tamen illatione, Gallorum vires quandoque cognituros, et insuper pœnam luituros. Iratus itaque legatos expulit. Consultumque se conferens, apud suos partibus utitur deliberationis, et post consultum, Ottonem expetit. Qui cum per legatos colloquendi oportunitatem quereret, infensus ei loqui non optinuit, nimiumque iratus, in sua discessit, ac suorum usus consilio, regem adit, sicque alloquitur :

* ti, E, v *abscisa*.
¹ pro *abscisum*.

Hugues la liberté du roi; il réclamait sur plusieurs points, il faisait même des menaces. D'un autre côté, le roi Edmond [1] fut tellement affligé des malheurs de son cousin qu'il envoya des députés pour exprimer à Hugues l'indignation qu'il éprouvait, le menaçant d'agir contre lui s'il ne relâchait le roi, de lui susciter des ennemis et sur terre et sur mer, et de ravager ses terres de fond en comble. Si Hugues se renferme dans quelque place, il l'assiégera de vive force; et même marchant en personne il obtiendra des secours des Gaulois; enfin si Hugues ne relâche promptement le roi, il l'attaquera sans retard et par terre et par mer [2].

L. — Indignation du duc contre le roi Edmond.

Le duc fut ému de ces dures ambassades et se montra en partie opposé, en partie favorable à Otton; mais il répondit aux envoyés du roi Edmond, qu'on ne l'amènerait ni de gré, ni de force à faire ce qu'on demandait; que les menaces des Anglais n'obtiendraient rien de lui; que s'ils se présentaient, ils sauraient bien vite ce que peut le Gaulois les armes à la main; que si la crainte les empêchait de venir, ils apprendraient, quelque jour, en punition de leur arrogance, à connaître la force des Gaulois, et porteraient la peine de leur conduite; il chassa donc les envoyés anglais avec colère; puis il voulut prendre conseil de ses amis, et délibérer avec eux [3]. Il alla ensuite vers Otton [4]; mais lui ayant fait demander une entrevue par députés, il eut le regret

---

[1] Edmond, successeur d'Adelstan, régna de 940 à 946; il était, comme Adelstan, fils d'Édouard Ier, mais d'un autre lit; il n'était donc pas cousin, mais oncle du roi Louis. Voir *Notes et dissertations*, sect. II, § 2.

[2] Flodoard dit seulement qu'Edmond envoya des ambassadeurs à Hugues pour lui demander de relâcher le roi.

[3] Hugues tint alors une assemblée publique avec ses neveux et les autres seigneurs du royaume. *Flod., Chron.*

[4] L'an 945. P. Voir Flodoard sous cette même année.

LI. — Proloquutio * Hugonis ad regem *.

« Parvum te, o rex, adversariorum insectatio in par-
« tes transmarinas olim compulit. Meo vero ingenio et
« consilio inde ¹ revocatus, regnis restitutus es. Post,
« dum meis usus fuisti consiliis, rerum secundarum
« prosperis floruisti. Numquam nisi tui furoris perti-
« natia a te defeci. Infimorum ac imprudentium homi-
« num dispositione usus, a sapientium consiliis pluri-
« mum oberrasti. Unde et rerum calamitas digne con-
« secuta est². Quomodo enim præter me necessaria tibi
« ac gloriosa provenire arbitrare? Multum, inquam, tibi
« in hoc derogatum est. Jam memineris te virum esse.
« Consideres quoque quid tuæ rationi commodum sit.
« Sicque virtus redeat, ut ³ in benivolentiam nos revo-
« cet, te imperantem, et me militantem ⁴, per me etiam
« reliquos militatum tibi reducat. Et quia rex a me
« creatus, nihil mihi largitus es, Laudunum saltem
« militaturo liberaliter accommoda. Quod etiam causa
« erit fidei servandæ. » Rex utpote captus, dictis pro-
loquentis cessit. Unde et dimissus, data Lauduno ⁵,
Compendii sese recepit. Adest Gerberga regina, multa
virtute memorabilis; adsunt quoque aliquot ex Belgica
episcopi; confluunt etiam viri illustres nonnulli.

* utio, regem *abscisa*.
¹ regnis †.
² est. Quomodo enim stare potest, quem socordia precipitat *deleta*; desunt etiam apud Trithemium.
³ quæ †. *Trith.*
⁴ m. componat *delet*.
⁵ l. a duce regno *deleta*.

de ne pouvoir l'obtenir. Il s'en retourna chez lui très-irrité, et, par le conseil des siens, alla trouver le roi, et lui parla ainsi :

LI. — Discours de Hugues au roi Louis.

« O roi, la haine de tes ennemis te relégua jadis, jeune
« enfant, au pays d'outre-mer; c'est par mes soins et par
« mes conseils que tu en as été rappelé pour être rendu au
« trône. Depuis, et tant que tu as suivi mes avis, les évé-
« nements t'ont toujours été favorables; jamais, sans ton
« obstination inconcevable, je ne me serais séparé de toi.
« Tu as cédé aux suggestions d'hommes sans nom et sans
« expérience, et tu t'es complétement écarté des conseils
« des sages. De là sont venus et devaient venir de grands
« maux. Comment penser, en effet, que sans moi, tu pour-
« rais rien faire d'utile et de glorieux? C'est, dis-je, ce
« que tu as trop oublié. Rappelle-toi que tu es homme, et
« considère aussi ce qu'il peut t'être utile de faire. Que la
« confiance renaisse entre nous; qu'elle nous remette en
« bonne intelligence, toi pour commander, moi pour com-
« battre, et pour ramener les autres sous tes enseignes. Et
« comme, bien que je t'aie créé roi, tu ne m'as encore rien
« donné, accorde au moins la ville de Laon à celui qui va
« loyalement combattre pour ton service, et qui trouvera
« là un motif de fidélité. » Le roi était captif, il accéda à la demande du duc, lui donna Laon, fut relâché, et se rendit à Compiègne. Là se trouva la reine Gerberge, si digne d'éloges par son beau caractère, quelques évêques de Belgique y étaient aussi, et plusieurs hommes illustres y vinrent de même[1].

---

[1] On lit dans Flodoard que Hugues, duc des Français, fit venir Hugues le Noir, fils de Richard, et les autres grands du royaume, et replaça le roi Louis sur le trône, après avoir reçu le château de Laon. Flodoard ajoute : *Qui dux Hugo renovans regi Ludovico regium honorem vel nomen, ei sese cum ceteris regni committit primoribus;* ces mots sont remarquables. Richer est, de tous les auteurs, celui qui fait le plus ressortir le mérite de la reine Gerberge.

LII. — Querimonia regis apud privatos * de Hugonis * persecutione *.

Apud quos etiam rex his verbis conquestus est. Et : « Eia tu, » inquiens, « Hugo! Eia tu, Hugo! quantis « bonis a te privatus, quantis malis affectus, quanto « etiam merore nunc detineor! Urbem Remorum per- « vasisti; Laudunum surripuisti. His tantum duobus « recipiebar, his duobus claudebar. Pater meus captus « atque in carcerem trusus, has quæ me premunt « ærumnas cum anima simul amisit. Ego vero in eadem « præcipitatus, ex regno paterno nihil nisi spectaculum « præbeo. Jam nec vivere libet, nec emori licet. Quo « me itaque conferam ? » Paransque amplius conqueri, ab indignantibus inhibitus est. Deinde animum temperans, consilium cum suis confert.

LIII.

Quo collato, Ottoni regi per legatos ereptionem suam demonstrat, antea sese captum, hunc autem omnibus bonis privatum memorans; unde et amico auxilium conferat; urbes amissas, repetere juvet. Si id faciat, gratiam multam sese inde recompensaturum. Otto benignissime legationem excipiens, cum copiis in regis auxilium se iturum spondet, ac tempus edicit. Legati redeunt, ac mandata referunt. Nec minus et ab rege Genaunorum Conrado, copias petit, et accipit.

* pri, ugonis, ne *abscisa*.

LII. — Plaintes du roi à ses amis sur les persécutions de Hugues.

Le roi leur confia ses chagrins en ces termes : «Hugues, « Hugues, dit-il, que de biens tu m'as enlevés, combien de « maux tu m'as faits, que de chagrins tu me causes encore ! « tu t'es emparé de la ville de Reims, tu m'as surpris celle « de Laon. Dans ces deux villes seules je trouvais accueil ; « elles étaient mes seuls remparts. Mon père captif et jeté « dans les cachots fut délivré par la mort de malheurs « semblables à ceux qui m'accablent, et moi, réduit aux « mêmes extrémités, je ne rappelle de la royauté de mes « aïeux que l'apparence. J'ai le regret de vivre, et il ne m'est « pas permis de mourir ! Où me retirerai-je maintenant ?» Il aurait poursuivi ses plaintes, mais l'indignation de ses amis l'en empêcha ; enfin s'étant calmé, il tint conseil avec les siens.

LIII.

Le conseil tenu, Louis envoie des députés au roi Otton, pour lui faire connaître la violence dont il a été victime ; il lui expose qu'il a été retenu captif, et qu'il est maintenant privé de tous ses biens ; il lui demande donc de venir au secours d'un ami, le priant de lui rendre les villes qu'il a perdues ; si Otton y consent, il lui en aura une reconnaissance infinie. Otton reçut l'ambassade avec la plus grande faveur, répondit qu'il viendrait avec des troupes au secours de Louis, et fixa le temps de cette expédition. Les envoyés s'en revinrent, et rapportèrent la réponse ; le roi demanda de même à Conrad, roi de Bourgogne [1], des troupes qu'il lui fournit aussi.

---

[1] Flodoard dit que, d'après l'ambassade envoyée à Otton par la reine Gerberge (voir ci-dessus chap. XLIX), Otton, ayant rassemblé dans tout son royaume la plus grande armée possible, vint en France, menant avec lui Conrad, roi de la Gaule cisalpine.

Il s'agit ici de Conrad le Pacifique, roi de la Bourgogne transjurane et de la Provence. Voir *Notes et dissertations*, sect. II.

Le nom de *Genauni*, donné aux habitants de la Bourgogne transjurane, pourrait être une altération de celui de *Sequani*.

LIV.

Interea Otto rex cum, Rheno transmisso, exercitum per Belgicam duceret, obviat regi Conrhado, qui tunc ab Alpibus egressus, cum multa expeditione Ludovico succurrere accelerabat. Juncti ergo ambo, cum multo equitatu gradiebantur. Quorum accessum Ludovicus dinoscens, ocius occurrit. Tres itaque reges, in unum collecti, primi certaminis laborem Lauduno inferendum decernunt. Et sine mora, illo exercitum ducunt. Cum ergo ex adverso montis eminentiam viderent, et omni parte urbis situm explorarent, cognito incassum sese ibi certaturos, ab ea urbe discedunt, et Remos adoriuntur. Ubi quia planicies commoditatem exercitibus parabat, obsidio circumquaque disposita est. Et primo certamine comminus pugnatum est; in quo tela ac lapides tam dense ferebantur, quam densa grando quandoque dilabitur. Per integram ergo diem, continuis motibus urbs inpugnata est. Post vero comminus septies dimicatum, atque hoc fere per dies sex.

LV.

Nec tamen cives assiduis tumultibus victi, ullo modo cedebant, cum eorum præsul Hugo, quosdam principum, qui sibi quadam cognatione conveniebant, extra urbem[1] allocutus est, quærens ab eis rationem, ut scilicet quid agendum, quid vitandum, sibi dicerent; si aliquorum intercessione id medendum videretur, si opus foret precibus, si etiam pugnæ instandum esset. Illi mox regum animositatem demonstrantes, fixum in

---

[1] a. præter suorum conscientiam a, *deleta*.

LIV.

Le roi Otton, après avoir passé le Rhin, conduisait son armée à travers la Belgique, lorsqu'il rencontra le roi Conrad, qui avait quitté les Alpes, et se hâtait d'aller au secours de Louis, avec des forces considérables. Les deux rois réunis s'avancèrent avec une nombreuse cavalerie. Louis, apprenant leur arrivée, se hâta d'aller à leur rencontre. Les trois rois décidèrent qu'il fallait d'abord attaquer la ville de Laon, et y conduisirent sans retard leur armée. Mais lorsque s'étant approchés ils virent l'éminence qui portait la ville, lorsqu'ils eurent reconnu de tous les côtés l'assiette de la place, voyant qu'ils feraient là des efforts inutiles, ils s'éloignèrent de Laon, et se portèrent sur Reims : ici leurs troupes pouvant aisément se développer dans une plaine, ils assiégèrent la place de tous les côtés à la fois. De prime abord, le combat s'engagea, et les traits et les pierres volaient si pressés, que parfois une épaisse grêle ne tombe pas plus serrée. La ville fut battue tout un jour sans interruption ; sept fois ensuite on en vint aux mains, et cela pendant près de six jours[1].

LV.

Et cependant des combats si opiniâtres ne purent réduire les citoyens ; ils ne cédaient en aucune façon, lorsque Hugues, leur évêque, s'adressant à quelques-uns des chefs de l'armée assaillante, qui avaient avec lui des liens de parenté[2], leur demanda conseil sur ce qu'il fallait faire, sur ce qu'il fallait éviter ; s'il fallait employer quelque médiation pour arranger les choses, s'il fallait avoir recours aux prières, ou bien combattre avec une nouvelle énergie.

---

[1] Le siége ne dura que trois jours, selon Flodoard.
[2] C'étaient, selon Flodoard, Arnoul, son beau-frère, Gui, son oncle, et Hermann, frère de celui-ci.

eis, asserunt, nullorum interventibus sese concessuros, at obsidioni usque ad effectum operam daturos. Quod si urbem vi capi contingat, ipsi præsuli oculos effossuros, et hoc ita ordinatum fixumque. Unde et accelerandum ut egrediatur, suosque ab regum indignatione eripiat. His præsul territus, suis hoc monstrat ; et consilio habito, die obsidionis sexta, cum suis egreditur. Portæ [1] regibus panduntur.

LVI.

Reges vero Artoldum resumentes, urbem consequenter introducunt. Duorumque metropolitanorum medius, Friderici Maguntini, ac Rotberti Treverensis, ab eis per manus pristinæ sedi restitutus est. Ubi etiam mox Gerbergam reginam cum aliquot illustribus custodiæ deputantes, ipsi tres reges in Hugonem ducem cum exercitu feruntur. Silletum quoque vi irrumpere nitentes, considerato oppidi firmamento, inde amoliuntur, non tamen sine suburbii combustione, et aliquorum nece ; sicque ad fluvium Sequanam contendunt.

LVII. — Quomodo pauci juvenes * naves a duce * subductas per * astutiam * repetitas * exercitui adduxerint *.

Dux vero eorum impetum præsentiens, a litore hostibus contiguo per viginti miliaria omnes naves abduci præceperat, ne adversariis transeundi commoditas pararetur. At frustrato ejus consilio, multo aliter provenisse notum est. Nam decem numero juvenes quibus constanti mente fixum erat omne periculum

---

* juv, a d, per a, tas, ad *abscisa*.
[1] P. quoque *deleta*.

Ceux-ci lui représentèrent la colère qui animait les rois, décidés, lui dirent-ils, à n'avoir égard à l'intervention de personne et à continuer le siége jusqu'à la prise de la ville; que si en effet la ville venait à être prise de force, ils arracheraient les yeux à l'évêque, c'était une chose toute décidée; qu'il devait, en conséquence, se hâter de sortir et de dérober ses amis à l'indignation des rois. Le prélat, effrayé, représenta tout cela aux siens, on tint conseil, et le sixième jour du siége, l'évêque sortit de la ville avec ses amis. Les portes furent alors ouvertes aux rois.

LVI.

Les rois rappelèrent l'évêque Artaud, et l'introduisirent dans la ville; Artaud, placé entre les deux archevêques, Frédéric de Mayence et Robert de Trèves, fut de leurs mains rétabli dans son premier siége [1]. Les trois rois laissèrent ensuite la ville à la garde de la reine Gerberge, assistée de quelques hommes illustres [2], et marchèrent avec leur armée contre le duc Hugues. Ils tâchèrent de s'emparer de Senlis, mais, voyant la force de la ville, ils s'éloignèrent, non cependant sans avoir mis le feu aux faubourgs, et tué quelques personnes; c'est ainsi qu'ils s'avancèrent vers la Seine.

LVII. — Comment quelques jeunes gens reprirent par ruse et amenèrent à l'armée des barques enlevées par le duc.

Le duc, prévoyant leur attaque, avait ordonné d'enlever toutes les barques, dans une étendue de vingt milles, sur le rivage où allait arriver l'ennemi, afin de lui ôter toute facilité d'effectuer le passage; mais on sait que son dessein manqua, et qu'il en arriva tout autrement qu'il ne pensait; dix jeunes gens, qui avaient pris la ferme résolution de braver tout danger, changèrent leur costume militaire en

---

[1] Voir ci-dessous, liv. Ier, chap. lx, lxi; liv. II, chap. xxii.
[2] Voir *Notes et dissertations*, sect. iii, § 2.

subire, habitum militarem in peregrinum transformantes, reges prevenerant, obsecrationum vota simulantes [1]. Sportulis itaque ab humero dependentibus, ferratis baculis procedunt. Habitumque mentiti peregrinum, urbem Parisium cum Sequana pontibus pertranseunt. Nullus eis molestus extitit; ac litora exteriora quibus naves tenebantur petunt. Sicque in hospitium farinarii cujusdam divertentes, sese, gratia visendi sanctorum loca, ex citeriore litore [2] advenisse referunt. Farinarius, juvenes formosos in habitu licet abjecto considerans, hospitium gratanter accommodat, et insuper eos mitius curat. Qui fraudem meditati, nummos dant, vinumque mercati hospitem inebriant; et sic totam diem convivii jocunditate consumunt. Juvenes hospitem vino faciliorem advertentes, quod ei sit officium percunctantur. Ille farinarium sese memorat. At illi prosecuti, si quid amplius possit, interrogant. Ille etiam piscatorum ducis magistrum se asserit, et ex navium accommodatione questum aliquem sibi adesse. Illi vero : « Quoniam, » inquiunt, « humanis-
« simum nobis te invenimus, ampliora etiam optamus :
« unde et si quiddam nobis facias, decem solidos nos
« allegaturos pollicemur, ut videlicet trans fluvium nos
« evehas, eo quod ulterius procedere oratum nequea-
« mus, itineris longitudine fatigati. » At hospite respondente, ducis edicto, naves ad interiora litora raptas, ne Germanis irrumpentibus pateat accessus, illi tempore nocturno absque calumnia id fieri posse prosecuntur. Ille pecuniæ cupidus, naulum accipit, ac de patrando

---

[1] s. Quod et fertur Bernardi comitis astutia dispositum *jam deleta*.
[2] itore *ex conject*.

habit de voyage, et vinrent en avant des rois, feignant de vouloir accomplir un pèlerinage; ils s'avancèrent donc portant des paniers sur leurs épaules, des bâtons ferrés à la main. A la faveur de leurs faux habits de voyageurs, ils traversent la ville de Paris, passent la Seine sur des ponts, sans que personne les inquiète, et gagnent l'autre bord où étaient retenues les barques. Ils vont loger dans l'hôtellerie d'un meunier[1], et racontent qu'ils sont venus de la rive opposée pour visiter les tombeaux des saints. Le meunier, voyant de beaux jeunes gens, bien qu'ils fussent couverts d'habits très-communs, leur accorde une gracieuse hospitalité, et même les soigne de son mieux. Ceux-ci, méditant leur stratagème, donnent de l'argent pour avoir du vin, et enivrent leur hôte; ils passent ainsi tout le jour dans les plaisirs de la table; puis, voyant que le vin rend le meunier plus facile, ils lui demandent quel est son métier; celui-ci répond qu'il est meunier; ils poursuivent, et lui demandent s'il n'a pas d'autre emploi; il leur dit qu'il est encore le chef des pêcheurs du duc, et qu'il retire quelque profit en louant des barques. Ils reprennent : « Puisque nous te trou« vons si bon pour nous, nous te demanderons encore autre « chose, et si tu sers nos vœux, c'est-à-dire si tu nous portes « de l'autre côté du fleuve, nous te promettons de te donner « dix sous[2], car, fatigués de la longueur du chemin, nous « ne pouvons aller prier plus loin. » Et comme l'hôte leur répondait que, par édit du duc, les barques avaient été attachées sur cette rive, afin d'ôter aux Germains qui marchaient sur lui le moyen de passer, ils lui dirent que, pendant la nuit, il pourrait faire la chose sans s'exposer au blâme. Le meunier, avide d'argent, reçut le prix offert, et engagea sa foi qu'il ferait ce qu'on demandait. Quand vint la nuit, les jeunes gens exigèrent l'exécution de la

---

[1] Sur le meunier, gardien du moulin de la Seine, voir *Gesta consulum Andegavensium*, chap. vi; dans Dachery, *Spicil.* x, 444. P.

[2] Dix sous du temps pourraient valoir aujourd'hui 320 fr. Voir *Du système monétaire des Francs sous les deux premières races*, par M. Guérard.

negotio fidem dat. Nox affuit: juvenes promissum fieri postulant. Ille mox, assumpto puero privigno, cum juvenibus in noctis tempesta ad naves properat. Comitantur et juvenes, qui solitudinem videntes, puerum raptum in fluentum demergunt. Hospitem vero clamare nitentem gutture invadunt, atque mortem, ni quod volunt efficiat, interminantur, ut videlicet naves solvat. Pervasus ergo ac territus, naves solvit. Consilioque inito, vinctum navi conjiciunt, ac naves singuli singulas ad litus deducunt. Ejecto vero hospite vincto, navim unam omnes ingressi, alias repetunt, ac novem iterum deducunt. Octiesque fluvium remensi, naves numero 72 abduxerunt.

LVIII.

Dum hæc gererentur, regum exercitus in ipsa diei orientis aurora fluvio affuit, navesque paratas cum remis invenit, quas tirones cum armis ingressi, navigant ac exaquantur. Tum circumquaque palantes, nullo prohibente, a diversis portibus alias rapiunt, et exercitibus deducunt. Nam qui ruri degebant, irruentium metu omnes auffugerant; dux vero Aurelianis sese receperat; unde et qui resisteret aberat. Navibus itaque conexis, ac multo robore compactis, liburnas solidant. Quas ingressus exercitus, fluvium transit. Dein terra recepti, incendiis prædisque vehementibus totam regionem usque Ligerim depopulati sunt. Post hæc feruntur in terram pyratarum ac solo tenus devastant. Sicque regis injuriam atrociter ulti, iter ad sua retorquent. Ludovicus vero rex Remos redit.

promesse ; l'hôte, prenant avec lui un jeune enfant, son beau-fils, s'avance dans l'ombre vers les barques avec les jeunes gens. Ceux-ci l'entourent, et, se voyant seuls, ils prennent l'enfant et le précipitent dans la rivière ; le meunier s'efforce de crier, ils le saisissent par le cou, et le menacent de mort s'il ne fait ce qu'ils veulent, c'est-à-dire s'il ne leur livre les bateaux. Le meunier, pressé par eux, obéit effrayé. Ils se concertèrent ensuite, attachèrent leur hôte dans l'une des barques, et chacun d'eux en conduisit une à l'autre bord ; puis, déposant à terre leur hôte toujours attaché, ils montèrent tous sur la même, revinrent aux premières, et en emmenèrent neuf encore. Huit fois ainsi, ils traversent le fleuve, et emmènent soixante-douze barques.

LVIII.

Pendant que cela s'effectuait, l'armée des rois, vers le point du jour, arriva au bord du fleuve et trouva toutes prêtes les barques garnies de leurs rames ; des hommes armés s'y placent, naviguent et débarquent à l'autre bord. Ils courent alors de tous côtés, et, sans que personne s'y oppose, ils enlèvent d'autres barques de divers ports, et les conduisent à l'armée. Les habitants de la campagne avaient tous fui de frayeur devant les ennemis ; le duc s'était retiré dans Orléans ; il n'y avait donc personne qui pût opposer de résistance. Les barques furent jointes et fortement attachées ensemble ; on consolida aussi les embarcations légères ; l'armée s'y plaça, et traversa ainsi le fleuve. Arrivés à terre, les rois dévastent tout le pays jusqu'à la Loire par l'incendie et le pillage. Ils se portent ensuite sur les terres des pirates, et n'y laissent que le sol[1]. Ayant ainsi tiré une vengeance cruelle de l'injure faite à Louis, ils s'en retournent chez eux. Le roi Louis rentre dans Reims.

[1] Mabillon pense que c'est alors qu'eut lieu le siége de Rouen, que Dudon et Guillaume de Jumiége disent avoir été fait par Otton, à l'instigation de Louis, lequel voyait à regret le mariage de Richard, duc des Normands, avec Emma, fille du duc Hugues. (D. Bouq. sur Flod.)

LIX. — Qualiter Deroldus a quodam medico deceptus* sit eumque deceperit*.

Quo tempore Ambianensium episcopus, Deroldus, ab hac vita decessit, vir spectabilis ac palatinus, et quondam et regi admodum dilectus, in arte medicinæ peritissimus. De quo etiam fertur quod, cum adhuc in palatio regi serviret, a quodam Salernitano medico deceptus sit, eumque deceperit. Etenim cum uterque in arte medicinæ optime posset, et iste regi potior, Salernitanus vero reginæ ¹ peritior videretur, commento regis repertum est quis eorum rerum naturas magis dinosceret. Jussit etenim coram se illos consedere convivas, causam rei penitus dissimulans, ac sepe eis questiones proponens. Quisque ut poterat proposita solvebat. Deroldus quidem, utpote litterarum artibus eruditus, probabiliter objecta diffiniebat. Salernitanus vero licet nulla litterarum scientia præditus, tamen ex ingenio naturæ, multam in rebus experientiam habebat. Regio itaque jussu cotidie consident, ac mensa regia continue una potiuntur. Et die quadam de dinamidiarum differentiis disputatum est; tractatumque uberius quid efficiat farmaceutica, quid vero cirurgica, quid etiam butanica. At Salernitanus, peregrina nomina non advertens, ab eorum interpretatione erubescens quievit. Invidet ergo plurimum, ac in ejus mortem venenum parare meditatur; multam dolose benivolentiam simulans. Parato vero maleficio, cum una in prandio resideret, Salernitanus ungue inpudici toxicato, liquorem piperis quo cibum pariter in-

* ceptus, ceperit *abscisa*.
¹ r. Frederunæ *deletum*.

LIX. — Comment Dérold fut joué par un médecin et le joua lui-même.

Dans ce temps mourut Dérold, évêque d'Amiens, homme considérable et habitué du palais¹, qui avait été particulièrement attaché au roi. Il avait une grande habileté dans l'art de la médecine, et l'on raconte que, pendant qu'il servait le roi à la cour, il fut joué par un certain médecin de Salerne², et qu'il le joua de son côté. L'un et l'autre étant très-forts en médecine, l'évêque paraissait au roi supérieur, la reine, au contraire, regardait le Salernitain comme plus habile; un artifice du roi montra lequel était le plus initié aux secrets de la nature : il leur fit prendre place à sa table, leur cachant entièrement son projet, et leur proposa de fréquentes questions auxquelles chacun répondait comme il pouvait. Dérold étant versé dans les lettres, tranchait les questions d'une manière satisfaisante; l'autre, bien que tout à fait illettré, était parvenu cependant, par son esprit naturel, à acquérir une grande expérience des choses. Ils viennent donc chaque jour, par ordre du prince, s'asseoir l'un et l'autre à la table royale. Un jour on discuta sur la dynamique, et l'on traita longuement de la pharmaceutique, de la chirurgie et de la botanique. Le Salernitain, qui ne comprenait pas les mots étrangers, et qui n'osait en demander l'explication, garda le silence. Mais il conçut une grande envie contre Dérold, et il résolut de l'empoisonner. Il feignit donc d'avoir pour lui beaucoup d'amitié, mais ayant préparé une composition délétère, il en enduisit, comme ils étaient tous deux à table, l'ongle de son doigt du milieu, et empoisonna la poivrade dans laquelle ils trempaient ensemble ce qu'ils mangeaient. Dérold, ayant pris sans dé-

---

¹ Voir *Notes et dissertations*, sect. III, § 2.
² L'université de Salerne fut autrefois fameuse à cause de son école de médecine.

tinguebant, lœtaliter inficit. Quo Deroldus incaute sumpto, mox serpente veneno, deficere cœpit. Eductusque a suis, teriaca vim veneni repellit. Et triduo expleto coram rediens, Salernitano consuescebat. Interrogatus vero quid ei accidisset, fleumatis frigdore se leviter tactum respondit; quicquam fraudis se perpendisse dissimulans. Unde et hostem incautum efficit. Convivæ itaque redditi, Deroldus toxicum inter auricularem ac salutarem occultatum, ejus cibo sumendo respersit. Quod mox venis serpens, vitæ calorem fugabat. Vexatusque a suis eductus est. Qui veneno expellendo operam dans, nihil curæ agebat. Deroldum itaque magnificans, summumque eum in medicina prædicans, ejus curam vehementissime petebat. Qui regis jussu flexus, antidotis datis a toxico per industriam non ex toto purgavit. Nam sumpta teriaca, vis veneni in pedem sinistrum penitus dilapsa est; in tantum ut apud domesticos eo familiariter agente, venenum, ut fertur, in modum ciceris a pede per venam surgens, ab antidoto obviante in pedem repelleretur. Quibus diutissime sic repugnantibus, pes in cutis superficie foratur. Factoque morbo, post a cirurgis miserabiliter absciditur.

LX.

Interea dux Neustriam combustam direptamque dolens, exercitum parat, et in Arnulfum, cum in regem non auderet, truculentus effertur. Oppida quoque illius aliquot impugnat. At cum per dies sex nullum comprehendere posset, voto frustratus sua repetit. Quæ dum a duce gererentur, rex obsidione Mosomum pre-

fiance de cette sauce, le poison s'insinua dans ses veines, et il commença à défaillir; mais ses serviteurs l'ayant emmené, il détruisit, au moyen de la thériaque, l'effet de l'empoisonnement, et le troisième jour il se présenta comme de coutume au Salernitain. Lorsqu'on lui demanda ce qui lui était arrivé, il répondit qu'il avait été pris d'une légère fièvre de rhume, dissimulant qu'il eût pu se douter de quelque chose. Son ennemi ne conçut donc aucun soupçon. Ils redevinrent convives, et Dérold, à son tour, cacha du poison entre son petit doigt et l'index[1], et le répandit sur ce qu'allait manger le Salernitain. Le poison s'infiltrant bientôt dans les veines, détruisit la chaleur vitale. Le malade fut emmené par ses serviteurs; il chercha à détruire l'effet de l'empoisonnement, mais ce fut en vain; alors, exaltant Dérold, et le proclamant grand maître en fait de médecine, il demanda en grâce qu'il vînt à son secours. Dérold, se rendant aux ordres du roi, administra des antidotes; mais ces antidotes ne purent débarrasser entièrement le patient: la thériaque qu'il prit fit tomber le poison dans son pied gauche, en sorte que, pendant qu'il agissait familièrement avec les gens de la maison, ce poison, à ce qu'on rapporte, remontait en forme de pois du pied dans la veine, et était repoussé dans le pied par l'antidote qu'il rencontrait. Ces deux agents s'étant combattus très-longtemps, il se fit un trou dans la peau du pied, qui, envahi par le mal, dut être coupé par les chirurgiens.

LX.

(947) Cependant le duc, désolé que la Neustrie eût été incendiée et pillée, réunit une armée, et marcha furieux contre Arnoul, n'osant s'attaquer au roi. Il assaillit quel-

---

[1] Il est bien difficile de comprendre comment on peut cacher du poison entre le petit doigt et l'index; l'auteur a sans doute voulu écrire ici: *annularis*.

mebat, eo quod ducis nepos Hugo a pontificatu abjectus ibidem moraretur. Hunc itaque infestabat in ducis contumeliam. At ducem ab obsidione discessisse comperiens, ipse quoque Remos repetit. Qua etiam tempestate Bovo, Catalaunensium episcopus, hac vita decessit. Cui etiam mox successit [1] ab rege Gipuinus totius electione cleri, adolescens egregius, atque a domno Artoldo, Remorum metropolitano, consecratur episcopus.

LXI.

Post hæc vero, rex in Belgicam concessit, ibique ei locuturus, Otto rex [2] obviam venit. Ac quæque necessaria ordinantes, ambo reges Aquisgrani Pascha celebrant, atque multa reverentia sese mutuo honorant, atque hoc ab Ottone amplius; a quo etiam Ludovicus regiis donis liberalissime honoratur.

LXII. — Dux urbem * Remensem * impugnat *.

Dum hæc ita sese haberent, dux de regis injuria apud suos agitabat, oportunitatem in regis absentia asserens, qua urbem Remorum capiat, cum tunc urbs tam episcopo quam militibus vacua esset, rex etiam ipse alias occupatus alia quereret. Unde et possibile asserebat, facili expugnatione urbem capi; idque attemptare sese plurimum velle. Quibus milites capti, in urbem mittendas cohortes censent. Quæ collectæ, cum duce gradiuntur. Urbem appetunt, et circumquaque obsi-

---

* urbem, ensem im, nat *abscisa*.
[1] s. donatus *vox jam deleta*.
[2] r. belgicæ *deleta*.

ques places du comte; mais, comme au bout de six jours, il n'avait pu encore en prendre aucune, trompé dans son espoir il rentra chez lui. Dans le même temps, le roi assiégeait Mouzon, parce que le neveu du duc, l'évêque Hugues, s'y était retiré, après son expulsion de son évêché. Le roi poursuivait le neveu en châtiment de l'oncle; mais apprenant que celui-ci avait cessé les hostilités, lui aussi s'en retourna à Reims[1]. Dans le même temps encore, mourut Bovon, évêque de Châlons, auquel le roi donna bientôt après pour successeur, conformément à l'élection qu'en avait faite le clergé, Gibuin, jeune homme de grand mérite, qui fut sacré évêque par Artaud, archevêque de Reims.

LXI.

Le roi alla ensuite en Belgique, où le roi Otton vint le trouver pour conférer avec lui. Les deux rois réglèrent les affaires urgentes, et célébrèrent la Pâque à Aix-la-Chapelle[2]. Ils se firent mutuellement de grands honneurs; Otton en fit surtout à Louis qu'il combla de présents.

LXII. — Le duc attaque la ville de Reims.

Pendant que ces choses se passaient, le duc ne cessait de représenter aux siens l'injure qu'il avait reçue de Louis;

---

[1] Il leva le siége, selon Flodoard, parce que les choses n'allaient pas comme il le désirait.

[2] Tritèmes a raconté plus au long le voyage du roi à Aix-la-Chapelle, sous les années 948, 949. — « (948) Il revint dans la ville de Reims. Là se
« réunirent, par ordre du roi, presque tous les évêques, les abbés, les
« comtes, et les nobles de la Celtique, excepté seulement ceux qui sui-
« vaient le parti de Hugues. Il fut réglé, de l'avis de tous, que la cause
« du roi serait exposée au grand roi Otton qui, alors, se trouvait aussi
« dans la Belgique, et aux autres personnes, à la prudence desquelles
« on croirait devoir remettre les affaires publiques. Des députés, ayant
« été envoyés de part et d'autre, le roi Otton fixa une assemblée gé-
« nérale pour la fête prochaine de la Résurrection du Seigneur, dans
« le palais d'Aix-la-Chapelle. — (949) L'année susdite, les rois Otton et
« Louis se réunissent, comme il avait été convenu, le jour de la fête de la
« Résurrection du Seigneur, à Aix-la-Chapelle, où se rendirent aussi

dione premunt. Diffunduntur quoque passim, atque frumentum ex locis contiguis in usum pugnæ convectant. Castra fossis muniunt, cratibusque circumdant. Pugnam ergo in dies aut semel aut bis inferunt. Nec minus et cives vehementissime resistunt. Jamque id diebus numero novem agitabant, cum regem adeo indignatum regredi ab observatoribus nuntiatur. Et mox obsidione soluta, duodecima die ab urbe discedunt.

LXIII.

Nec diu moratus rex urbem succurrendo ingreditur. Apud quem mox principes collecti, de ejus ac communi salute consultant. Et quia rerum utilitas Ottonem consiliis interesse exigebat, diriguntur legati, per quos ei [1] necessitas demonstratur, ac colloquium, exeunte mense Augusto, sibi habendum secus fluvium Karam denuntiatur.

LXIV

Cum hæc sic sese haberent, dux nepotem ab præsulatu pulsum dolebat. Suadebat itaque ut officio pontificali amplius insisteret, et, ne privatus penitus dignitate videretur, aliquas ad gradus promoveret personas.

---

[1] *Ottoni corr. ci. Talia omisi.*

il leur disait que l'absence du roi fournissait une occasion favorable de s'emparer de Reims, qui se trouvait maintenant privée d'évêque et de garnison; que le roi lui-même, occupé ailleurs, était livré à d'autres soins. Il assurait donc qu'il serait facile d'assiéger et de prendre la ville, et qu'il avait la plus grande envie de l'entreprendre. Les hommes d'armes, séduits par ses paroles, furent d'avis d'envoyer des forces contre la place; on réunit donc des troupes, et elles marchèrent avec le duc. On arriva devant Reims, et on l'assiégea de tous les côtés. On se répandit aussi çà et là, et on enleva des lieux voisins le blé nécessaire à l'armée. Le camp fut entouré de fossés qu'on défendit par des palissades. On attaqua une ou deux fois chaque jour; les citoyens ne mirent pas moins d'ardeur dans leur défense. Déjà, depuis neuf jours, les choses allaient ainsi, lorsque les vedettes annoncèrent que le roi revenait furieux; les assaillants levèrent aussitôt le siége, et s'éloignèrent de la ville, le douzième jour de leur arrivée [1].

LXIII.

Louis ne tarda pas à entrer dans la place qu'il venait secourir. Bientôt les princes réunis près de lui traitèrent des affaires du roi et de l'État. Et comme le bien général exigeait que le roi Otton prît part aux délibérations, on lui envoya des messagers pour lui représenter la nécessité d'une conférence, et pour lui en proposer une à la fin du mois d'août, près du fleuve de Chier.

LXIV.

Dans le même temps, le duc se lamentait de ce que son neveu avait été chassé de son siége. Il l'engageait, en con-

« auprès d'eux quelques princes, des évêques, des abbés, des comtes
« de Germanie et de Gaule, qui tous célébrèrent avec grande dévotion
« la fête de Pâque dans le susdit palais. » Il est évident que tout cela, n'étant qu'un commentaire fait au XVIe siècle, ne peut avoir aucune autorité. P.

[1] Selon Flodoard, ce siége entrepris par Hugues, à l'instigation de quel-

Tetbaldum ergo, Suessonicæ ecclesiæ diaconum, accersit, presbiterumque ordinat, ac post, duce agente, ecclesiæ Ambianensium episcopum sacrat. In qua re favere visus est Wido tantum Suessorum episcopus. Quem quia post penituit sequentia demonstrabunt. Sed tempus colloquendi regibus advenit, ac secus fluvium Karam sibi occurrunt. Nec defuit dux, qui et ipse apud Duodeciacum vicum castra fixit, ut pro nepote causam apud episcopos ageret.

LXV. — Dux * enititur ut * causa * pro suo nepote * apud episcopos * agatur.

Regibus itaque rerum negotia agentibus, dux causam nepotis episcopis disponebat, penes quos etiam plurimam habebat indignationem, injuste et nullis evidentibus culpis nepotem præcipitatum memorans. Quod cum indicatum regibus esset, Ottone agente decretum est, ut ibi ab episcopis causa Artoldi atque Hugonis discuteretur, ita tamen ut et dux tempore congruo regi satisfaceret. Episcopis itaque rationem excipientibus, cum inter plurima quæ ibi explicata sunt illud constantissime refutarent, quod Hugo, sacerdotio privatus, contra fas Ambianensium episcopum ordinasset, regum sententia in aliam sinodum hujusmodi rationem transferendam constituit. Videbatur etenim, quod non ad æquitatem satis commode hæc altercatio determinari valeret, cum nec sinodus ad hoc convocata fuisset. Et decreto regio, 15 Kalend. Decemb., habenda denuntia-

* Du, ut, c, nep, episcopo *abscisa.*

séquence, à persister dans l'exercice de ses fonctions épiscopales, et afin de ne paraître pas entièrement déchu de cet exercice, à faire quelques promotions aux ordres. L'évêque Hugues fit donc venir Thibaud, diacre de l'église de Soissons, l'ordonna prêtre, et, avec l'intervention du duc, le sacra ensuite évêque d'Amiens. Il ne paraît avoir été secondé en cela que par Gui, évêque de Soissons, et la suite montrera bien que Gui s'en repentit plus tard. Mais le temps fixé pour la conférence arriva, et les rois se réunirent près du fleuve de Chier; le duc ne manqua point de s'y trouver, afin de plaider auprès des évêques la cause de son neveu; il établit son camp près du bourg de Douzy [1].

LXV. — *Le duc insiste pour que la cause de son neveu soit examinée par les évêques.*

Pendant que les rois traitaient des affaires publiques, le duc exposait aux évêques la cause de son neveu; il leur rappelait avec indignation que ce neveu avait été injustement et sans preuve précipité de son siège. Lorsque les rois furent informés du fait, Otton fit décréter que la cause d'Artaud et de Hugues serait examinée par les évêques assemblés, mais à condition que, dans un délai raisonnable, le duc donnerait satisfaction au roi. Les évêques se saisirent donc de l'affaire, et comme parmi le grand nombre de faits qui leur furent exposés, ce qu'ils condamnèrent constamment, c'est que Hugues, privé du pontificat, eût sacré sans aucun droit l'évêque d'Amiens, les rois décidèrent que

---

ques personnes, ne dura que huit jours, et le roi ne fut pour rien dans cette affaire, dont tout l'honneur resta à ses fidèles et à l'archevêque Artaud.

[1] Flodoard ne dit pas que Hugues ait assisté à cette assemblée. Mais ce fait se trouve consigné dans la chronique de Witichind, dans la chronique d'Eckard et dans celle de Sigebert de Gemblours. Le premier l'a sans doute fourni à Richer, qui à son tour l'a fourni au second et peut-être au troisième (voir notre *avant-propos*). L'auteur de la Chronique de Tours dit même que Hugues fit alors la paix avec Otton après lui avoir fait présent de deux lions. Dans Flodoard, le présent des deux lions est rapporté à l'an 951.

tur. Interim vero sedes Remensis Artoldo conceditur, Hugoni vero in castro Mosomensi commorari permittitur. Pax quoque sequestra, Ottonis interventu, regi ac duci ab alterutro datur, et usque ad tempus habendæ sinodi sacramento firmatur.

LXVI. — Sinodus* Virduni* habita.

Tempus advenit, sinodusque episcoporum Virduni collecta est atque habita, præsidente Rotberto metropolitano Treverico, cum Artoldo Remensi, considentibus quoque Adalberone Mettensi, Gauslino Tullensi, Hildeboldo Mimegardvurdensi, Israhele Brittigena, assistentibus etiam Brunone, viro reverendo et abbate, cum aliis abbatibus et monachis venerandis Agenoldo et Odilone. Ad hanc sinodum Hugo vocatus, missis ad eum deducendum Adalberone et Gauslino episcopis, venire noluit. Unde et episcoporum sententia¹ Artoldo tenere concedit episcopium. Sicque nullis rerum determinatis rationibus, sinodus soluta est.

LXVII. — Sinodus Mosomi** habita.

Indicitur vero habenda Idibus Januar. Et evoluto tempore, in basilica Sancti Petri² apud Mosomense castrum secunda sinodus habita est, præsidente quoque prædicto metropolitano Rotberto Treverico, cum fere omnibus suæ dioceseos episcopis, ac aliquibus

* nod, ni h *abscisa*.
** Mo *abscisum*.
¹ sensentia *corr.*
² petetri *corr.*

ce point serait déféré à un autre synode[1], car il paraissait impossible que le différend fût régulièrement terminé, celui-ci n'ayant pas été réuni à cet effet. Un décret royal convoqua donc un autre synode pour le 16 de novembre; en attendant, on accorda à Artaud l'évêché de Reims, et l'on permit à Hugues de demeurer dans la place de Mouzon. Par l'entremise d'Otton, fut aussi conclue entre le roi et le duc, une trêve, garantie sous serment jusqu'au temps du prochain synode.

LXVI. — Synode tenu à Verdun.

Au temps fixé, les évêques se réunirent en synode à Verdun, sous la présidence de Robert, archevêque de Trèves, assisté d'Artaud, archevêque de Reims[2] : y siégeaient également Adalberon de Metz, Gauslin de Toul, Hildebold de Memmingen, Israel, originaire de Bretagne[3]. S'y rendirent aussi le vénérable abbé Brunon avec les autres abbés et vénérables moines Agenold et Odilon[4]. L'évêque Hugues fut appelé à ce synode, et on l'envoya chercher par les évêques Adalberon et Gauslin; mais il refusa d'y venir: aussi la sentence des évêques laissa Artaud en possession de l'évêché, et le synode se sépara sans avoir porté de décision sur cette affaire.

LXVII. — Synode tenu à Mouzon (948).

Ce synode fut convoqué pour le 13 janvier, et ce jour arrivé, il fut tenu à Mouzon dans la basilique de Saint-

---

[1] Rien ne fut décidé alors, selon Flodoard, parce que le synode n'était pas encore convoqué; mais on arrêta qu'il aurait lieu vers le milieu de novembre.

[2] Il paraît singulier qu'Artaud ait siégé dans un synode convoqué pour juger sa cause; mais le fait est rapporté aussi par Flodoard.

[3] Flodoard nomme deux autres évêques, savoir : Odalric d'Aix (*Hist. et Chron.*), et Mirnegard, de Verdun. (*Chron.*)

[4] Brunon, frère du roi Otton, était abbé d'un monastère du diocèse de Worms et fut fait évêque de Cologne l'an 953. Agenold était abbé de Gorze, près de Metz; Odilon de Stavelot, dans les Ardennes. (Bouq. sur Flodoard.)

Remensis; consedente etiam Artoldo, cujus causa discutienda erat. Ne¹ abfuit Hugo, at sinodum ingredi noluit. Epistolam vero, nomine Agapiti papæ signatam, per suos² sinodo legendam porrexit. Quæ cum soluta et lecta esset, nihil canonicæ auctoritatis habere videbatur, nihil etiam pro ejus causa significare, nisi ut episcopium ei redderetur. Qua perlecta, cum episcopi consulto sese contulissent, cassandam censuerunt, eo quod, absque ratione, rem quæ in lite erat abdicato reddi jubebat. Et quia paulo ante ab ipso papa Agapito delegata erat epistola, per Fredericum Maguntinum episcopum, atque data Rotberto metropolitano Treverico, coram regibus ac Galliæ et Germaniæ episcopis, quæ erat continens auctoritatem apostolicæ jussionis, partemque præceptorum ejus jam exsecuti fuerant, communi mox consensu decretum est, ut quod regulariter cœptum erat, rationabiliter atque canonice pertractaretur. Simulque et mox a metropolitano jussum est, ut recitaretur caput nonum decimum consilii Cartaginensis, quod constat de accusato et accusatore. Et recitato, secundum ipsius capituli sententiam constituere, ut Remensi parrœchia Artoldo restituta, qui nullius sinodi rationes audire refugit; Hugo, qui ad duas jam sinodos accersitus venire contempserat, a Remensis episcopii regimine abstineret, donec in tertiam sinodum³ purgandus de objectis adveniret. Capitulum vero supra dictum litteris cartæ mandatum est, et ab episcopis cautum, ac eidem Hugoni directum. In quo, cum episcoporum cautionem subscriptam Hugo vidisset,

---

¹ *ita corr.*
² per quendam clericum suum 1.
³ s. quæ Kalendis Aug. habenda indicebatur *deleta*.

Pierre, et présidé comme le premier par Robert, archevêque de Trèves, assisté de presque tous les évêques ses suffragants et de quelques-uns suffragants de Reims. Artaud, dont la cause devait être discutée, y assista aussi. Hugues se rendit à Mouzon, mais ne voulut point entrer au synode. Il y fit présenter une lettre signée du pape Agapet[1]. Cette lettre fut décachetée et lue, mais elle parut n'avoir aucune autorité canonique, et n'être d'aucun poids dans la question pendante, bien qu'elle portât que l'évêché devait être rendu à Hugues. La lettre fut relue, et les évêques, s'étant concertés, furent d'avis qu'elle devait être annulée, attendu que, sans discussion, elle ordonnait de rendre la chose en litige au réclamant dépossédé. Et comme, peu de temps avant, le même pape Agapet avait envoyé une lettre par Frédéric, évêque de Mayence, laquelle lettre avait été remise à Robert, archevêque de Trèves, en présence des rois et des évêques de Gaule et de Germanie; comme cette lettre contenait pouvoir de jussion apostolique, et comme ses injonctions avaient déjà été exécutées en partie; il fut arrêté, d'un consentement unanime, que l'affaire régulièrement commencée serait achevée légalement et canoniquement. En même temps, le métropolitain fit donner lecture du dix-neuvième chapitre du concile de Carthage, qui traite de l'accusé et de l'accusateur; et, après cette lecture, les évêques décidèrent, conformément aux dispositions de ce chapitre, que l'archevêché de Reims ayant été rendu à Artaud, qui n'avait jamais refusé de s'en référer à aucun concile; Hugues, qui déjà mandé par deux synodes, avait dédaigné de s'y rendre, resterait étranger à l'administration de l'évêché jusqu'à ce qu'il se présentât devant un troisième synode, pour se purger des accusations portées contre lui. La décision susdite fut transcrite, certifiée vérita-

---

[1] Agapet II, qui occupa le trône pontifical, de 946 à 955. Voir *Notes et dissertations*, sect. II, § 2.

motus in iram, Rotberto, qui sinodo præerat, contumeliose remisit, episcoporum judicio nihil sese facturum asserens. Et sic, causa penitus indiscussa, sinodus soluta est. Indicitur vero tercia sinodus Kal. Aug. habenda.

LXVIII.

His ita gestis, Artoldus epistolam ad sedem Romanam dirigit, commodissime continentem, et suarum injuriarum seriem, et regis incommodorum tenorem. Domnus itaque Agapitus papa, ad multam benivolentiam animum intendens, mox accersit venerabilem Ostiensem episcopum Marinum, magnæ æquitatis et prudentiæ virum, vim epistolæ ei explicans, et ad rerum correctionem illum vehementissime hortans. Mittitur ergo venerabilis Marinus, domni papæ vicarius, ad Ottonem regem, ob evocandam atque congregandam universalem sinodum. Diriguntur et epistolæ specialiter aliquot episcopis tam Germaniæ quam Galliæ, ad rerum æquitatem suasoriæ.

LXIX. — Item sinodus * apud Angleheim * habita *.

Interea statuto tempore, sinodus universalis collecta est ex præcepto Agapiti papæ, sub Marino ejus vicario, in palatio Angleheim, quod interpretatur angelorum domus, secus fluvium Rhenum, in basilica beati Remigii Francorum apostoli. Domno itaque Marino præsidente, episcopi quoque qui ex diversis confluxerant, jure ecclesiastico consederunt, Rotbertus videlicet Tre-

* odus, gle, bita *abscisa.*

ble par les évêques, et envoyée à Hugues. Lorsque celui-ci vit les signatures des évêques apposées au bas de la décision, la colère le saisit et il renvoya injurieusement le tout à Robert, qui avait présidé le synode, déclarant qu'il ne se soumettrait en rien au jugement des évêques ; ainsi le synode se sépara sans être entré le moins du monde dans la discussion de l'affaire. Un troisième synode fut indiqué pour le 1er août.

LXVIII.

Tout étant terminé, Artaud envoya une lettre au saint-siége, exposant parfaitement et les outrages par lui reçus, et les griefs du roi. Le pape Agapet, animé d'un grand esprit de conciliation, fit venir aussitôt le vénérable Marin, évêque d'Ostie, homme d'une justice et d'une prudence parfaites, lui fit connaître l'importance de la lettre, et l'exhorta fortement à terminer cette affaire. Le vénérable Marin, vicaire du pape, fut donc envoyé au roi Otton, avec mission de convoquer et assembler un synode général. Des lettres particulières furent aussi adressées à quelques évêques, tant de Germanie que de la Gaule, pour les engager à juger les choses selon l'équité.

LXIX. — Autre synode tenu à Engelheim.

Au temps fixé, et par ordre du pape Agapet, son vicaire Marin tint un synode général dans le palais d'Engelheim (c'est-à-dire maison des anges), près du fleuve du Rhin, dans la basilique du bienheureux Remi, apôtre des Francs[1]. Il fut présidé par le vicaire apostolique ; les évêques qui y

---

[1] Flodoard dit : *Convenerunt Germaniæ præsules cum quibusdam Galliarum episcopis.* Du reste, Richer nomme les mêmes évêques que Flodoard et dans le même ordre avec quelques légères différences d'orthographe seulement.

vericus metropolitanus; Artoldus Remensis metropolitanus; Fredericus Maguntinus metropolitanus; Wicfridus Coloniensis metropolitanus; Adaldacchus Hammaburgensis episcopus; Hildeboldus Mimegardvurdensis episcopus; Gauslinus Tullensis episcopus; Adalbero Mettensis episcopus; Berengarius Virdunensis episcopus; Fulbertus Cameracensis episcopus; Rodulfus Laudunensis episcopus; Richoo Warmacensis episcopus; Reimboldus Spirensis episcopus; Boppo Wirzburgensis episcopus; Chounradus Constantiensis episcopus; Odelricus Augustensis episcopus; Thethardus Hildinesheimensis episcopus; Bernardus Alfurcestedensis episcopus; Dudo Poderbrunnensis episcopus; Lioptacus Ribunensis episcopus; Michahel Radisponensis episcopus; Farabertus Tungrensis episcopus; Doddo Osnebruggensis episcopus; Evherus [1] Mindensis episcopus; Baldricus Trejectensis episcopus; Heiroldus Salzburgensis episcopus; Adalbertus Pazsoensis episcopus; Starchandus Eistetiensis episcopus; Horath Sleoswicensis episcopus; Wichardus Basiliensis episcopus; Liefdach Ripuensis episcopus.

LXX.— De dispositione* gerendorum*, et habenda* juditii prælatura*.

Horum omnium cuique cum liceret ex canonibus vel decretis proferre quæcumque negotio commoda viderentur, disponendi [2] tamen facultas et rationum interpretatio domno Rotberto Treverico commissa est, eo quod divinarum et humanarum rerum scientia et eloquentiæ efficatia insignissimus haberetur. Judicii

---

* tio, dor, da, tu *abscisa.*
[1] Euherus *corr.*
[2] ordinandi *corr.* disponendi.

étaient venus de divers côtés y siégèrent selon leur rang, savoir : Robert, archevêque de Trèves; Artaud, archevêque de Reims; Frédéric, archevêque de Mayence; Wicfrid, archevêque de Cologne; les évêques Adaldach, de Hambourg; Hildebald, de Mimmingen; Gauslin, de Toul; Adalberon, de Metz; Bérenger, de Verdun; Fulbert, de Cambray; Raoul, de Laon; Richau, de Worms; Raimbaud, de Spire; Boppon, de Wurtzbourg; Conrad, de Constance; Odelric, d'Augsbourg; Téthard, d'Hildesheim; Bernard, d'Halberstad; Dudon, de Paderborn; Lioptach, de Riben; Michel, de Ratisbonne; Farabert, de Tongres; Doddon, d'Osnabruck; Ever, de Minden; Baldric, de Maëstricht; Hérold, de Saltzbourg; Adalbert, de Bade; Starchand, d'Hochstadt; Horath, de Sleswick; Wichard, de Bâle; Liefdach, évêque des Ripuaires[1].

LXX. — De la conduite des délibérations, et de la présidence.

Bien que, d'après les canons et les décrets, il fût permis à chaque membre du synode de proposer tout ce qui lui paraîtrait opportun dans l'affaire présente, cependant le soin de conduire la discussion et de résumer les débats fut confié à Robert, de Trèves, parce qu'il était regardé comme le plus versé dans les choses divines et humaines, et comme le plus remarquable par son éloquence; mais le prononcé

[1] Voir les actes de ce concile dans la collection du P. Labbe, t. IX, p. 623; ou dans celle de Sirmond, t. III, p. 585.

vero censura penes domnum Marinum domni papæ vicarium mansit. Et considentibus cunctis, post præmissas secundum ordinem celebrandi concilii preces, postque recitata decretorum sacra capitula, serenissimi reges Ludovicus et Otto, in sacram sinodum admissi sunt. Quibus etiam considentibus, domnus ac venerandus Rotbertus sic orsus cepit :

LXXI. — Prælocutio * Rotberti * Treverici * metropolitani in sinodo.

« Multa, » inquiens, « sunt, patres reverendi, qui« bus hic apud serenissimos reges, in unum coacti re« sidemus ; plurima etiam quæ vestra probitate ordi« nanda videntur[1]. Totius pene Galliæ rem publicam
« pravorum temeritate turbatam, magnisque subjacere
« periculis constat. Unde et leges divinæ atque hu« manæ indiscrete a malivolis contempnuntur, cum is
« cui regnorum[2] jura debentur, et imperandi potestas
« transfusione paterna credita est, suorum insectatione
« captus, ergastuloque immaniter trusus sit, suorum
« adhuc gladiis infestetur[3], Remorum quoque metro« polim absque pastore fures atrocissime insectentur,
« cultus divinus vilescat, religio canonica pro nihilo
« sit. His ergo, patres, vehementissime insistendum arbi« tror, multaque nobis diligentia enitendum, qui gra« tia sancti Spiritus hic in unum confluximus[4], quati« nus res ante dissolutæ sic in fœdus redeant, ut et
« domno ac serenissimo regi libera regnandi reddatur

* Pr, R, ri, li *abscisa.*
[1] cognoscimus *superscripto* videntur.
[2] galliarum *superscripto* regnorum.
[3] appetitur l.
[4] *corr.* multo intuitu, multo caritatis affectu [considerandum *corr.*] insistendum arbitror ut sic res etc. *deleta.*

du jugement fut laissé à Marin, vicaire du pape[1]. Les prélats ayant pris place, on récita les prières suivant le rite de la tenue d'un concile, on lut les chapitres des saints décrets, et ensuite, les sérénissimes rois Louis et Otton furent admis dans le sacré synode. Lorsqu'ils se furent assis, le seigneur et vénérable Robert commença ainsi[2] :

LXXI. — Discours d'ouverture de Robert, archevêque de Trèves, devant le synode.

« Plusieurs motifs, révérends pères, nous réunissent ici
« en présence des sérénissimes rois ; plusieurs sujets atten-
« dent une décision de votre équité. Il est certain que dans
« presque toute la Gaule la chose publique a été compro-
« mise par les entreprises des méchants, et qu'elle est ex-
« posée à de grands périls. Les lois divines et humaines sont
« indignement méprisées, en effet, quand celui à qui ap-
« partiennent les droits du trône, à qui son père a trans-
« mis le pouvoir de commander, est poursuivi et arrêté par
« ses sujets, impitoyablement jeté par eux dans une prison,
« et de plus exposé à leurs glaives ; lorsque des brigands ont
« l'atrocité d'attaquer la métropole de Reims privée de
« pasteur ; lorsque le culte divin est avili, la religion or-
« thodoxe tenue pour rien. Je pense donc, vénérables
« pères, que nous devons fortement nous appesantir sur
« ce point, et réunir tous nos soins et tous nos efforts,
« nous qui nous sommes assemblés ici par la grâce du
« Saint-Esprit, afin que ce qui fut jusqu'ici divisé se rap-
« proche et s'allie, de manière que notre sérénissime sei-

[1] Voir ci-après le concile tenu à Saint-Basle, l'an 991 (IV, 51 et suiv.). Marin remplit donc les fonctions de président, Robert celles de rapporteur. P.
[2] Dans Flodoard, c'est le roi Louis qui prend d'abord la parole pour exposer ses griefs ; l'archevêque Artaud expose ensuite les siens et Robert ne joue qu'un rôle très-secondaire.

« potestas, et per eum ecclesiæ Remensi debitus suus
« restituatur honor. »

LXXII. — Responsio ⁴ Marini ⁵ Romanæ ⁶ sedis ⁷ legati ⁸.

Ad hæc domnus Marinus sanctæ Romanæ sedis vicarius : « Optime, » inquit, « atque utiliter frater ac coepiscopus Rotbertus rerum seriem tenuit : etenim cum divinas leges, humanis præponendas ipse pernoscat, considerata tamen rerum fortuna, regiæ dominationis imperium ante dixit restaurandum, ut ejus vigore firmato, ejusque potentia utiliter restituta, ejus post liberalitate, ecclesiarum Dei honor consequenter recrescat, ejus patrocinio agente, virtus bonis quibusque redeat. Quod ut, Deo annuente, fieri queat, in primis audienda atque strenuissime disponenda videtur causa domni ac serenissimi regis, si id quoque vestri judicii paciatur censura. » Synodus dixit : « Audiatur. »

LXXIII. — Conquestio ¹⁰ Ludovici ¹¹ regis ¹² apud Ottonem regem ¹³ et sinodum ¹⁴ regni ¹⁵.

Tunc rex Ludovicus, ab Ottonis regis latere surgens, stando conqueri modestissime petebat. At rogatus ab sinodo, hujusmodi residens effudit querelam : « Quanto, » inquiens, « Hugonis instinctu, quantoque « ejus impulsu conqueri cogor, testis est ille, cujus « gratia vos hic congregatos paulo ante relatum est. « Pater ejus, ut a principio exordiar, patri meo regnum invidens, dum ei domi militiæque servitium

---

⁴ ponsio, ni, Ro, sedis, ti *abscisa*.
¹⁰ estio, ci, regis, gem et, m, i *abscisa*.

« gneur et roi recouvre la puisssance royale, et, par suite,
« que l'église de Reims retrouve l'honneur qui lui est dû. »

LXXII. — Réponse de Marin, légat du saint-siége.

Le seigneur Marin, vicaire du saint-siége de Rome, ajouta : « Notre frère, l'évêque Robert, a parfaitement ex-
« posé l'état des choses. Car bien qu'il n'ignore pas que les
« lois divines doivent passer avant les lois humaines, con-
« sidérant cependant la situation des affaires, il a dit qu'il
« fallait d'abord rétablir l'autorité du roi, afin que sa force
« et sa puissance une fois assurées, il pût de son propre
« mouvement remettre en honneur et faire prospérer les
« églises de Dieu, et, par sa protection, rendre le courage
« aux hommes de bien. Pour qu'il puisse donc en être ainsi,
« avec l'aide de Dieu, je pense qu'il faut d'abord entendre
« et régler solidement la cause du seigneur et sérénissime
« roi, si tel est votre avis. » Le synode dit : « Que la cause
« du roi soit entendue. »

LXXIII. — Plaintes du roi Louis au roi Otton et au synode du royaume.

Alors le roi Louis, se levant d'à côté du roi Otton, demanda modestement à formuler ses plaintes debout ; mais, à la prière du synode, il s'assit, et parla comme suit : « A
« quel point je suis forcé de me plaindre des mauvaises dis-
« positions et de la conduite de Hugues, il le sait celui par
« la grâce duquel, ainsi qu'on vient de le dire, vous êtes
« ici rassemblés. Le père de Hugues, pour remonter au
« commencement, le père de Hugues, convoitant le
« trône du roi mon père, qu'il aurait dû servir et au pa-
« lais et à la guerre, priva cruellement le roi de ce trône,
« et demanda que jusqu'à la fin de ses jours il fût renfermé

« deberet, regno illum immaniter privavit, et usque ad
« vitæ ejus suprema¹ ergastulo¹ inclusum esse roga-
« vit¹. Me vero parvum, in fasciculo farraginis a meis
« dissimulatum, in partes transmarinas et prope in
« Rifeos fugere compulit. Patre autem extincto¹ * et me
« in exilium deportato, iste cum reminisceretur sui
« patris, ob insolentiam interfecti, regni curam susci-
« pere formidabat. Nobis itaque invidens, Rodulfum²
« promovit. Sed Divinitas res illius sicut et cetera deter-
« minans, ei quando voluit finem regnandi dedit. Dum
« item regnum vacaret, consilio bonorum me a parti-
« bus peregrinis exulantem revocavit, ac omnium coni-
« bentia in regnum promovit, nihil mihi præter Lau-
« dunum relinquens. Promotusque cum ea quæ regii
« juris videbantur, repetere niterer, id invidissime fe-
« rebat. Factus ergo latenter adversarius, amicos, si
« quos habebam, pecuniis subvertebat, inimicos in
« odium amplius incitabat. Tandem, urgente invidia,
« apud pyratas egit, ut ab eis dolo caperer; regnum
« in se posse refundi arbitrans, si id fieri contigisset.
« Nec defuit insidiis effectus. Captus fui, carcerique³
« mancipatus. Ille vero me eripere simulans, filios
« meos jure obsidum dandos petebat. At iis qui mihi
« fide adjuncti erant omnes dari reclamantibus, di-
« misso uno, a piratis me recepit. Jam libertatem spe-
« rans, quo animus impelleret ire volebam. Verum ali-
« ter provenisse manifestum est. Nam captum mox in
« vincula conjecit, ac annuali carceri mancipavit. Unde

---

¹ ma, o inclu, ogavit *abscisa.*
¹ * capto 1.
² alium 1.
² c. per annum *deleta.*

« dans une prison. Pour moi, jeune enfant, je fus caché
« par les miens dans des bottes de foin et il me força de
« me réfugier au delà des mers, et jusqu'auprès des monts
« Riphées [1]; après la mort de mon père et durant mon exil,
« ce même Hugues, se rappelant l'exemple de son père,
« dont la présomption avait causé la mort, craignit de se
« charger du soin du royaume; mais par haine pour nous,
« il donna le trône à Raoul. Enfin la Divinité disposant de
« celui-ci comme des autres, mit fin à son règne quand il
« lui plut. Le trône devenant donc vacant, il me rappela
« de la terre d'exil, par le conseil de gens de bien, et,
« du consentement de tous, m'éleva sur le trône, ne me
« laissant rien autre chose que la ville de Laon. Lorsqu'en-
« suite j'ai cherché à rentrer en possession des droits qui me
« paraissaient appartenir au roi, il en conçut une profonde
« envie. Il devint alors mon ennemi secret : si j'avais quel-
« ques amis il les séduisait par de l'argent; de mes enne-
« mis, il réchauffait la haine. Enfin, poussé par l'envie,
« il engagea les pirates à me prendre par trahison, pensant
« que si la chose avait lieu il pourrait faire passer la cou-
« ronne sur sa tête. L'effet répondit à l'artifice; je fus pris
« et confié aux murs d'une prison. Hugues, alors, fei-
« gnant de m'arracher de leurs mains, demanda que mes
« fils leur fussent donnés en otages. Mais ceux qui m'étaient
« restés fidèles s'opposèrent à ce que tous mes enfants
« leur fussent livrés, ils en reçurent un seulement et me
« remirent entre les mains du duc. Comptant déjà sur la
« liberté, je voulais aller partout où il me conviendrait,
« mais on sait qu'il en fut autrement; car bientôt Hugues
« me jeta dans les fers et me garda en prison l'espace d'un
« an; enfin, lorsqu'il vit qu'il allait être attaqué par mes
« parents et mes amis indignés, il m'offrit la liberté en

---

[1] Qu'entend ici Richer par monts Riphées? Voir, liv. Ier, chap. 1er, *note*.

« cum a cognatis et amicis meis indignantibus sese im-
« petendum adverteret, libertatem [1] spopondit si Lau-
« dunum acciperet. Hoc tantum claudebar, hoc solo
« cum uxore et natis recipiebar. Quid facerem ? Castro
« vitam præposui ; pro castro libertatem merui. Et en
« omnibus privatus, omnium opem deposco ! His si
« dux contraire audeat, nobis tantum singulariter con-
« grediendum sit. »

LXXIV. — Oratio [*] Rotberti [*] pro Ludovico.

Quibus palam promulgatis, Rotbertus metropolitanus subinfert : « Quoniam, » inquiens, « domni
« atque serenissimi regis satis breviter ac dilucide
« digestam, optime, ut arbitror, conquestionem per-
« cepimus, consequens videtur, ut ejus causam in
« quantum fas est determinemus. Dux ergo, quia omnia
« pene regni jura in sese transfudit, eique viribus
« reniti non valemus, mitius hoc attemptandum ar-
« bitror, ut, qui Deum non metuit et hominem non
« reveretur, multa ratione multaque rerum considera-
« tione, ad normam, Deo juvante, reducatur. Igitur,
« juxta patrum decreta et canonum regulam, inpri-
« mis ad satisfactionem fraterne monendus est, ver-
« bisque suasoriis ad id modestissime revocandus.
« Quod si, post blandam revocationis ammonitionem
« resipiscere noluerit [2], omnium anathemate feriatur,
« hoc habentes præsidio, quod jam a domno papa cor-

---

[*] Or, berti *abscisa.*
[1] reditum 1.
[2] n. tertia hujus sinodi die *deleta.*

« échange de Laon. Cette place était mon seul rempart,
« c'était mon seul asile, celui de ma femme et de mes en-
« fants. Que faire? Je préférai la vie à une forteresse ;
« pour une forteresse j'acquis la liberté. Et voilà que, privé
« de tout, j'implore le secours de tous. Si le duc ose dé-
« mentir ces faits, il ne nous reste plus que le combat
« singulier. »

LXXIV. — *Discours de Robert en faveur de Louis.*

Ces paroles ayant été prononcées en présence de tous, l'archevêque Robert poursuivit : « Nous avons très-bien
« compris, je pense, la plainte que vient d'exposer avec
« précision et clarté le seigneur et sérénissime roi; il paraît
« donc convenable que nous décidions sa cause autant
« qu'il est en nous. Et comme le duc s'est emparé de pres-
« que tous les droits du trône, comme nous ne pouvons lui
« résister à force ouverte, je pense que nous devons essayer
« de moyens plus doux, et tâcher, avec l'aide de Dieu, de
« ramener à la règle, par la raison et par des considérations
« puisées dans les choses mêmes, celui qui n'a ni crainte
« de la Divinité, ni respect humain. Il faut donc, confor-
« mément aux décrets des pères et à la lettre des canons,
« l'engager d'abord fraternellement à donner satisfaction,
« et tenter de l'y amener tout doucement par des paroles
« conciliantes. Que si, après un avertissement amiable,
« il refuse de venir à résipiscence, qu'alors il soit frappé par
« nous d'un anathème général, appuyés que nous sommes
« sur ce qu'il a déjà encouru une censure du pape, et reçu
« de lui l'ordre de cesser toute hostilité envers son sei-
« gneur. »

« rectus sit, jussusque a domini sui insectatione quies-
« cere. »

LXXV. — Responsio * Marini * legati pro * eodem.

Atque his domnus Marinus subjunxit : « Reminiscor, »
inquiens, « domnum papam ante hunc annum ana-
« thema in reos misisse qui hunc dominum et regem
« Francorum insectabantur; epistolam quoque suaso-
« riam ut ab eo non deficiant, bonis quibuslibet dele-
« gatam, atque conquestionem de eadem re litteris ex-
« pressam, iis quibus sanior mens erat delegatam
« fuisse. Unde et opinor justissime dictum, cum ante a
« papa vocatus atque correctus sit, nunc quoque cari-
« tatis gratia revocandus est, et diligentissima suasione
« ut a malis quiescat commonendus, et post omnium
« anathemate dampnandus; et non solum ille, verum
« omnes qui ei in malis favere faventque. Sed hanc so-
« lum a nobis accipiet opem. Numquid vero ab alio
« quicquam opis accipiet? Ejus conquestio in sua clau-
« sula, opem omnium postulat. Sed si a nobis ei suc-
« curritur, a domno Ottone rege quid accipiet? Et de-
« cretalia sancta acclamant, postquam tirannis ana-
« thema dampnationis ab episcopis injectum est, a
« bonis quoque potentibus vim inferendam, ut si æccle-
« siasticis correctionibus ad normam redire nolunt,
« saltem potentium vehementi violentia ad bonum re-
« dire cogantur, ut vel invitis bona præstentur. »

* Res, Ma, pro eo *abscisa.*

LXXV. — Le légat Marin parle dans le même sens.

Le seigneur Marin ajouta : « Je me rappelle que, l'année
« passée, monseigneur le pape lança un anathème sur les
« coupables ligués contre leur seigneur le roi des Français ; et
« qu'il écrivit une lettre à tous les gens de bien pour les
« engager à ne point l'abandonner ; qu'il adressa aussi
« une lettre de condoléance à ceux qui avaient l'esprit le
« plus droit. On a donc eu raison de dire, selon moi,
« que Hugues ayant été cité et censuré par le pape, il
« fallait d'abord tâcher de le ramener par des moyens de
« douceur, et employer activement la persuasion pour le
« décider à s'abstenir du mal ; mais qu'ensuite il faudrait
« le frapper d'un anathème général ; et non-seulement
« lui, mais tous ceux qui ont favorisé ou qui favorisent
« ses méchancetés. Mais voilà tout l'appui que nous
« pouvons lui prêter. Maintenant n'en a-t-il pas à re-
« cevoir d'ailleurs ? En terminant sa plainte, il demande
« le secours de tout le monde : nous sommes venus à son
« aide ; que recevra-t-il à présent du seigneur et roi
« Otton ? Les saintes décrétales proclament que lorsque
« des tyrans ont été frappés d'excommunication par des
« évêques, les hommes de bien qui ont la puissance doivent
« faire agir la force, afin que, si les corrections ecclésiasti-
« ques ne peuvent ramener à la règle, on y soit du moins
« contraint violemment, et que, même malgré soi, on se
« trouve forcé au bien. »

LXXVI. — *Oratio* * *Ottonis* * *regis pro eodem*.

Ad hæc rex Otto : « Multa, » inquit, « sunt, patres,
« beneficia, quæ a vobis domno ac serenissimo regi
« Ludovico utiliter accommodari valebunt. Etenim si
« ejus insectatores armis divinis adoriamini, conse-
« quenter aut facili tumultu devicti labascent, aut, si
« quid impetendum relinquetur, facilius nostris armis
« infirmabitur. Vos ergo, jubente domni papæ legato,
« vestri ordinis instrumenta exerite, ac tanti regis ad-
« versarios anathematis gladio transverberate. Con-
« tra quæ si cervicem postea erigere audeant, et domi-
« nicis interdictis resistere non formidant, nostrum
« exinde erit, quibus commissum est in hac mundi
« parte sanctam Dei æcclesiam tueri, ut in tales arma
« sumamus, hujusmodi debellemus. Et si necessitas
« adurgeat, strictis gladiis usque ad immanissimam
« cædem perditissimorum hominum deseviamus, habita
« in illos justissimæ indignationis causa, quod illicita
« aggrediantur, et, pro illicitis ammoniti, non corrigan-
« tur. Vos itaque tantum vestris insistite, et post mo-
« destiam vestram virtus nostra sequetur. »

LXXVII. — *Epistola a sinodo* ** *ad Hugonem* ** *delegata* **.

Quibus dictis, mox, sinodi decreto, epistola descripta
est palamque recitata, hanc verborum seriem tenens :
« Sancta sinodus in palatio Angleheim sub domnis at-
« que orthodoxis regibus Ludovico et Ottone utiliter
« habita, Hugoni duci. Quantis malis, quantaque per-

---

* Or, nis *abscisa*.
** a si, ad Hugonem, ata *abscisa*.

LXXVI. — Discours du roi Otton dans le même sens.

Le roi Otton dit alors : « Il y a, mes pères, des avan-
« tages que vous pourrez procurer au seigneur et sérénissime
« roi Louis; car, si vous attaquez ses ennemis par les armes
« divines, ou ils succomberont promptement dans ce com-
« bat, ou s'il reste quelque chose à faire, nos armes l'effec-
« tueront plus facilement. Ainsi donc, comme le veut le
« légat du seigneur pape, employez les armes qui vous sont
« propres, et percez du glaive de l'anathème les ennemis
« d'un si grand roi. S'ils osent ensuite relever la tête, et ne
« craignent pas de résister à l'excommunication, alors ce
« sera à nous d'agir, nous à qui est commis le soin de pro-
« téger, dans cette partie du monde, la sainte Église de
« Dieu ; nous prendrons les armes contre eux, nous les
« combattrons à notre manière ; et, si la nécessité nous y
« pousse, le glaive une fois tiré, nous irons jusqu'à anéan-
« tir par un affreux carnage ces hommes exécrables, forts
« que nous serons d'une juste et légitime indignation, car
« ils ont commis des crimes, et, repris pour ces crimes, ils
« ne se sont pas amendés. Ainsi, persistez seulement dans
« vos résolutions, et à votre modération nous ferons suc-
« céder la force. »

LXXVII. — Lettre adressée à Hugues par le synode.

A la suite de ces discours, et par décret du synode, une
lettre fut écrite et lecture en fut donnée à l'assemblée[1].
Elle portait : « Le saint synode assemblé dans l'intérêt gé-
« néral, au palais d'Engelheim, sous les seigneurs et rois

---

[1] Il est certain qu'une lettre fut écrite dans ce synode, quoique Flodoard n'en fasse aucune mention. (*Mon. Legg.*, t. II, p. 25.) Je ne crois
donc en aucune façon que la lettre rapportée ici soit une amplification
de ce que dit Flodoard du synode de Laon, et qu'on doive la regarder
comme étant de l'invention de Richer. P.

« secutione vexaveris illum venerabilem Remorum me-
« tropolim, quanta quoque crudelitate debacchatus
« sis in dominum tuum regem, ora omnium locuntur;
« apud omnes agitatur. Quod quam sceleratum et
« quam pernitiosum sit, divinæ atque humanæ leges
« copiosissime produnt. Unde, et tibi compatientes, ab
« talibus te quiescere monemus; et ad dominum
« tuum, multa mansuetudinis humilitate quantotius
« reverti hortamur. Quod si contempseris, priusquam
« in diversa referamur, anathemate sine dubio te per-
« stringemus, donec aut satisfacias, aut Romam apud
« domnum papam ratiocinaturus petas, cujus litteris
« jam bis monitus es, et a tanto facinore prohibitus.
« Unde et nos post illum, tercio jam te ad correctio-
« nem revocamus[1]. » Quæ, totius sinodi auctoritate
roborata, duci per legatos mox directa est.

LXXVIII. — Causa Artoldi.

Post hæc surgens Artoldus archiepiscopus, rerum
ordinem, sed et ipsius litis initium quæ agitabatur inter
sese et Hugonem sibi subrogatum episcopum, luculen-
tissime disseruit. Quin et epistolam profert, nuperrime
a domno papa sibi directam, per quam episcopatum
sibi retinendum significabat. Post cujus interpretatio-
nem, Sigeboldus quidam prædicti Hugonis clericus,
aliam mox epistolam sinodo porrexit, signo domni
papæ munitam, et ab Urbe a sese delatam, quæ etiam
in conspectu episcoporum recitata atque diligentissime
discussa est. In cujus textu id solum dicebatur, quod

[1] ammonemus J.

« orthodoxes, Louis et Otton, au duc Hugues. Toutes les
« bouches disent quels maux et quelles persécutions tu as
« fait éprouver à ce vénérable archevêque de Reims, à
« quelle cruauté tu t'es laissé emporter contre le roi ton sei-
« gneur; tous s'en émeuvent. Les lois divines et humaines
« proclament amplement ce qu'il y a de criminel et de
« funeste dans une telle conduite ; aussi, touchés de com-
« passion pour toi, nous t'avertissons de revenir à d'autres
« sentiments, nous t'exhortons à rentrer au plus vite dans
« une humble soumission envers ton seigneur. Que si tu
« méprises nos admonitions, sans aucun doute, avant de
« nous séparer, nous te frapperons d'anathème, jusqu'à ce
« que tu aies donné satisfaction, ou que tu sois allé à
« Rome pour l'expliquer devant notre seigneur le pape,
« dont les lettres t'ont deux fois admonesté, te défendant de
« te livrer à de tels crimes. Nous, maintenant, nous venons
« après lui te rappeler, pour la troisième fois, à tes de-
« voirs. » Cette lettre, souscrite par tout le synode, fut
sans retard portée au duc par des députés.

LXXVIII. — Affaire d'Artaud.

Ensuite, l'archevêque Artaud se levant, exposa parfaitement sa cause, et, entre autres choses, l'origine du différend
qui existait entre lui et l'archevêque Hugues qu'on lui avait
substitué dans son siége; il présenta même une lettre qu'il
avait récemment reçue du seigneur le pape [1], portant
qu'il devait conserver son évêché. Lorsque il eut traduit
cette lettre [2], un certain Sigebold, clerc de Hugues, présenta au synode une autre lettre, revêtue aussi de la signature
du seigneur pape et qu'il avait lui-même apportée de Rome.
Cette seconde lettre fut lue de même aux évêques, et discutée par eux avec le plus grand soin. Elle portait seulement
que Raoul, évêque de Laon, Gui de Soissons, Hildegaire de

---

[1] Voir cette lettre dans Flodoard, *Hist. eccles. Rem.*, IV, 35.
[2] En langue tudesque, à cause des deux rois. Flodoard, *Chron.*

Rodulfus Laudunensis episcopus, Wido etiam Suessonicus, necnon et Hildegarius Belvacensis, ceterique Remensis dioeceseos episcopi, ad sedem apostolicam pro restitutione Hugonis et abdicatione Artoldi, epistolam miserint; unde et domnum papam ad eorum vota, eorumque petitionem, omnia fieri velle. Post cujus recitationem, prædicti mox consurgentes episcopi, epistolæ sententiam penitus confutarunt ac calumniarum injectorem hominem perditissimum adclamarunt. Quibus cum contrairè non posset, quibusdam maledictis eos adortus, publice de perfidia criminabatur [1].

LXXIX. — Calumniatoris * episcoporum reprobatio *.

Tunc a domno Marino decernitur ut recitentur capitula de calumniatoribus prolata. Quibus mox lectis, cum calumniator reniti non posset, episcoporum juditio diaconatus quo fungebatur officio privatur, et a conspectu sinodi contumeliose reprobatus, exire compellitur. Artoldo vero pontificatus dignitatem, secundum canonum instituta patrumque decreta, sinodus habendam decernit atque corroborat, eo quod nullius concilii rationibus interesse refugerit. Atque hæc prima consessionis die constituta sunt.

LXXX.

Secunda vero die, post recitatas sacræ auctoritatis lectiones et domni Rotberti allocutionem, a venerabili Marino constituitur ut quoniam juxta sacræ legis sententiam pontificalis dignitas Artoldo restituta est,

* Cal, tor, repro *abscisa*.
[1] *Hucusque atramentum fuscum, reliqua codicis nigriori scripta sunt.* P.

Beauvais et les autres évêques suffragants de Reims, avaient écrit à Rome pour obtenir la réinstallation de Hugues et l'exclusion d'Artaud, et que le seigneur pape voulait que tout se fit conformément au vœu et à la demande des évêques. Après cette lecture, les évêques susdits, se levant, protestèrent ouvertement contre le contenu de la lettre, et s'écrièrent que l'homme infâme qui la présentait était l'auteur de ces calomnies. Et comme celui-ci ne put les réfuter, il éclata contre eux en injures, et les accusa publiquement de perfidie.

LXXIX. — Condamnation du calomniateur des évêques.

Alors le seigneur Marin demande que lecture soit faite des dispositions relatives aux calomniateurs. Après cette lecture, le clerc ne pouvant se justifier, fut à l'instant, par jugement des évêques, privé du diaconat dont il était revêtu ; et, honteusement repoussé du synode, il fut obligé de s'éloigner. Le synode accorda, au contraire, et assura à Artaud la dignité pontificale selon la teneur des canons et les décrets des Pères, parce qu'il n'avait décliné le jugement d'aucun concile. Ces deux questions furent décidées le premier jour de la tenue du synode.

LXXX.

Le second jour, après la lecture des décisions prises par le synode et l'allocution du seigneur Robert, le vénérable Marin[1] établit que puisque la dignité épiscopale avait été rendue à Artaud, conformément aux lois ecclésiastiques, le

---

[1] Dans Flodoard il est dit qu'après l'allocution du vicaire Marin Robert proposa, etc.

in ipsius pervasorem sinodalis proferatur censura. Recitantur itaque decreta canonum et sanctorum instituta patrum Innocentii, Alexandri, Sinmachi, Sixti, Celestini, Zosimi, Leonis, Bonefacii, aliorumque sanctæ Dei ecclesiæ doctorum illustrium. Quorum decretis, unanimiter anathematizant atque ab totius ecclesiæ communione sequestrant Hugonem, Remensis ecclesiæ pervasorem, donec resipiscentem peniteat ac pro facinore offensis satisfaciat.

LXXXI.

Reliquis autem diebus decretum est de incestis et illicitis presbiterorum conjugiis, de presbiteris quoque eukaristiam indigne tractantibus, de ecclesiis etiam a laicis indebite usurpatis; aliaque nonnulla ibi prolata [1] fuere, quæ diligentissime investigata, atque utiliter diffinita sunt; sicque sinodus soluta est. Indicitur vero post dies 30 iterum habenda Lauduni, in basilica sancti Vincentii martiris, ut ibi exeratur anathema in Hugonem tirannum.

LXXXII. — Anathema [*] episcoporum [*] in ducem ejusque [*] fautores.

Quibus diligenter ac canonice peractis, Ludovicus rex ab Ottone rege militum copias, duce Chonrado, contra Hugonem tirannum accipit. Quæ dum per dies 40 colligerentur, episcopi supradicti tricesima die post peractam sinodum in basilica sancti Vincentii martiris apud Laudunum sub rege Ludovico collecta sunt. Et iterum præsidente prædicto Marino, post sacræ Scripturæ paginas, quæ ibi recitatæ et multa consideratione

[*] A, episcopo, ej abscisa.
[1] prolatata codex.

synode devait prononcer une censure contre l'usurpateur de son siége. On lut, en conséquence, les décrets des canons et les règles tirées des saints pères Innocent, Alexandre, Symmaque, Sixte, Célestin, Zosime, Léon, Boniface, et autres docteurs illustres de la sainte Église de Dieu; et conformément à ces autorités, les évêques anathématisèrent à l'unanimité et séparèrent de la communion de l'Église Hugues, usurpateur du siége de Reims, jusqu'à ce qu'il eût fait pénitence et donné satisfaction aux parties lésées par son crime.

LXXXI.

Les autres jours, on traita des incestes et des mariages illicites des prêtres [1], puis des ecclésiastiques qui profanaient l'eucharistie, et de l'injuste usurpation des églises par des laïques; on souleva aussi quelques autres questions qui furent soigneusement examinées et sagement réglées; et c'est ainsi que le synode se termina. Mais il fut arrêté qu'il se réunirait de nouveau à trente jours de là, dans la basilique de saint Vincent martyr, à Laon, pour publier l'anathème porté contre le tyran Hugues.

LXXXII. — Anathème des évêques contre le duc et ses complices.

Ces choses promptement et canoniquement achevées, le roi Louis reçut du roi Otton des troupes commandées par Conrad, et destinées à marcher contre le tyran Hugues. Mais on mit quarante jours à les rassembler, et les évêques susdits se réunirent le trentième jour après la clôture du synode, dans la basilique de saint Vincent martyr, à Laon, sous l'autorité du roi Louis [2]. Là, les évêques, encore présidés

---

[1] Flodoard ne parle pas de mariage illicite des prêtres.

[2] Ce qui suit n'eut pas lieu dans le synode de Laon, mais bien dans celui de Trèves, comme on le voit par Flodoard. Richer a donc omis les actes du synode de Laon et le commencement de ceux de Trèves. P.

Cette confusion porte beaucoup de trouble dans la suite des faits ra-

discusse sunt, Hugonem tirannum anathemate damnant, et a sancta æcclesia pellunt, nisi resipiscens domino suo satisfaciat, aut Romam pro sui absolutione apud domnum papam ratiocinaturus petat. In qua etiam sinodo, agitur de episcopis qui cum duce evocati fuere, et distulerunt venire, de iis etiam qui consecrationi Hugonis episcopi jam abdicati illicite interfuerunt, vel qui ab ipso pulso, vel post abdicato, contra fas videbantur promoti. Damnantur itaque duo pseudoepiscopi ab Hugone [1] ordinati, Tetbaldus scilicet et Ivo, quorum prior a pulso sacratus est Ambianensium episcopus, alter vero ab abdicato Silletensium. Damnatus et Adelelmus Laudunensis æcclesiæ diaconus, a Rodulfo, suo episcopo [2], insimulatus, eo quod Tetbaldum excommunicatum in æcclesiam temerarius introduxerit. Hi enim in anteriore sinodo cum duce jam evocati, satisfacere contempnebant. Vocatur vero Hildegarius Belvacensium episcopus, domni Marini et episcoporum legatione, ut aut ad eos veniat, aut sedem apostolicam pro suo facinore ratiocinaturus petat, eo quod interfuerit ordinationi supra jam dictorum pseudoepiscoporum. Vocatur et Heribertus, Heriberti tiranni filius, ob mala quæ æcclesiis vel episcopis immaniter inferebat. Wido vero Suessionicus episcopus, cum a plurimis laceraretur, eo quod ipse Hugonem episcopum sacrasset, in sinodo reum sese confitens, et multa penitentia reatum deplorans, intercedentibus apud sinodum Artoldo atque Rotberto archiepiscopis, absolvi ab eis obtinuit. Wicfridus quoque Morinensis episcopus, qui criminabatur interfuisse,

---

[1] H. pulso vel abdicato *deleta*.
[2] e. apud sinodum *deleta*.

par Marin, après lecture et commentaire approfondi des saintes Écritures, anathématisèrent le tyran Hugues et le retranchèrent de la sainte Église, à moins qu'il ne vînt à résipiscence et ne donnât satisfaction à son seigneur, ou qu'il n'allât à Rome mériter son absolution de notre seigneur le pape. On examina encore dans ce synode la conduite des évêques qui avaient été cités en même temps que le duc, et n'avaient pas comparu, de ceux aussi qui avaient assisté illicitement à la consécration donnée par l'évêque Hugues déjà déclaré exclu de l'épiscopat¹, de ceux enfin qu'il avait promus contre tout droit, après son expulsion ou après son exclusion. Furent encore condamnés deux pseudo-évêques, sacrés par Hugues, savoir : Thibaud et Ive, le premier, sacré évêque d'Amiens après l'expulsion; l'autre, évêque de Senlis après l'exclusion. Le synode condamna aussi Adelelme, diacre de l'église de Laon, accusé par Robert, son évêque, d'avoir osé introduire dans l'église l'excommunié Thibaud. Toutes ces personnes, citées en même temps que le duc à comparaître dans le synode précédent, avaient refusé de le faire. Le seigneur Marin et les évêques firent aussi donner à Hildegaire, évêque de Beauvais, citation à se présenter devant eux ou à aller rendre compte devant le pape, pour avoir assisté au sacre des pseudo-évêques dont il vient d'être question. On cita de même Herbert, fils du tyran Herbert, pour les maux dont il accablait sans pitié les églises et les évêques. Quant à Gui, évêque de Soissons, il était en butte à de nombreuses accusations parce que c'était lui qui avait sacré l'évêque Hugues; il avoua sa faute et en témoigna le plus grand re-

contés par Richer et il faut soigneusement pour toute cette année 949 conférer son récit avec celui de Flodoard.

¹ Le texte de Flodoard semble présenter un sens différent : *Tractatur.... de.... episcopis qui ordinationi Hugonis participes extiterant*. Toutefois, la suite de ce même texte nous ramène au sens exprimé par Richer : *Et Wido.... Suessionicus se culpabilem.... confitetur*. La faute de Gui est bien d'avoir assisté à l'ordination de Thibaud par Hugues, et à son sacre comme évêque d'Amiens. Voir ci-dessus, chap. LXIV.

immunis a crimine reperitur. Affuit vero Transmari Noviomensis episcopi legatus, Silvester presbiter, episcopum suum tanta vi febrium detentum asserens, ut ad sinodum venire nequiverit, quod etiam in conspectu sinodi testibus approbavit. Post hæc episcopi in sua referuntur. Domnus vero Marinus, ab Ottone rege per legatos rogatus, in partes Germaniæ secedit, ibique æcclesiam Vuldensis monasterii dedicat, et, hieme exacta, Romam redit. His expletis, Rodulfus Laudunensis episcopus, ultimo corporis dolore confectus, hac vita decedit. Succedit ei vero frater regis ex concubina Rorico, omni rerum scientia inclitus.

LXXXIII. — *Rex cohortes Mosomum mittit et capit.*

Interea, exercitu ex omni Belgica duce Conrado apud regem collecto, tres cohortes, rege jubente, Mosomum mittuntur. Compererat etenim Hugonem abdicatum ibidem reclusum, multaque rei militaris inopia eum haberi. Cohortes ergo oppidum in ipso crepusculo aggressæ, repentina oppugnatione circumquaque infestant, instant quoque magnanimiter capere. Et quia revera milites paucissimos armaque vix aliqua sciebant, indesinenter vires exerunt armisque adurgent. At aliis fatigatis alii intacti succedunt. Sicque, sine intermissione, paucissimos numerosi atterunt. Oppidani vero assidua expugnatione attriti, die altera jam sole occiduo omnes cum domino ad deditionem coguntur. In quo tumultu, quo genere fugæ nescitur, Hugo abdicatus evadit. De militibus vero qui potiores videbantur, capiuntur, ac oppido alliis deputatis, regi deducuntur.

pentir; les archevêques Artaud et Robert intercédèrent pour lui auprès du synode, et il obtint son absolution. Wicfrid, évêque de Thérouanne, accusé également d'avoir pris part au sacre, fut trouvé innocent. Un prêtre nommé Sylvestre, envoyé par Transmar, évêque de Noyon, vint affirmer que cet évêque était pris d'une fièvre telle qu'il n'avait pu venir au synode, ce qu'il prouva par témoins. Les évêques s'en retournèrent ensuite chez eux. Quant au seigneur Marin, sollicité par un envoyé du roi Otton, il se rendit en Germanie, il y bénit l'église du monastère de Fulde, puis, après l'hiver, il retourna à Rome. Ces faits accomplis, Raoul, évêque de Laon, mourut accablé de douleurs corporelles; il eut pour successeur le frère du roi, Roricon, né d'une concubine, homme remarquable par un immense savoir en toutes choses.

LXXXIII. — Le roi envoie des troupes à Mouzon.

Sur ces entrefaites, le duc Conrad ayant levé par toute la Belgique une armée pour le roi, celui-ci envoya trois cohortes à Mouzon [1], car il avait appris que Hugues, l'évêque dépossédé, s'était renfermé dans cette place, et qu'il manquait absolument de moyen de défense. Les cohortes arrivèrent donc le soir même devant Mouzon, l'assiégèrent à l'instant de tous côtés, et firent de grands efforts pour le prendre. Comme on savait qu'il n'y avait que très-peu de garnison et quelques armes à peine dans la place, on l'attaqua sans perdre un moment et on la pressa sans relâche. Mais aux hommes fatigués succédaient des hommes frais; en sorte qu'un petit nombre de combattants fut sans cesse pressé par des combattans nombreux. Cependant les habitants, accablés par un siége continu, furent, le lendemain au

---

[1] Flodoard dit que le duc de Lorraine, Conrad, par ordre d'Otton, vint avec une armée de Lorrains au secours de Louis, que Mouzon fut assiégé et pris par les évêques lorrains, qui allèrent ensuite trouver le roi Louis et le duc Conrad dans les environs de Laon.

Voir sur le duc Conrad et sur les cohortes, *Notes et dissertations*, sect. II et IV.

LXXXIV. — Rex Montem-acutum capit.

Rex vero castrum quod dicitur Mons-acutus, quod etiam est Lauduno contiguum, cum exercitu oppugnabat. Et quia non satis adhuc murorum firmamento claudebatur, nec multitudo militum sufficiens commode ibi cohabitare poterat, urgenti obsidioni diutius resistere oppidani non patiuntur : victi ergo cedunt, ac resistere quiescunt. Oppido itaque capto, rex suos deputat, et sic exercitum Lauduno inducit; obsidionem per loca commoda disponit, viresque admodum confert [1]. Sæpissime eminus decertatum est; comminus etiam dimicatum novies. Nullo vero prosperioris fortunæ successu, regius impetus eo tempore enituit. Imminebat etenim hiemis intemperies, unde et bellicæ machinæ in articulo temporis fabricari non poterant, sine quibus tanti montis eminentia expugnari non potest. Regis itaque jussu exercitus redit, hieme transacta rediturus. Rex vero Remis sese privatum recepit.

LXXXV.

Hugo autem dux, episcoporum anathema vilipendens, ac regi subdi contempnens, cum multis Nortmannorum copiis regiam urbem Suessonicam aggreditur, multaque obsidione premit. Alios itaque adortus gladio enecat, alios vero nube sagittarum ac balista-

---

[1] conferret *corr.* confert.

coucher du soleil, obligés de se soumettre avec leur seigneur. Au milieu du tumulte l'évêque dépossédé s'évada, on ne sait de quelle manière. Quant aux hommes d'armes, les plus considérables furent pris et envoyés au roi, les autres chassés de la place.

LXXXIV. — Le roi prend Montaigu.

Le roi assiégeait avec son armée la forteresse appelée Montaigu, voisine de la ville de Laon [1]. Et comme la place n'était pas encore entourée d'une assez forte enceinte de murailles, ni capable de recevoir commodément un assez grand nombre de défenseurs, ses habitants, ne pouvant soutenir longtemps un siége rigoureux, se déclarèrent vaincus et cessèrent toute résistance. La place prise, le roi y mit garnison et mena son armée à Laon [2] ; qu'il l'assiégea sur les points les plus faciles, en déployant une grande vigueur. On combattit très-souvent de loin, et neuf fois pied à pied. Mais aucun succès marqué ne signala les efforts du roi en cette circonstance. On touchait presque au fort de l'hiver, en sorte que ce n'était plus le moment de fabriquer des machines de guerre, sans lesquelles il était impossible de frapper au sommet d'une si haute montagne ; l'armée s'éloigna donc selon l'ordre du roi, mais pour revenir après l'hiver. Le roi se retira à Reims en simple particulier.

LXXXV.

Le duc Hugues, ne tenant aucun compte de l'anathême des évêques, et se souciant peu de se soumettre au roi, attaqua, avec une armée considérable de Normands, la ville royale de Soissons, et la pressa vigoureusement. Il frappait et tuait les uns l'épée à la main ; les autres tom-

---

[1] Selon Flodoard ce fort est assiégé et pris par Conrad.
[2] Dans Flodoard c'est encore le duc Conrad qui marche sur Laon.

rum lœtaliter sauciat. Injectisque jaculo ignibus, domum matris ecclesiæ succendit, claustrumque canonicorum ac partem civitatis majorem, ignibus solo tenus combussit. Quam cum capere non posset, in pagum Remensem, ubi rex tunc privatus morabatur, iter truculentus reflectit. Cujus adventum ii qui ruri degebant audientes, in ecclesias sanctorum cum suis rebus confugiunt. At tirannus pauperum turbis inmisericors, eorum plus quam 560 intra ecclesias succendisse traditur. Et sic ad sua refertur.

LXXXVI.

Rex vero Ludovicus Gerbergam reginam ad Ottonem fratrem suum dirigit, ut sibi copias acceleret[1]. Proficiscitur itaque, imminente sollempnitate pascali, et Aquisgrani palatio sanctum Pascha cum fratre Ottone celebrat. Conveniunt ex Germania principes nonnulli; adsunt ex Belgica universi. Nec desunt legati Grecorum, Italorum, Anglorum, atque aliorum plurimæ legationes populorum. Regina ergo, cum fratre consilio habito et accepta ab eo auxilii pollicitatione, secura ab regem Ludovicum redit.

LXXXVII.

Ludovicus vero in tirannum iratus, nimio animi fervore Ottonis auxilium prævenire meditabatur. Arbitrabatur etenim quoniam, in longa exercitus exspectatione, injuria inulta videretur. Confert itaque cum

---

[1] copias mittat, licet ipse exercitum collectum remiserit, et [non usque post hiemem *corr.* et] usque post ver non reversurum constituerit *deleta*.

baient sous un nuage de flèches et de pierres lancées par ses balistes. En lançant des javelots enflammés il mit le feu à la maison épiscopale ; il brûla jusqu'au sol le cloître des chanoines et la plus grande partie de la ville. Mais enfin, ne pouvant se rendre maître de la place, il marcha furieux sur le pays de Reims, où le roi vivait alors en simple particulier. Les gens de la campagne, apprenant son arrivée, se réfugièrent avec ce qu'ils possédaient dans les églises des saints ; mais le tyran, sans pitié pour cette foule de malheureux, en brûla, dit-on, plus de cinq cent soixante dans les églises, et s'en retourna ensuite chez lui.

LXXXVI.

Le roi Louis envoya la reine Gerberge vers Otton son frère, pour l'engager à lui envoyer des troupes au plus vite. La reine partit peu avant la fête de Pâques, qu'elle célébra avec son frère dans le palais d'Aix-la-Chapelle. Quelques princes s'y rendirent de Germanie, tous ceux de Belgique y vinrent aussi, de même que des envoyés des Grecs, des Italiens, des Anglais et de plusieurs autres peuples. La reine, après s'être entendue avec Otton, et avoir reçu de lui la promesse d'un secours, s'en revint rassurée vers le roi Louis.

LXXXVII.

Mais celui-ci, furieux contre le tyran, et emporté par une excessive ardeur, ne put attendre le secours d'Otton. Il lui semblait que son injure resterait impunie s'il attendait plus longtemps cette armée ; il tint donc conseil avec mon père, homme d'armes à son service, capable de bons avis et recommandable en même temps par son éloquence et par son courage [1]. Aussi le roi l'avait pris en affection, et le consul-

---

[1] Voir notre *Notice* sur Richer.

patre meo¹ consilium, eo quod ejus esset miles, consiliis commodus, facundia simul et audatia plurimus. Unde et rex admodum ei consuescebat, et apud eum sepissime consultabat. Dictabat ergo pater meus² apud regem et paucos qui intererant, ordinem capiendi Laudunum ita : primum sese observaturum oportunitatem aiebat, et an loci habitudo id ferret, an etiam cives in observatione urbis cautissimi haberentur, diligentissime exploraturum sese memorabat. Deinde dicebat efficaciter se adeo ordinaturum omnia, et sic ad effectum utiliter reducturum, ut nulli post sese quicquam negotio inperfecto supplendum relinqueretur.

LXXXVIII.

Rege ergo per dies aliquot Remis demorante, Rodulfus³ — sic enim pater meus⁴ dicebatur — commoditatem patrandi negotii per suos explorabat. Missisque exploratoribus, comperit agasones civium per dies singulas exire ab urbe tempore vespertino quinquagenos aut sexagenos, et farraginis fasciculos equis in urbem deferre, capitibus ob solis ardorem obvolutis. Idque cotidie, et tempore eodem. Quod cum ab observatoribus patri meo⁵ relatum fuisset, simili eos exercitio posse falli advertit. Refert⁶ ergo sese ad regem, et sic apud eum præsentibus paucissimis concepta effundit :

LXXXIX.

« Magnum quidem, » inquiens, « o rex videretur, si hoc

¹ ² *jam* p. m.
³ *jam* ro : l.
⁴ ⁵ *jam* p. m.
⁶ Contulit l.

tait fréquemment. Mon père donc parlait souvent au roi et au peu de personnes qui l'entouraient des moyens de s'emparer de Laon ; d'abord il épierait soigneusement, disait-il, le moment favorable ; il s'assurerait si l'état de la ville permettait de la prendre, et si les citoyens se tenaient habituellement sur leurs gardes. Ensuite, ajoutait-il, il arrangerait si utilement toutes choses, et les mènerait si bien à fin, qu'il ne laisserait après lui rien à faire à personne.

LXXXVIII.

Le roi demeurant donc quelques jours à Reims, Raoul, c'est ainsi que s'appelait mon père, s'occupa avec ses serviteurs des moyens d'effectuer son projet. Il mit en campagne des éclaireurs et apprit que chaque jour, vers le soir, les palefreniers des citoyens sortaient de la ville, au nombre de cinquante à soixante, chargeaient leurs chevaux de bottes de fourrages, et rentraient dans la place, la tête enveloppée à cause de l'ardeur du soleil, et cela tous les jours et à la même heure. Dès que la chose fut rapportée à mon père, il pensa qu'il pouvait tromper les Laonais par une manœuvre semblable. Il va donc trouver le roi, et, en présence de peu de personnes, lui expose ainsi son projet[1] :

LXXXIX.

« Cette entreprise, ô roi, paraîtrait une grande affaire

---

[1] Toutes les circonstances de la prise de Laon sont neuves dans Richer, qui devait sans doute les tenir de son père, ce qui donne à son récit un caractère d'authenticité que nous voudrions reconnaître plus souvent lorsqu'il s'écarte de Flodoard.

« negotium solummodo armis viribusque esset attem
« ptandum. Sed quia per astutiam ejus principium
« utilitas aggredi suadet, prout mihi videtur, cohortes
« aliquot secus montem in abditis ponendæ sunt. Ex-
« spectandum etiam qua tempestate equos educant
« agasones herbatum potatumque. Qui cum in suo
« tempore egressi fuerint, et ab observatoribus eo-
« rum egressus et numerus nobis referetur, mox ad
« eorum numerum lectissimi juvenes eodem scemate,
« eodemque numero capitibus, ut ipsi, pilleatis [1] farra-
« ginem in equis ad portam deferant, unde paulo ante
« agasones exierant, acsi ipsi agasones redeant. Qui
« cum altitudine fasciculorum aspectum protegere pos-
« sint facili ingressu urbem penetrabunt. Et ne quid
« impossibile a me dictum suspiceris, eorum ducem me
« in hoc certamine offero. Animo tantum sint constanti;
« successus vero, Deo volente, prosperabitur. Si ergo
« tempestivius cives insidias advertant, bellumque no-
« bis paucioribus inferant, fixum nobis animo sit, aut
« portæ ingressum tantum tueri, donec tubæ clangore
« excitatæ cohortes nobis subveniant, aut multa con-
« stantia in loco quem quisque possidebit, magnani-
« miter emori. »

XC.

Hujusmodi rerum dispositio, omnibus apta videtur. Observatores itaque directi, agasonum consuetudinem, corumque habitum, tempus quoque et numerum promtissime referunt. Ad eorum quoque relatum cohortes in abditis secus montem dispositæ sunt. Pro nu-

---

obvolutis 1.

« si l'on n'y employait que les armes et la force ; mais,
« puisque nous sommes obligés de nous servir d'abord de
« la ruse, il convient, selon moi, de placer quelques
« troupes[1] dans des lieux couverts, près de la montagne,
« et d'attendre le moment où les valets iront faire paître et
« abreuver leurs chevaux. Ceux-ci partant à l'heure accou-
« tumée, nos éclaireurs viendront nous faire connaître
« leur sortie et leur nombre ; nous prendrons aussitôt un
« nombre égal de soldats choisis, de même apparence, et
« coiffés comme eux, lesquels viendront avec leurs chevaux
« chargés de fourrages à la porte par où les valets seront
« sortis quelque temps avant, comme si c'étaient ces
« mêmes valets qui revinssent. La hauteur des bottes de
« fourrage pouvant les dérober à la vue, il leur sera facile
« de pénétrer dans la ville ; et pour que tu ne m'accuses pas
« de proposer une chose impossible, je m'offre pour chef
« de l'entreprise ; que mes compagnons aient seulement de
« la résolution, et, avec l'aide de Dieu, le succès est as-
« suré. Que si les citoyens découvraient à temps notre ruse,
« et attaquaient notre troupe, trop faible pour se défen-
« dre, convenons irrévocablement ou de garder seule-
« ment la porte d'entrée jusqu'à ce que le son de la trom-
« pette ait amené à notre secours les troupes cachées, ou
« de mourir glorieusement et avec intrépidité dans l'en-
« droit que chacun occupera. »

XC.

Cette combinaison fut approuvée de tous ; on envoya des
éclaireurs qui, bientôt après, firent connaître l'extérieur
des valets, leur tenue, l'heure de leur sortie et leur nombre. Par suite de leur rapport, on plaça des troupes dans
des lieux couverts près de la montagne ; des hommes

---

[1] *Quelques cohortes*, dit le latin. Voir *Notes et dissertations*, sect. IV.

mero etiam agasonum milites cum patre meo jurati ad peragendum rei negotium diriguntur. Agasones itaque numero 60 sumptis armis more solito per montis devexa capitibus pilleatis, ad farraginem descendunt. Et circa carices colligendos [1] occupati, moram regrediendi aliquantisper faciunt. At pater meus et ii qui jurati cum eo erant, vehementi animo succedunt; factoque agmine pilleatis capitibus more agasonum cum fasciculis farraginis tempestivius reditum accelerant, magnitudine fasciculorum vultus penitus abdentes. Quibus advenientibus porta patefacta est. Et indivisi urbem penetrant. Fasciculos itaque abjiciunt et gladios educunt. Tubis personant, magnisque clamoribus urbem conturbant. Urbani ergo insidias comperientes, cum armis in hostes feruntur. Instant omnes, et validissime plurimi paucos adurgent. At regii milites, a leva quidem turri, a dextra vero domibus, a tergo autem muro urbis protegebantur, omnem vim belli ante habentes; unde et tutius congrediebantur. Nec ulterius in hostes audebant progredi, ne adversarii a tergo portam pervasam repeterent, et ne sic facti hostium medii, interirent. Instat itaque quisque in loco quem possidet. Et jam nimium omnes sauciati pene deficiebant, cum regiæ cohortes tubis excitatæ, ab abditis erumpunt, multoque impetu jam prope victis subveniunt, portamque defensam ingrediuntur, atque urbanos immani cæde adoriuntur. Qui mox a cohortibus victi, ac comprehensi sunt, præter paucos qui in turris præsidium sese receperunt.

---

[1] *loco verborum :* Et c. c. colligendos *in margine scriptum :* Unde etiam.

d'armes en égal nombre à celui des domestiques furent envoyés avec mon père, après serment d'exécuter l'entreprise. Les valets, au nombre de soixante, prirent leurs armes et, la tête enveloppée, descendirent la montagne selon leur coutume, pour aller faire du fourrage. Ils s'amusèrent à ramasser des glaïeuls, et leur retour se trouva un peu retardé. Mon père et les autres conjurés prennent intrépidement leur place; ils se réunissent, s'enveloppent la tête comme eux et sans perdre de temps arrivent à propos à la porte de la ville avec leurs bottes de fourrage dont la hauteur cache presque entièrement leur visage. A leur approche, la porte s'ouvre, et ils pénètrent tous ensemble dans la ville; alors ils jettent leurs paquets et tirent leurs épées; ils font retentir la trompette et épouvantent la ville par leurs cris répétés. Les citoyens, comprenant le stratagème, prennent les armes, marchent contre eux; tous s'y portent et de nombreux défenseurs pressent avec vigueur un petit nombre d'assaillants; mais les soldats du roi étaient protégés à gauche par une tour, à droite par des maisons, par le mur de ville sur les derrières, et n'avaient d'adversaires qu'en front, en sorte qu'ils combattaient avec assurance. Toutefois, ils n'osaient avancer sur l'ennemi de peur que celui-ci ne reprît derrière eux la porte qu'ils avaient surprise, et ne pût ainsi les envelopper et les écraser. Chacun se tint donc à la place qu'il occupait et déjà presque tous, couverts de blessures, commençaient à faiblir, lorsque les troupes royales, attirées par la trompette, sortent de leur retraite, et arrivent à pas de course au secours des leurs presque vaincus. Elles entrent par la porte que ceux-ci défendent et font un grand carnage des citoyens, qui sont bientôt défaits et pris par les troupes royales, à l'exception d'un petit nombre qui s'était retranché dans la citadelle [1].

---

[1] Selon Flodoard, les soldats du roi montèrent silencieusement sur le mur pendant la nuit, on brisa les serrures des portes et le roi entra dans la ville.

XCI.

Ludovicus ergo rex urbe potitus, cum nulla expugnatione turrim evincere posset, ab urbe eam secludit, obducto intrinsecus muro. Quod factum dux comperiens, cum exercitu accelerat. At nihil virium exerere valens, non sine merore ad sua redit. Illud tantum fecisse fertur, quod arci copias demiserit.

XCII.

Aderat tempus quo rex copias ab Ottone rege præstolabatur. Adest ergo Chonradus dux cum exercitu ex tota Belgica, ab Ottone rege missus. Ludovicus vero rex cum exercitu de Belgica ducis terram ingreditur. Primum vero urbem Silletum adit. Ibi autem primum certamen habere volens, impedimenta quæque ab urbe amovet. Succendit itaque suburbium, circumquaque, ac quicquid extrinsecus exstare videbatur, in planiciem redigit. Obsidionem deputat, urbemque circumdat. Gravi congressu utrimque dimicatum est. Utrimque quamplurimi sauciantur. Belgæ vero quia ab urbanis nimium arcobalistis impetebantur, resistere quiescunt. Nihil enim contra nisi tantum scutorum testudine utebantur. Unde et regio jussu, ab ea urbe discedunt, non solum ob arcobalistarum impetum, verum etiam ob turrium plurimarum firmamentum.

XCI.

Le roi Louis était maître de la place, mais il ne put, quelque effort qu'il fît, s'emparer de la tour; il la sépara de la ville en élevant un mur entre deux. Le duc, apprenant ce qui se passait, accourut avec une armée, mais ne pouvant lutter de force, il s'en retourna tristement. On dit qu'il jeta seulement quelques troupes dans la citadelle.

XCII.

On était arrivé au temps où le roi attendait des troupes d'Otton. Le duc Conrad [1] vint, en effet, de la part du roi germain avec une armée levée dans toute la Belgique. Le roi Louis, avec cette armée de Belges, entra sur les terres du duc et se dirigea d'abord sur la ville de Senlis. Dès qu'il eut résolu de commencer l'attaque, il détruisit près de la place tout ce qui pouvait le gêner; ainsi, il incendia le faubourg et réduisit en plaine tout ce qui l'entourait; puis il en vint au siége et enveloppa la ville. Des deux côtés on combattit avec acharnement, des deux côtés il y eut un grand nombre de blessés; mais comme les Belges étaient exposés aux arbalètes des citoyens [2], et ne pouvaient leur opposer que l'abri de leurs boucliers, ils cessèrent de combattre; sur l'ordre du roi on s'éloigna donc de Senlis, non-seulement à cause des arbalètes, mais encore à cause de la force de plusieurs tours.

---

[1] Voir ci-dessus, chap. LXXXVI.
[2] Voilà, si je ne me trompe, la première mention qui soit faite de l'arbalète dans nos historiens. C'est même une opinion généralement répandue que cette arme ne fut introduite en France qu'à la suite des croisades. Aussi voit-on qu'elle produit ici un très-grand effet.

XCIII.

Aliorsum itaque iter retorquent, et usque ad fluvium Sequanam, quicquid ducis visum est per 40 miliaria immanissime insectati sunt. Sed cum fluvius equitatum regium ulterius prohiberet, rex gratias exercitui reddit, et secum usque quo a se dividerentur reducit. Dux autem e vestigio exercitum collectum in pagum Suessonicum deducit.

XCIV.

Ubi cum in regem conaretur, intervenientibus episcopis Widone Autisidorense, et Ansegiso Trecasino, jurejurando utrimque accepto sub pace sequestra, usque in Pascha ratio eorum dilata est. Quæ omnia Julio mense [1] gesta sunt.

XCV.

Quo etiam tempore, sinodus Romæ habita est in basilica Sancti Petri apostoli præsidente domno Agapito papa. In qua etiam ipse domnus papa, concilium anteriore anno apud Angleheim habitum, coram episcopis Italiæ roboravit, et ab eis roborari constituit. Hugonem quoque Galliarum ducem, in supradicta sinodo dampnatum, ipse etiam condempnat, donec regi suo satisfaciat, aut Romam veniat inde ratiocinaturus. Moxque anathema descriptum et a sinodo roboratum, episcopis Galliarum destinatur.

[1] Augusti tempore 1.

XCIII.

L'armée se dirigea d'un autre côté ; et tout ce qu'elle trouva jusqu'à la Seine et dans une étendue de 40 milles, appartenant au duc, elle le ravagea sans pitié. Mais comme le fleuve ne permettait pas à la cavalerie royale de passer outre, le roi fit ses remercîments aux troupes, et les ramena avec lui jusqu'au point où on devait se séparer. Pour le duc, il conduisit sur leurs traces jusque dans le Soissonnais l'armée qu'il avait réunie.

XCIV.

Comme il s'y tenait en hostilité contre le roi, les évêques Gui d'Auxerre et Ansegise de Troyes s'interposèrent, leur firent jurer une trêve, et remettre jusqu'à Pâques la décision de leurs différends. Tout cela se passa pendant le mois de juillet[1].

XCV.

Dans le même temps, il se tint à Rome, dans la basilique de l'apôtre saint Pierre, un synode que présida le seigneur pape Agapet. Dans ce synode, le pape souscrivit lui-même, en présence des évêques d'Italie, et fit souscrire par eux, le concile tenu l'année précédente à Engelheim ; il excommunia lui-même Hugues, duc des Gaules, excommunié dans le précédent synode, jusqu'à ce qu'il

---

[1] Flodoard raconte autrement toute l'affaire qui occupe ici les chap. xcii, xciii et xciv. Selon lui, le roi alla au-devant du duc Conrad ; ils conférèrent ensemble, et le duc ménagea entre le roi et Hugues une trêve jusqu'au mois d'août, où le roi devait avoir une entrevue avec le roi Otton. — Les hostilités continuent et Hugues fait sur Laon de vaines tentatives. — Le roi appelle à lui l'archevêque Arnoul et quelques Lorrains et poursuit le duc jusqu'au pays de Senlis. Arnoul brûle le faubourg de la ville et il s'en revient avec le roi. Alors Hugues, après avoir rassemblé une armée considérable, tant des siens que des Normands, vient dans le Soissonnais et envoie au roi les évêques Gui d'Auxerre et Ansegise de Troyes, et appelle à lui le comte Rainold. Le roi et le duc se font des serments et conviennent d'une trêve jusqu'à l'octave de Pâques.

XCVI.

Episcopi itaque Galliarum anathemate moti, apud ducem colliguntur, et inde gravissime conqueruntur, ex decretis patrum, sacrisque canonibus duci demonstrantes neminem stare pertinaciter adversus dominum suum debere, nec temere in eum quicquam moliri. Illud etiam promptissime monstrant, secundum Apostolum, regem honorificandum, et non solum regem, verum omnem potestatem majorem subjectis dominari debere asserunt; preter hæc quoque perniciosissimum esse, apostolicum anathema pertinaciter vilipendere, cum id sit gladius qui penetrat corpus usque ad animam, et sic mortificatos a regno beatorum spirituum repellat. Sibi etiam periculo esse memorant, si id quod animabus periculum ingerit, neglegentes non innotescant.

XCVII.

Talibus dux persuasus, regi humiliter reconciliari deposcit, eique satisfacturum sese pollicetur. Hujus concordiæ et pacis, ordinatores fuere Chonradus dux et Hugo cognomento Niger, Adalbero quoque atque Fulbertus episcopi. Et die constituta rex et dux conveniunt. Ac secus fluvium Matronam conlocuti, principibus prædictis internuntiis, in summam concordiam benignissime redierunt. Et quanto vehementius ante in sese grassati fuere, tanto amplius exinde amicitia se coluere. Hugo itaque dux per manus et sa-

donnât satisfaction à son roi, ou qu'il vînt à Rome rendre compte de sa conduite ; puis l'anathème fut aussitôt écrit, signé par le synode, et envoyé aux évêques des Gaules.

XCVI.

(950.) Ces évêques, encouragés par cet anathème, se réunissent auprès du duc, et lui font entendre de sévères remontrances. Ils lui représentent que, suivant les décrets des pères et les sacrés canons, nul ne doit se poser en adversaire obstiné de son seigneur, ni témérairement comploter contre lui. Ils lui remontrent jusqu'à l'évidence que, selon les paroles de l'Apôtre, le roi doit être honoré, et non-seulement le roi, lui disent-ils, mais encore tout pouvoir supérieur doit dominer sur ceux qui lui sont soumis; en outre, c'est chose très-dangereuse que le mépris obstiné de l'anathème apostolique ; car il est le glaive qui pénètre le corps jusqu'à l'âme, et repousse ainsi ceux qu'il a frappés du royaume des bienheureux. Ils lui exposent enfin qu'ils seraient eux-mêmes coupables s'ils négligeaient de lui montrer ce qui peut mettre les âmes en péril.

XCVII.

Le duc, entraîné par ces raisons, demande humblement à se réconcilier avec le roi, et promet de lui donner satisfaction. Les médiateurs de cet accommodement et de cette paix furent le duc Conrad, Hugues, surnommé le Noir [1], et les évêques Adalberon et Fulbert. Au jour fixé, le roi et le duc se réunirent, et entrèrent en conférence près de la Marne [2], les princes susdits leur servant d'intermédiaires. Ils s'en retournèrent parfaitement réconciliés, et autant ils

---

[1] Fils de Richard, roi de Bourgogne. Voir *Notes et dissertations*, sect. II. On voit dans Flodoard que cette paix fut sollicitée par le roi Louis, qui alla prier Oiton de s'interposer à cet effet.

[2] Séparés par la Marne, selon Flodoard.

cramentum regis efficitur, ac turrim Laudunicam suis evacuatam, regi reddit; multam abinde fidem se servaturum pollicens.

XCVIII.

Jussus ergo ab rege, in Aquitaniam exercitum regi parat. Quo in brevi collecto, causis rerum exigentibus ad interiores Burgundiæ partes rex secum exercitum dirigit. Cum ergo in agro Matisconensium castra figeret, occurrit ei Karolus Constantinus, Viennæ civitatis princeps, ejusque efficitur fidem jurejurando pactus. Hic ex regio quidem genere natus erat, sed concubinali stemmate usque ad tritavum sordebat, vir grandevus, et multis bellorum casibus sæpissime attritus, et qui in superioribus piratarum tumultibus felici congressu insignis multoties enituit. Affuit etiam Stephanus Arvernorum præsul, ac regi sese commisit. Necnon et a Wilelmo, Aquitanorum principe, legati industrii affuere, pro suo principe ex fide habenda sacramenta daturi. Quibus postquam jussa regalia data sunt, rex in urbem Vesontium quæ est metropolis Genaunorum, cui etiam in Alpibus sitæ Aldis Dubis præterfluit, cum duce exercitum deducit. Atque ibi Letoldus ejusdem urbis princeps, ad ejus militiam sacramento transit.

s'étaient jusque-là poursuivis avec fureur, autant dès lors ils se témoignèrent d'amitié. Le duc Hugues se reconnut par les mains [1] et par le serment l'homme du roi, lui rendit la citadelle de Laon qu'il fit évacuer [2], et lui promit de lui garder dorénavant une entière fidélité.

XCVIII.

(951). Par ordre du roi, le duc leva une armée en Aquitaine. Cette armée fut promptement réunie et, l'état des affaires l'exigeant, le roi la conduisit dans l'intérieur de la Bourgogne. Comme donc il dressait son camp dans le Mâconnais, Charles Constantin, prince de la ville de Vienne, vint le trouver, se déclara son homme, et lui jura fidélité [3]. Ce prince était de race royale, mais sa généalogie, depuis le trisaïeul de son grand-père, n'offrait que des concubines; c'était un homme très-âgé, qui avait souvent essuyé les rigueurs de la guerre, et qui, dans les combats avec les pirates dont nous avons parlé, s'était souvent signalé par d'heureux succès. Étienne, évêque d'Auvergne, vint aussi trouver le roi, et se donna à lui. Guillaume, prince des Aquitains, lui envoya aussi des députés de distinction qui vinrent jurer fidélité en son nom [4]. Le roi leur donna ses ordres, et, conjointement avec le duc, conduisit son armée à Besançon, qui est la métropole des Séquaniens [5], et

---

[1] Voir *Notes et dissertations*, sect. v.

[2] Il rendit la tour de Laon à l'évêque Artaud, selon Flodoard.

[3] Le comté de Vienne était indépendant du royaume d'Arles et relevait directement de la France. Voir *Notes et dissertations*, sect. I.
Richer diffère ici de Flodoard en ce que celui-ci conduit le roi et son armée en Aquitaine; mais avant, dit-il, que le roi entrât dans cette province, Charles Constantin, prince de Vienne (voir *Notes et dissertations*, sect. II), et Étienne, évêque d'Auvergne, vinrent à lui et se firent ses hommes.

[4] Il s'agit ici de Guillaume Ier, surnommé *Tête d'Étoupe*, qui déjà en 912 avait mené des troupes en Bourgogne au secours de Louis (voir ci-dessus, chap. XXVIII), et qui depuis était toujours resté attaché à sa cause.

[5] Voir ci-dessus la note de la page 205 et *Notes et dissertations*, sect. I, § 2.

XCIX.

Quibus feliciter atque utiliter habitis, cum, autumno maturante, elementorum immutatio fieret, rex colerico vexatus, in acutam febrem decidit. Cum ergo ægritudine pressus, militaria curare non posset, dux ab eo jussus exercitum reducit. Letoldus vero princeps, in ipsa regis ægritudine fidelissime atque humanissime regi famulatur. At die cretica post febris initium, impariter veniente, firmiter et inrecidive convaluit. Transactisque diebus 30 [1] post corporis reparationem, cum Letoldo principe in Franciam redit.

C.

Et cum jam Burgundiæ extrema attingeret, viatorum relatu comperit, quosdam qui latrociniis et discursionibus provinciam infestabant, Angelbertum scilicet et Gozbertum, munitionem quæ dicebatur Briona exstruxisse, quo etiam post flagitiosa exercitia sese recipiebant. Hanc igitur rex aggressus, obsidione circumdat; pugnaque continua ac fame atterit; et tandem capit, solotenusque diruit. Latronculos vero, petente Letoldo sub sacramento abire permittit.

---

[1] xx *corr.* xxx.

qui, située dans les Alpes¹ est cependant arrosée par le Doubs. Là aussi Létold, prince de cette ville², s'engagea par serment à combattre pour le roi.

XCIX.

Tout cela était terminé à la satisfaction du roi, lorsque, vers la fin de l'automne, il se fit un changement de temps. Le roi contracta une maladie qui dégénéra en fièvre aiguë; et comme, accablé qu'il était par le mal, il ne pouvait s'occuper des soins de la guerre, le duc, par son ordre, ramena son armée³. Pendant cette maladie du roi, le prince Létold lui rendit les soins les plus constants et les plus affectueux; enfin le jour critique après l'invasion de la fièvre arrivant irrégulièrement, il se rétablit tout à fait et sans récidive. Au bout de trente jours après sa guérison il retourna en France⁴ avec le prince Létold.

C.

Lorsqu'il arrivait aux frontières de Bourgogne, il apprit par des voyageurs que des hommes qui infestaient la province de leurs brigandages et de leurs violences, Angelbert et Gozbert, avaient construit un fort appelé Brienne⁵ où ils se retiraient après leurs criminelles expéditions. Il marcha sur la forteresse, en fit le siége et la réduisit par assaut et par famine. L'ayant prise il la rasa. Mais, à la prière

---

[1] Besançon dans les Alpes! Rapprochez ce passage du chapitre II, du liv. Iᵉʳ.

[2] Comte de Bourgogne, dans Flodoard, mais à tort. Voir *Notes et dissertations*, sect. II.

[3] Si l'on en croit Richer, Hugues et le roi auraient été en parfaite intelligence pendant toute cette année 951, et le duc aurait été tout entier au service du roi; les choses ne sont pas présentées de la même manière par Flodoard; on voit dans ce dernier, ce que Richer ne dit pas, que Hugues était alors en très-bonne intelligence avec Otton et qu'il lui fit cadeau de deux lions. Voir ci-dessus, p. 223, note.

[4] Voir *Notes et dissertations*, sect. 1, § 2.

[5] Brienne-la-Ville ou la Vieille, en Champagne, sur la rive droite de l'Aube.

CI.

Inter hæc cum rex in partibus Burgundiæ adhuc detineretur, Æthgiva mater ejus regina, eo ignorante, Heriberto comite nupsit, et, relicta urbe Lauduno, ab eo deducta est. Quod rex vehementer indignans [1], redire maturat, et cum Gerberga regina uxore Laudunum ingreditur; et a matre auferens prædia et ædes regias uxori [2] delegat.

CII.

Interea Gerberga regina, Lauduni geminos enixa est. Quorum alter Karolus, alter Heinricus vocatus est. At Heinricus mox post sacri baptismatis perceptionem, in albis decedit. Karolus autem cum naturali virium robore educatur.

CIII.

Ludovicus vero rex Remos rediens, cum fluvio Axonæ propinquaret, per campestria lupum præire conspicit. Quem equo emisso insecutus, per devia exagitat. Ad omnes feræ declinationes equum impatiens obvertebat, nec quiescere paciebatur, donec equestri certamine fugientem evinceret. Equus ergo per invia coactus, cespite offendit atque prolabitur. Rex vero gravissime attritus casu, et a suis exceptus, cum multo omnium merore [3], Remos deportatur. Infestis itaque doloribus toto corpore vexabatur. Et post diutinam valetudinem corruptis interius visceribus ob humorum superfluita-

---

[1] i, cum gerberga *deleta*.
[2] u. omnia *deleta*.
[3] luctu *corr.* merore.

de Létold, il laissa les brigands libres de s'éloigner sous serment.

CI.

Tandis que le roi était encore retenu en Bourgogne, sa mère la reine Edgive, sans lui en rien dire, se maria au comte Herbert, et, pour suivre son mari, abandonna la ville de Laon. Le roi, vivement indigné, se hâta de revenir et entra dans Laon avec sa femme, la reine Gerberge. Il s'empara des terres et des maisons royales de sa mère et les donna à sa femme [1].

CII.

(953.) Vers le même temps [2] la reine Gerberge accoucha à Laon de deux jumeaux dont l'un fut appelé Charles, l'autre Henri. Henri mourut peu après avoir reçu le sacrement du baptême et dans la blanche robe des baptisés. Charles, dans son développement, acquit une force ordinaire [3].

CIII.

(954.) Le roi Louis, revenant à Reims, aperçut, en arrivant près du fleuve d'Aisne, un loup qui marchait devant lui dans la campagne. Il lança son cheval à travers champs à la poursuite de l'animal. Le loup prenait-il une

---

[1] Le roi lui reprit l'abbaye de Sainte-Marie de Laon, et le fisc d'Antony. (Flod. Chron.) — L'abbaye de Sainte-Marie, appelée plus tard de Saint-Jean-Baptiste, fut d'abord abbaye de filles, et ensuite abbaye d'hommes (Bouq. sur Flod.)

[2] Richer omet ici les événements arrivés en 952, entre autres la prise du fort de Mareuil, sur la Marne, par Hugues, aidé de Conrad et de ses Lorrains, et la restauration de ce fort par l'archevêque Artauld, aidé du roi Louis. Il ne voulait pas, sans doute, montrer Conrad dans le parti opposé à Louis.

Flodoard dit ensuite qu'au commencement de 953 Hugues envoya des messagers au roi Louis pour que la paix fut faite entre eux.

[3] Même observation ici que dans la note précédente; l'année 953 offre plusieurs faits que Richer était bien aise de taire, surtout les événements de la Lorraine, qu'on voit soumise à Otton.

tem, elefanciasi peste, toto miserabiliter corpore perfunditur. Qua diutius confectus, anno regni sui 18, a natu autem 36 diem vitæ clausit extremum, sepultusque est in cœnobio monachorum sancti Remigii, quod distat fere miliario uno ab urbe, cum multis omnium lamentis.

FINIS VOLUMINIS PRIMI.

direction nouvelle, le roi y dirigeait aussitôt son cheval, et dans ce combat équestre il ne laissa de repos à l'animal fugitif qu'après l'avoir perdu de vue. Le cheval donc, poussé hors des sentiers battus, trébucha et s'abattit; le roi, gravement blessé dans la chute, fut relevé par ses gens et porté à Reims au milieu d'une tristesse universelle. Il éprouva des douleurs cruelles par tout le corps; après une longue maladie, ses intestins se trouvèrent altérés intérieurement par la trop grande abondance des humeurs, et toute sa personne ne fut plus qu'une affreuse lèpre tuberculeuse éléphantine. Lentement consumé par le mal, il finit ses jours l'an dix-huitième de son règne et le trente-sixième de son âge. Il fut, objet d'un regret universel, enseveli dans le monastère des moines de Saint-Remi, éloigné de près d'un mille de la ville de Reims [1].

---

[1] Louis mourut le 9 septembre, dans la trente-troisième année de son âge, la dix-huitième de son règne. Nous apprenons de Flodoard l'année de sa mort; le jour nous est fourni par le psautier de la reine Emma, et par une épitaphe tirée d'un manuscrit de l'abbaye de Saint-Germain. (Bouq. sur Flod.)

FIN DU PREMIER VOLUME.

ERRATUM.

P. 79, note 1, traité de Rouen, *lisez* traité de Bonn.

www.ingramcontent.com/pod-product-compliance
Lightning Source LLC
Chambersburg PA
CBHW060606170426
43201CB00009B/914